清泥湾村志

清泥湾村村民委员会　组编

黎执龙　主编

湖南师范大学出版社
·长沙·

《清泥湾村志》编纂委员会

顾　问

徐晨光　黎　明　谢绍峰

主　任

徐云汉

副主任

丁金堂　刘继扬　徐　干　徐树汉

委　员

李必军　李明华　邹　力　邹东祥　易锦富　金永爱
金永球　徐远法　徐　秀　徐勋维　徐桂兰

主　编

黎执龙

副主编

刘继扬（常务）　徐启华　徐金生

编　辑

丁金堂　吴世杰　邹东祥　汪丽华
易锦富　罗珍炎　徐　干　徐树汉

摄　影

郭永峰　杨书剑

审核单位

中共华容县委党史研究室　华容县地方志编纂办公室

主　审

卢　琼

审　核

李良红　易　文　刘志强

特邀审核

郭清彬

为桑梓立传　为时代存照

徐晨光

　　《清泥湾村志》就要付梓了，村党总支书记徐云汉嘱我写序。我虽有力不从心之感，但乡情难却，遂欣然答应。

　　村志所涉范围虽小，但其功用却不可小觑，所载大量地情，堪补国史和省、市、县志书之阙。不论在历史上还是在当今现实生活中，它在保存历史、鉴古知今，明察地情、有益民生，扶正抑邪、教化风尚、乡土亲情、民族认同等方面，都发挥着不可替代的重要作用。《清泥湾村志》同样具有以上价值。它承载着世代的记忆和梦想，清泥湾的每一寸土地都浸润着先辈的汗水和智慧，清泥湾的每一处建筑都诉说着家乡的兴衰与传承。

　　《清泥湾村志》全面客观地记录了清泥湾村的历史变迁，让人感受到了社会的沧桑脉动。清泥湾村地域本是清朝中后期长江流沙淤积而成的自然村落，二百六十年间，尤其是近几十年来，经历了人间巨变。这里原来遍地芦棚，十年九灾，一旦溃垸，哀鸿遍野，发展成了兴旺富裕的社会主义新农村。这是清泥湾人民在党的指引下，经过几代人的努力，用智慧和汗水换来的今天的幸福生活。这也印证了只有社会主义才能救中国、才能发展中国的科学论断。

　　村志内容大都运用具体可感的事例、数据、图片等手段呈现，少有空话，令人信服。史志的最高境界就是真实，只有真实的东西才具有逻辑的力量和存在的价值。如第七章"新农村建设"第一节"精准扶贫与脱贫攻坚"，从 2015 年 11 月中共中央、国务院颁布《关于打赢脱贫攻坚战的决定》起，村里就紧锣密鼓地开展扶贫工作，摸排贫困人口，制订脱贫计划，落实具体措施，登记监测情况……对象到户到人，责任落实到位。救助、产业、金融、就业、基础建设、危房改造、教育等方面扶贫的大量数据，一目了然，让人沉思不已。朴素的数字，体现了编纂者严格遵守着实事求是的史家传统，更映现了时代的阳光与支村两委踏石留印的务实精神。

　　《清泥湾村志》有着浓郁的地域色彩，保存着塔市驿洲区包括清泥湾村的独特风情，历史溯源、婚丧礼仪、民间歌谣、常用物件、衣食住行、传记简介等内容，散发着浓郁的地方文化气息。即使远在天涯海角的清泥湾人，读到有关内容，也一定会露出会心的微笑，入骨的乡思也随即弥漫到每一个细胞。那熟悉的旋律、气息、色彩、人物、田野等等，无不让人魂牵梦绕。这些年来，清泥湾村帮困奖学工作解决了贫困学子们的后顾之忧，为本地人才培养和经济发展打下了坚实的基础，而慷慨解囊、无私奉献的就是清泥湾村那些在外打拼的企业家和爱心人士。他们虽然远离家乡，但把爱留在了这块他们永远也忘不了的热土。村志是留住乡愁的重要载体，是联结乡情的重要纽带，激励着人

们知乡爱乡，情牵桑梓。

村志的编纂者全是清泥湾人，或是原任支村两委成员，或是在职公务员，或是离退休党员干部。他们生于斯，长于斯，对这里的人物事件、草木稼穑、塘渠阡陌熟悉得如同自己的手指，也满怀着无与伦比的热爱。他们将这份情感化为心血，一如既往地为清泥湾村的繁荣富裕奉献。所以，这部村志，是清泥湾人为桑梓之地撰写的充满深情的传记，同时它也为时代存照，见证这个伟大时代的沧桑巨变。

村志不仅是对过去的一种回顾与致敬，更是对未来的一种期盼与憧憬。愿村志能激励后辈砥砺前行，共同守护和发展好生我养我的这块土地，建设好自己的家乡。

是为序。

2024 年 9 月 14 日

（作序者系湖南省委党校原常务副校长、省直机关工委原常务副书记，

清泥湾村党总支荣誉书记）

继往开来　砥砺前行

谢绍峰

历史的长河中，每一个村落都是一部生动的史书，承载着丰富的文化底蕴和深厚的集体智慧。东山镇清泥湾村，作为我国广袤土地上的一颗璀璨明珠，同样拥有着鲜活的历史和独特的文化。

在一代又一代东山人的努力建设下，东山镇的面貌可谓日新月异。尤其是近年来，东洪公路、岳电路、洪山头农贸市场的全面竣工，岳电安置小区水电路、绿化等配套工程的全面完成，国能岳阳电厂的全面投产，洪山头工业园、煤炭物流园、浩吉铁路支线、天字一号货运码头的全面推进，使东山镇发生了翻天覆地的变化。如今的东山，已然是华容县域经济新的增长极，而清泥湾村则是推动东山高质量发展中不可或缺的重要力量。

清泥湾村，位于湖南省岳阳市华容县东山镇，地处洞庭湖平原，长江南岸，与湖北省监利市隔江相望。这里地势平坦，土地肥沃，气候宜人，是典型的江南水乡。早在清朝中期，勤劳智慧的清泥湾先民就在这里开垦荒地，筑堤围垸，与大自然顽强抗争，繁衍生息，创造了灿烂的农耕文明。经过数百年的发展，清泥湾村形成了独特的移民文化，孕育了"清泥湾精神"，即以民为本、爱国爱家、团结协作、开拓创新、勤奋节俭、包容开放、敢于拼搏、乐于奉献。在党的领导下，清泥湾人民发扬"清泥湾精神"，战胜了自然灾害，改善了生产生活条件，实现了从贫困到富裕的跨越。特别是近年来，清泥湾村在乡村振兴战略的指引下，加强基础建设，改善生态环境，推进村级治理，重视人才培养，发展现代农业，提高村民生活水平，取得了显著成效。

"以史为鉴，可以知兴替"。村志是省、市、县三级志书的延伸和补充，是十分珍贵的历史遗产，有着特殊的历史价值、文化价值和学术价值，具有其他书籍不可替代的功能。

记得是2023年5月8日，清泥湾村党总支书记、村委会主任徐云汉同志对我说，清泥湾村计划修一部村志。我当时眼前一亮："修村志，好啊！"编纂村志是一项具有重要意义的系统工程，它不仅是对历史的传承，更是对未来的期许。

但我心存忧虑：首先是资料收集的困难。村级一般都没有系统完整的档案资料，尤其清泥湾村地处长江边缘，自然灾害频仍，洪水和干旱都可能破坏历史遗迹和资料，历史资料稀缺，许多历史事件和人物可能没有详细的记录，或者记录已经遗失，这使得收集完整的历史资料变得极为困难。许多历史信息依赖于口述，而口述的准确性受限于时间，由于年代久远，某些记忆逐渐模糊。其次是文化多样性的挑战。清泥湾村具有移民文化交融的特性，且由两村合并而成，编纂村志需要妥善处理这种文化多样性。再就是组织协调的复杂性。编纂村志需要动员政府、学者、村民等多方力量，协调各方利益和

意见。从启动到完成，编纂村志一般都需要数年时间，时间跨度长，其间需要持续的组织和协调。然后是资金和资源的限制。编纂村志需要足够的经费支持，包括资料收集、编写、排版、印刷、出版等费用。特别是人力资源的困难。志书需要专业的编纂团队，包括历史学家、编辑、设计师等，而这些人力资源难以寻找或难以长期维持。例如方言和地方习俗的记录，需要专业的语言学家和民俗学家参与，以确保准确性和完整性。所以，编纂村志是一项系统工程，需要克服诸多困难，以确保村志的质量。

令我意想不到，时隔仅仅不到一年半的今天，即将付梓的《清泥湾村志》清样就摆在了我的案头。要我写序，作为镇党委书记，我深感荣幸，也为之自豪。

怀着激动和疑虑的心情，我认真阅读完了《清泥湾村志》的清样，心中的疑虑基本上被打消。

从清样看出，编纂人员秉持着"存史、资政、育人"的原则，希望通过本村志的编纂，让更多的人了解清泥湾村，传承"清泥湾精神"，激发村民的爱国热情，凝聚起推动清泥湾村发展的强大力量。在编纂过程中力求做到以下几点：一、真实记录。以事实为依据，客观反映清泥湾村的历史面貌，做到真实、准确、全面。二、突出特色。清泥湾村拥有丰富的文化内涵，本书重点介绍村落的特色文化、民俗风情、传统技艺等，展现清泥湾村的独特魅力。三、传承精神。本书弘扬清泥湾村的历史文化，传承村民们自强不息、团结奋斗的精神风貌，为后人树立榜样。四、服务现实。本书将为清泥湾村的发展提供有益的借鉴，为当地政府制定相关政策提供参考。

《清泥湾村志》的编纂，旨在全面记录清泥湾村的历史变迁、文化传承、经济发展和社会进步。编纂人员以严谨的史实为基础，以生动的笔触描绘了清泥湾村的发展脉络，展现了村民们自强不息、团结奋斗的文化传承，展现了清泥湾村的辉煌成就，展现了清泥湾人民的优秀品质。

《清泥湾村志》问世后，肯定会成为清泥湾村教化育人的重要载体，也是对历史的一种尊重和检阅。我们相信，这本书将成为清泥湾村发展历程的见证，激励着一代又一代的村民们砥砺前行。

最后，感谢所有为东山镇《清泥湾村志》编纂付出辛勤努力的专家学者、工作人员和村民们。

谨以此序，献给清泥湾村这部厚重的历史长卷，献给勤劳勇敢智慧的清泥湾人民！

2024 年 9 月 3 日

（作序者系华容县东山镇党委书记）

目 录

凡　例

一、《清泥湾村志》的编纂以马列主义、毛泽东思想、邓小平理论、"三个代表"重要思想、科学发展观和习近平新时代中国特色社会主义思想为指导，以党的路线、方针、政策和国家的法律、法规为准绳，坚持实事求是、客观公正的原则，全面、系统、准确地记录村内地理自然、政治经济、教科文卫、民生福利、建筑建设、风土人情等方面内容，使志书真正达到"存史、资政、教化、育人"之目的。

二、本志断限上溯至事物发端，下限止于2023年12月31日，重大事件叙述至本志送印前夕。本着详今略古、详近略远的原则，着重反映1949年10月1日新中国成立以来，特别是改革开放以来的重大事件和现实状况。真实记录不虚构，秉笔直书，不妄加评论。

三、本志所记的清泥湾村，包含原清泥村和原顺星村两块，宜并则并，分合并举。

四、本志体裁分述、记、志、传、图、表、录，诸体并用，以志为主，图表随文穿插，作为补充；大事记采用编年纪事体。

五、本志以事物分类设章、节、目、细目，每一层次依时记述。本志共分十章编写，并附序言、概述、大事记及后记等。

六、本志的部分章节中，由于时代久远，有些旧的面貌多数没有留下痕迹，只能用文字表述；当前社会状况多以图片及表格展示。

七、本志中记录了一些旧时的生产生活细节，以此衬托社会的进步，并无他意。

八、年代一般采用公元纪年。志书中所出现的××年代，如无特别说明均指二十世纪××年代。

九、志书中所记述的历史沿革，用古地名，括注今地名，其余一律用今地名。

十、组织机构、单位和会议名称首次出现时用全称，以后用简称；数字书写格式一般用阿拉伯数字，专用名用汉字表示；计量单位依照1984年国务院发布的《中华人民共和国法定计量单位》之规定。

十一、志书资料来源为调查访谈与村、镇、县档案及各种有关书籍报刊；有关资料来源，本志不分别标明。

十二、志书中的文体为语体文、记述体，除引用古籍、文献外，其他均运用现代汉语和标准简化字，力求言简意赅，通俗易懂。

概　述

一

　　湖南省岳阳市华容县东山镇清泥湾村，地处湖南省北陲，华容县东北端，紧邻长江南岸，与湖北省监利市隔江相望。其坐标介于北纬 29°45′19″ ~ 29°46′59″，东经 112°51′42″ ~ 112°54′42″ 之间。

　　地域系长江冲击与洞庭湖淤积交汇作用形成的平原，是洞庭湖平原的组成部分。集雨面积 14800 亩，其中耕地面积 12100 亩。地质为全新统 Q4 冲击（Q4al）与河湖沉积（Q4al-l）。地表组成物质以近代河流冲积物和湖泊淤积物为主，多为碱性砂壤土，局部为淤泥质黏土。地貌主要由长江所带泥沙沉积与洞庭湖淤积构成。地势西高东低、北高南低。海拔最高处长江大堤一线高呈 34 米，最低处夜壶坑（降雨量达 80 毫米以上，一夜就成湖，故称夜壶坑）28 米，最低处与大堤落差仅 6 米。地面最高处外洲 32 米，与地面最低处夜壶坑落差仅 4 米。

　　属北亚热带湿润性大陆季风气候。气候温和、四季分明、热量充足、雨水集中；春暖多变，夏秋多旱，严寒期短，暑热期长，年平均气温 17.5℃，年日照总时数 1565.5 小时，无霜期 282 天。4—10 月份降水量占全年 80%，年总降水量 1065.7 毫米，太阳辐射量占全年 75%，不小于 10℃ 的积温为全年 80%。水热同步与农业生产季一致的气候条件，适宜多种农作物生长发育，为理想的粮、棉、麻、水产和蚕丝的重要产地，盛产棉花、稻谷、小麦、黄豆、鱼、小龙虾等。

　　植被属平原植被与湖沼洲滩植被结合区，有野生植物和栽培植物近 900 种。其中，有水稻、小麦、玉米、高粱、蚕豆、粟子等粮食作物 10 余种；有棉花、麻类、蚕桑、芦苇等纤维类经济作物 6 种；有油菜、黄豆、花生、芝麻、蓖麻、向日葵等油料作物 6 种；有桃子、李子、无花果、柑橘等水果作物 9 种；有辣椒、豆角、黄瓜等蔬菜作物 20 余种；有紫云英、兰花苕子绿肥作物 2 种；有水生和野生可食用植物莲藕、菱角、芦苇笋、茭白、盐包笋、野芹菜、藠头、藜蒿、水芋等 10 余种。

　　动物种类丰富，有猪、牛、羊、鸡、鸭、鹅等家畜家禽 9 种；有草鱼、鲫鱼、小龙虾、黑斑侧褶蛙等水生动物 103 余种；有八哥、麻雀、白鹤、黄鼠、蝙蝠等野生鸟兽类动物几十种。

二

清泥湾村于 2016 年由清泥与顺星两村合并而成。截至 2024 年 5 月 6 日，清泥湾村有 23 个村民小组，1067 户，3593 口人。

清泥湾人民富有开拓进取精神。早在 380 年前的明朝期间，我们的先民就在清泥洲与乌龟洲上砍苇为庐，掘茅垦荒，筚路蓝缕，栉风沐雨，以刀耕火种的农业方式在此繁衍生息。至清嘉庆年间，主动顺应大自然，借助长江正在自然改道的契机，积极开始拦江筑堤，围圩挽垸，广聚各方移民，迅速形成建置，携手战天斗地，共逐美好愿景。

清泥湾人民富有开放包容精神。在这块仅 11.2 平方公里的土地上，就有姓氏 120 个。不仅吸纳了本省各地的移民，还吸收了湖北、江西、四川、陕西、广西、河南、山东等外省的移民；不仅招纳了外省外地擅长烧砖、车瓦、打铁、榨油等方面的能工巧匠，还妥善安置了省级湘乡水府庙水库移民与县级集成乡移民，善待了上山下乡知识青年。清泥湾人的德行善举，得到了被善待者的丰厚回馈。比较典型的如：清泥村从县城招纳进村造船然后欣然落户的铁器专业户龚庭楚先生，就在 20 世纪 80 年代中期为清泥敬老院捐赠大铁门 1 副、藤椅 20 把、电视机 1 台，为清泥学校捐献无缝钢管篮球架、排球架、大铁门各 1 副及其他物资；顺星村下放知青黎明先生，下放后被安排在村小任教，大学毕业后在岳阳市爱卫办工作，工作期间他经常回顺星村探亲访友，为顺星村发展献计献策，且提供一手信息，使顺星村顺利争取到了全市首批农村改厕工程项目，退休后又主动请缨担任"清泥湾村寓外乡友家属医疗保健志愿者服务队"顾问。限于篇幅，类似事例在此就不一一赘述了。

以开放性、兼容性、先导性为核心内容的清泥湾移民文化特质，赋予了清泥湾人民"以民为本、爱国爱家、团结协作、开拓创新、勤奋节俭、包容开放、敢于拼搏、乐于奉献"的"清泥湾精神"，让紧靠长江的清泥湾人民在面对异常的困境与艰难的挑战时，具有江涛般一往无前的勇气、江流般善于变通的智慧、江水般创新奉献的价值观，为清泥湾村的发展带来了动力和活力，使本村的经济、政治、文化、社会和生态文明建设"五位一体"，全面推进。

清泥湾人民富有顽强拼搏精神。清泥湾地处长江边缘，最大的自然灾害就是水灾。中华人民共和国成立前，水灾在长江边缘的村落几乎每年一小灾，三五年一大灾。在灾害面前，清泥湾人民从不退缩，敢于战天，勇于斗地。为了保证清泥洲上的百姓少受水患的困扰，在距今约四百年前，清泥湾人民就克服重重困难，自发组织开始修建清泥大堤，通过逐年加高、加宽、加固，让洲上的百姓生产生活有所保障，人们基本上能够安居乐业。自有清泥大堤之后，清泥湾人民又自发组织筑堤挽垸，围挽了龟洲垸、幸福巴垸。新中国成立后，清泥湾人民在党和政府的领导下，更是自觉有组织地修建了幸福大堤、光明路溃堤等，围挽了幸福垸，按田园化标准先后开挖了利民渠、幸福渠、革命渠、团结渠、战备渠等横、直渠道 18 条共 76500 米；修建了二线大堤涵闸、一线大堤穿堤闸、高排闸、电排机埠、泵船抗旱机埠等，共修建排灌机埠 17 处合计 475 千瓦；硬化了清泥抗旱直渠、顺星抗旱直渠，实施了污水净化等配套工程，治理了顺星溇、清泥套、夜壶垸等低洼地段……这些水利设施的建设治理工程，先后为清泥湾人民抵御 1954 年、1962 年、1968 年、1979 年、1980 年、1996 年、1998 年、2010 年、2014 年等年度发生的特大洪涝灾害，起到了非常强劲的抵御作用，有效地维护了清泥湾人民的生命财产安全，同时强健了农业生产的命脉，尤其在频繁出现的干旱年度，为广大种植农户的抗旱、多个特种养殖户的供水提供了关键的保障作用，极大地增加了农民群众的收入。

三

敢于拼搏的清泥湾人民，在村级基础建设上扎实苦干，勤奋努力。清泥湾村是一个地处偏僻的典型农业村，山水旅游资源匮乏，工业矿产资源缺乏，交通不畅，信息迟滞，经济收入主要来源为第一产业，加之自然灾害频仍，基础设施建设落后，因此群众的生活一度处于贫困边缘。但清泥湾人民不等不靠，省吃俭用，勒紧裤带大搞农业基础建设，创造条件改善生产生活条件。采取群众自筹、村级募筹、寻求政府部门帮助、争取国家项目支持等举措，千方百计筹集资金，全民参与出资出力，使本村的基础建设步入了加速发展的快车道。道路建设四通八达：百分之百完成了全村通村公路水泥硬化建设，水泥硬化通村公路共 25.2 公里；百分之百完成了组级公路硬化建设，其中砂石硬化组级公路 38 条 26200 米，水泥硬化组级公路 33 条 25200 米，水泥硬化率 96.2%；完成连户道路硬化 33 条 25200 米，道路连户率达 96.2%；百分之百完成了全村跨渠建桥工程，共硬化挽拱穿路渠道涵闸 51 个，硬化建设顺心桥、连心桥、振兴桥等桥梁 4 处。电力建设满足需求：早在 20 世纪 70 年代初，清泥、顺兴两个大队就实现了通电照明；2015 年，清泥、顺星两村农网升级改造工程完成；全村共有变压器 17 台，能够满足全村生产生活用电所需；共安装路灯 340 盏，实现了全村亮化。饮水卫生安全方便：建有村级自来水厂，取用长江水源，水厂严格按卫生管理标准操作运行，自来水通户率百分之百，全村农户均饮用上了卫生安全、价格便宜的自来水。

正是因为敢于拼搏，勤奋节俭，清泥湾人民的生活环境不断改善，经济状况由贫困趋向优裕发展。2023 年，清泥湾地区生产总值 14194.164 万元，人均纯收入 28886 元，与有经济数据的 1962 年地区生产总值 22.41 万元、人均纯收入 50 元相比，分别增长 633.4 倍、577.7 倍；与改革开放初期的 1978 年地区生产总值 92 万元、人均纯收入 171 元相比，分别增长 154.3 倍、169 倍。

清泥湾人民富有创新争优精神。1957 年率先在全县实行生产队"三包一奖"（包工、包产、包成本、超产奖励）。1958 年率先在全县建村级幼儿园、敬老院。所办幼儿园被评为全国先进，受到了全国妇联、共青团中央的嘉奖；此后重办的清泥村敬老院被评为市、县先进敬老院。1969年3月清泥大队率先在全公社首办大队卫生室，是全县首批创办的大队卫生室之一，实行全大队合作医疗免费诊治、住院。清泥大队的卫生室创办时间比1969年6月26日《人民日报》正式发表《贯彻毛主席对医疗卫生工作的指示，把医疗卫生工作的重点放到农村去》早三个月，免费诊治时间比1975年年底全国农村人民公社实现免费诊治时间早六年多。清泥大队（村）率先在全县首批建立广播站，被县委宣传部授予"六有"先进广播站称号；率先在全县实施旱改水工程、栽培杂交稻，受到全国水稻劳模何光星的称赞；获得过全省养猪先进单位、市文明村镇、县双文明建设先进单位等荣誉。顺星大队曾被评为华容县和岳阳地区耕牛发展的先进单位；曾超额完成国家棉花定购任务的25%，农民人均纯收入排全县第一，获得县人民政府授予的先进集体奖；率先在全市改建卫生厕所。两村合并后，清泥湾村先后被东山镇党委政府评为综治工作优胜单位、环保专项整治优胜单位、抗旱工作优胜单位、乡村振兴优胜单位、一类村（社区）、党建工作优胜单位等等；被县精神文明建设指挥委员会授予2022届文明村称号。

清泥湾人民富有团结协作、乐于奉献的精神。在这块曾经多灾多难的土地上，清泥湾人民团结协作，同舟共济劈波斩浪，渡过了一次又一次艰难险阻。面对水灾，群众自发围圩挽垸；面对火灾，邻里自觉捐款捐物；面对风灾、冰灾、旱灾、虫灾、禽流感，干群携手联防联治。在社会事务管理上，以民为本，群策群力。村级成立了老年人协会，组建服务老年人志愿者队伍、红白喜事理事会、公益事业理事会、帮困奖学理事会、乡村振兴工作站，修建了文体活动中心、老年活动中心、集体公墓等。清泥湾人民乐于奉献，齐心协力披荆斩棘，克服了一个又一个巨大困难。清泥湾村底子薄、基础差，各项建设和各方面事务都需要以经济为动力来推行，资金用途多、缺额大，怎么办？万涓成水，汇流成河。自2006年来，清泥湾村共有寓外乡友、在村党员、干部、群众1044人次，捐献的用于本村开展交通、水利、电力、文化、教育、卫生等建设和养老、防疫、抗洪救灾等方面的善款，共计206.966万元。特别是本村在外创业的大爱企业家、匿名爱心人士，不求任何回报，只为让清泥湾村的孩子轻装上阵努力学习，他一人就为本地就读的中小学生766人（次），已捐赠4个学期的生活费合计97.3342万元。灯亮一盏光洒一片，这类例子不胜枚举。

乐于奉献还体现在清泥湾人民万众一心、全国一盘棋的社会主义大协作精神上。无论是荆江大堤加固、南洞庭治理、钱粮湖围挽、月牙湖围挽、长江标准大堤修建征地等国家级、省级、市级工程，也无论是东山水库修建、松塔公路加宽压坡、江洲桑场围挽等县级工程，还是抢修万家间堤、开挖么台电排渠、开挖革命渠等乡镇级工程，清泥湾人民都义无反顾、任劳任怨，按质按量按时甚或提前超标准完成投工、投资、投机械设备、投土地资源等分配的任务。汶川地震、小集成垸漫溢、团洲溃垸、新华垸大堤决口，清泥湾人民纷纷伸出援手解囊相助；东方之星沉船事件发生后，闻讯赶到的部分清泥湾人民自动参与到搜救行列中去。中华民族一方有难八方支援的互助精神在清泥湾人民的行动中得到充分体现。

清泥湾人民爱党爱国，勇于牺牲。在新民主主义革命时期，清泥湾人民抛头颅洒热血，前赴后继，为推翻帝国主义、封建主义、官僚资本主义"三座大山"，作出了应有的贡献；在土地革命、抗日战争和解放战争时期，清泥湾是红军、新四军和解放军的根据地。先后有徐爱松、邹承汉等 50 位清泥湾出生的先烈，为了中国人民的自由和幸福，为了新中国的成立，献出了自己宝贵的生命，被评为革命烈士。这里有华容县解放战争时期最早的中共东山地下支部党员汪树辉（中共东山地下支部是解放战争时期华容县最早的两个地下党支部之一，是在华容县白色恐怖最森严的时候诞生的，为解放华容作出了很大的贡献。史料参见本志《文存》之《黎作善与中共东山地下支部》），为星星之火的燎原，成为革命的火种。1951 年，为响应毛泽东主席提出的"抗美援朝，保家卫国"号召，这里有李春发、李春华、徐君爱及胡金尧等 9 人毅然决然参加中国人民志愿军，其中特别有胡金尧、金支宜、黎朝准、季伯香、汪必金、程斌 6 人，继参加解放战争之后又欣然赴朝参战。这里有王中南、朱三保、黄旅风 3 人，在 1979 年的对越自卫反击战中立下了不同等级的战功。在社会主义事业建设过程中，这里有为集体抢运高粱因船只沉没不幸遇难的刘振科，有为排除电力故障因公献身的黎尧清，有为教育事业积劳成疾而身故的李勤业；还有时任清泥大队船运队长共产党员罗腊二，在机船运送货物途中因公殉职。

清泥湾地灵人杰，英才辈出。深受农耕文化浸染的清泥湾人民，把"耕读传家"奉为圭臬，虽地处偏僻，但不乏优秀人才。尤其是在社会主义革命和社会主义建设中，一代又一代的党员干部带领群众开拓进取，艰苦创业，为全村的建设和发展作出了不小的贡献。在历任党支部书记中，有在 20 世纪 50 年代初产生的省级特等劳模徐郁勋、李遵福，有在 20 世纪 70 年代就积极兴科技、调结构，推行杂交水稻、杂交高粱、杂交玉米的杨为友。清泥湾的土地上，还产生了很多能人贤者。有被评为全县十大新闻人物之一、荣获湖南省"先进工作者"称号的养蜂能手徐侯强。有德艺双馨的能工巧匠——铁匠师傅龚庭楚、徐远新，木匠师傅黎述焕、朱孝祖，瓦匠师傅谭作香、朱淼湘，等等。他们以"工匠精神"为清泥湾村的发展贡献了聪明才智，为村民的日常生活提供了极大方便。他们的手艺和人品受到了清泥湾群众的称赞。有"捧着一颗心来，不带半根草去"的中南大学湘雅二医院眼科徐立副教授，他的遗体捐献给了医疗事业供医学解剖之用，他被评选为"中国网事·感动 2012"第四季度感动人物，被湖南省委宣传部树立为全省重大典型。自 1977 年国家恢复高考制度后至 2024 年 8 月，从清泥湾的土地上，共走出了大学生 400 余名。其中有博士、硕士、教授、设计师、工程师、高级教师、注册会计师、科级以上干部等高级人才 152 名，其中有博士生导师 3 名。

四

  清泥湾支村两委以新农村建设为抓手，促进脱贫攻坚和乡村振兴。自解放以来，清泥湾（清泥、顺星）的党支部和村委会都坚持把我党"以人为本，立党为公，执政为民"的执政理念作为搞好村级工作的指南。尤其是近20年来，清泥湾村在上级党委、政府的领导下，结合本村实际，不断探索村级治理的方式方法，促进了清泥湾村的快速发展。一是支部带村，让基层组织"硬"起来。清泥湾村以党建为引领，增强支部的向心力，形成了"群众围着党员转，党员围着支部转，支部围绕服务群众转"的良性循环，切实做到"聚民力、化民怨、办民事、解民愁"，夯实村民自治基础。2013年，清泥湾村成为湖南省委党校基层党建调研联系点。二是民主管村，让村民自治"实"起来。以群众自治为基础，坚持法治与德治相结合，形成一套因地制宜、奖惩结合的激励机制，建立"四公约"，即管理公约、卫生公约、平安公约、文明公约，潜移默化地推动移风易俗，全面弘扬了社会良好风气，加快了经济发展。清泥湾村仅用了不到四年时间，就摘掉了"贫困村"的帽子。三是协会强村，让社会事业"活"起来。村成立了公益事业理事会、帮困奖学理事会、老年人协会等，依靠群众力量，解决群众所盼。以村筹村奖的形式开展公益活动，切实化解群众在生产、生活中产生的矛盾和困难；以"援外活内"的形式引领社会力量投身社会事业；以"互助敬老"的形式让老有所依、老有所乐、老有所为。这些工作的实施，使清泥湾村的风土人情、乡村气息、村民自治、民治共享、社会风尚得到了大大提高和加强。清泥湾村集体经济由2004年亏损110余万元（其中清泥亏损30余万元，顺星亏损80余万元），到2023年年底节余170万元。

  回首过去，清泥湾村人民勤建家园，不辞劳苦；展望未来，和美乡村指日可待。我们坚信，有上级党委政府的正确指引，有村党总支、村委会的务实作为，有寓外乡友乡贤的鼎力相助，有全村人民的同心协力，清泥湾村的前景将一定会更加灿烂辉煌！

大事记

（1803—2023年）

1803年

清泥湾纳入白杨北垸，隶属大清湖南布政使司岳常澧道岳州府华容县太平乡白杨村。

1913年

改乡、都为区，华容县设十个区。塔市驿属第四区，辖塔市驿、砖桥、集成垸。清泥、顺兴属中华民国湖南省岳常澧道华容县行政厅第四区第三保。

1929年

全县设十个行政区，区名依次为城市、砖桥、文宣、塔市、万庚、清凉、梅市、大乘、景港、注市。清泥、顺兴属中华民国湖南省华容县塔市区（第四区）第三保。

1935年

合区并乡。全县十个区合并为一镇五区。清泥、顺兴属中华民国湖南省华容县第五区塔市乡第三保。

1947年

全县设九乡一镇共92个保。清泥、顺兴属中华民国湖南省第四行政督察区华容县塔市乡第三保。

1949年

7月21日　拂晓，中国人民解放军中原军区监沔军分区独立四团，在团长郑怀远率领下，乘数百艘船只横渡长江，在塔市驿至广兴洲一线，兵分三路，直取华容县城。下午，清泥湾人民欢庆华容县解放。

8月　全县设五个区，92个保。清泥、顺兴属湖南省常德专署华容县第五区塔市乡第三保。区政府驻地三郎堰（辖原三郎乡1—9保，原塔市乡1—6保）。

1950年

9月15日 全县第一届第二次代表大会决定撤"保"建"乡",改"甲"为"村",组建区、乡人民政府。清泥、顺兴属湖南省常德专署华容县第五区塔市乡。

1951年

12月 为响应毛泽东主席提出的"抗美援朝,保家卫国"号召,清泥村李春发、李春华(兄弟俩)、徐君爱赴朝参战;清泥村胡金尧、金支宜、黎朝准、季伯香、汪必金,顺兴村程斌,继参加解放战争之后又赴朝参战。

1952年

4月 为贯彻《中共中央关于农业生产互助合作的决议(草案)》精神,清泥村、顺兴村均组建了常年互助组、季节性互助组。

1954年

5—7月 连降暴雨8次,降雨量达1400毫米,长江荆江段水位超历史纪录,高达38.44米,造成重大自然灾害,导致大码口往东300米处倒堤而形成潭子眼。

10月 中岭初级农业合作社成立,社主任李遵福;顺兴初级农业合作社成立,社主任徐郁勋。

是年 秋、冬季,中岭、顺兴两个合作社所有劳力赴潭子拐抢修溃垸缺口,并加修外垸围堤而形成潭子拐。

1955年

6月1日 中国人民解放军南京大军区总政治部教官邹承汉(顺兴村人),因参加解放战争,颈部周围八处被手榴弹弹片击中形成重伤,弹片未取出造成化脓,伤情恶化,不幸与世长辞,年仅31岁。顺兴社人民为邹承汉烈士举行隆重的祭奠仪式。

8月 中岭初级农业社转化为高级农业合作社,顺兴初级农业社转化为高级农业合作社。

10月 华容县开展治理南洞庭工程,中岭社、顺兴社出动劳力共约300人参加治理工程,历时65天。

是年 万家垸万家间堤溃口,中岭社、顺兴社出动劳力参与抢修万家间堤。

1956年

是年 全县撤区并乡为19乡4镇(小乡117个),清泥属塔市乡,下辖6小乡(塔市、少英、烟墩、春同、履仁、清泥)。中岭农业合作社、顺兴农业合作社、新沙农业合作社（即清泥、顺兴、长江三村）为清泥乡。政府驻地清泥小学。乡长彭地坤。

是年 冬，清泥乡全乡男女劳力参加修建幸福巴垸，历时 2 个月竣工。

1957年

10 月 首批知识青年下乡，中岭农业社接收北京、长沙下放人员余人杰一家 6 人。

1958年

7 月 成立人民公社，全县设 8 个公社。成立东山人民公社，下设 10 个大队。清泥、顺兴属东山人民公社长江大队，大队部驻地老垱堤。

10 月 常德专区组织华容、安乡、南县围垦钱粮湖工程。清泥、顺兴组织劳力参加，历时近 4 个月。

是年 开始"大跃进"运动，提倡"一大二公"，大办集体居民点和公共食堂。中岭农业合作社设 3 个党支部，每个党支部设 1 个食堂：1. 超英党支部，汪全福任党支部书记，食堂供应长江七、八队至清泥一、二、三队的农户；2. 前进党支部，朱炳书任党支部书记，食堂供应康民直路东至徐家直路止（现清泥四至七组）的农户；3. 丰收党支部，李遵福任党支部书记，食堂供应徐家直路东至大码口直路止（现清泥八至十三组）的农户。顺兴农业合作社有 3 个食堂：红旗食堂、东风食堂、临江食堂。因党员人数少，顺兴只设 1 个党支部，徐郁勋任东风党支部书记。

是年 长江大队在超英支部（现清泥三组）办幼儿园，名称为东山公社长江幼儿园，入园儿童 124 人。园长汪宝珍（女）。

1960年

3—5 月 顺兴多次遭狂风袭击，损失较大。

是年 东山公社长江幼儿园被评为"全国先进幼儿园"，受到了全国妇联、共青团中央的嘉奖。

是年 长江大队在超英支部（现清泥三组）办敬老性质的幸福院，名称为东山公社长江大队幸福院。入院 58 人，院长彭地坤。

1961年

3 月 成立清泥大队，将原新沙农业生产合作社 3 个队，即从舒家直路东起至康民直路西止（现清泥一至三组）的区域，划归清泥大队管辖，共设 8 个生产队，清泥大队党支部书记李遵福，大队长杨为友。成立顺兴大队，设 5 个生产队，顺兴大队党支部书记徐郁勋，大队长邹启贵。

8 月 清泥大队购木帆船 1 只,用以横渡长江至监利一矶头码头,便于两岸客、货流通。

是年 清泥大队获全省养猪先进单位荣誉,大队党支部书记李遵福参加全省农业先进单位和劳动模范大会。

是年 集体食堂解散,长江幼儿园、长江大队幸福院停办。

1962 年

3 月 25 日 清泥大队八队发生火灾,共 22 户受损,烧伤 2 人,死亡 1 人,累计财产损失 80000 余元。

7 月 顺兴大队龟洲垸溃垸,幸福巴垸与二线大堤北段溃口 50 米,颗粒无收,农户抢种粟子。

1963 年

4 月 22 日 清泥大队一队发生火灾,共 6 户受损,无人员伤亡,财产损失共约 20000 元,大队安排劳力搭棚建家园。

1964 年

3 月 顺兴成立耕读小学、顺兴养蜂场。

5 月 清泥大队建油榨,聘请东山公社的江尚年当师傅。同年 9 月江尚年全家迁至清泥大队落户。

5 月 全国开始开展抓阶级斗争、生产斗争、科学实验三大革命运动。清泥大队、顺兴大队成立贫下中农协会。

是年 围挽顺兴巴垸(包括长江大队、清泥大队外洲和顺兴大队)。

1965 年

9 月 顺兴大队修建幸福堤闸。

1966 年

3 月 顺兴大队开设代销店。

5 月 清泥大队购机帆船 1 只。

7 月 清泥、顺兴分别成立文艺宣传队。

9 月 顺兴大队赵锦堂、徐仲生、邹东富、邹三宝、金四梅等 5 家遭受火灾,损失巨大。

11 月 顺兴大队第一艘木质货运机船修建。

1967 年

9 月 顺兴大队第一艘木质货运机船修建竣工。

是年 塔市卫生院在清泥设立诊所。

是年 清泥大队开办代销店。

是年 顺兴大队接收首批知青李若荣、李跃勤、李跃华、魏月英一家四人落户六组。

1968年

2月25日 县、公社、大队相继成立革命委员会。李遵福任清泥大队革委会主任，徐郁勋任顺兴大队革委会主任。

7月 长江洪水猛涨，幸福巴垸南直堤溃口，整个幸福巴垸至清泥一线大堤一片汪洋。秋季，大队劳力修复溃口，一个月完工。

10月 岳阳地区、县组织长江改道工程，整个工程宽100米、长3500米、深9米，年底竣工。清泥大队、顺兴大队全体劳力参加。

是月 清泥大队礼堂竣工。该工程于1967年5月动工。

1969年

3月 清泥大队率先在全公社首办大队卫生室。全大队实行合作医疗，免费诊治、住院，大队统一报销。

9月 顺兴大队创办大队医疗室，为全大队社员免费诊治。

是月 顺兴大队刘学振、邹三宝等5户遭受火灾，大队组织救灾。

是年 陈元秀（女）任顺兴大队党支部书记。

1970年

1月 塔市公社田园化水利工程建设启动，开挖革命渠。将老垱大队土地调整，以革命渠为界，南为老垱大队，北为清泥大队。

12月 清泥大队创办广播放大站，全大队广播安装到各家各户。

1971年

3月 顺兴大队学校动工兴建，历时6个月竣工。

8月 开展吐故纳新"整党运动"，塔市公社以清泥为试点，并恢复党组织建设，成立中共清泥大队核心领导小组，组长李遵福。

12月 东山水库修建工程启动，清泥大队350人、顺兴大队300人参加修建工程，历时37天。

是年 清泥大队、顺兴大队成立计划生育领导小组，计划生育开始走向制度化、常态化。

是年 顺兴大队新修机船1只，载重量18吨。

是年 顺兴大队成立林业队，李年林任队长，林木面积40亩。

是年 顺兴大队被评为华容县和岳阳地区耕牛发展先进单位。

1972年

1月 时任清泥大队党支部书记、革委会主任李遵福调塔市公社任工交党支部书记。

2月 时任华容县革命委员会委员、县农代会副主任、塔市公社革委委员、党委秘书杨为友，回清泥大队任大队革命委员会主任、党支部书记。

7月20日 清泥大队党支部副书记、革委会副主任欧德保调任长江大队党支部书记、革命委员会主任，易大全接任。

11月 清泥、顺兴开挖团结渠，至12月15日，团结渠工程完工。对交叉田进行调整，两村以团结渠为界，北顺兴，南清泥，清泥一、二、三队通南至北到防汛大堤属于清泥大队。

是年 顺兴学校开办，秋季开始招收学生150多人，开设1～5年级班。

是年 顺兴大队通广播。

是年 清泥五队初中学生徐勋梅作文《上街》在中央人民广播电台少儿节目播出。

1973年

6月 清泥大队新建大队部12间，有会议室、办公室、广播室、代销店、铁器加工厂、拖拉机库房等。

9月 清泥小学新建动工，次年秋季竣工开学。

10月 利民渠工程（渠路两用）开工。

12月 舒家直路，利民渠至革命渠与长江大队分界直渠工程开工。

是年 清泥大队建造第二支机船，可载货30吨。并成立清泥船运队，有木船2只，机船2只。

是年 清泥大队购东方红拖拉机1台。

是年 全国开展农业学大寨，县兴办四级农科网，清泥、顺兴均成立农科队。

是年 顺兴大队建造的23吨机船下水营运，该机船于1972年2月开始建造。

1974年

2月 易大全离任，徐树汉任清泥大队党支部副书记、大队长。

3月 清泥大队利民渠配套建桥工程开工，桥体用青砖拱砌。至12月完工。建桥共12处，投资10000余元。

9月 徐郁勋任顺兴大队党支部书记，徐仲生任顺兴大队大队长。

11月 清泥大队按田园化标准建设四渠五路工程，历时70天完成。

11月 清泥大队从么台机埠处立杆架线，引农电到清泥大队部。至1975年秋，大队统一架线入各农户，全大队通电。

是年 社办工程友谊电排渠开挖。清泥、顺兴派出劳力参与。

是年 自 1957 年开始至本年度止，清泥大队共接收下乡知识青年 42 户 180 人，顺兴大队共接收下乡知识青年 21 户 75 人。

是年 清泥大队再购 1 台东方红拖拉机。

1975 年

3 月 清泥大队组建林业队、护林队，完善农科队，成立副业队。

4 月 清泥大队在二线大堤建涵闸，至 12 月竣工，投资 70000 元。

10 月 公社成立战备农场，清泥十二队划入战备农场。

是年 社办工程么台电排渠增宽工程，清泥大队、顺兴大队全体劳力参加。

是年 顺兴大队从清泥立杆架线引电到大队，并统一架线入户，全大队通电。

1976 年

2 月 清泥大队建立广播站，用高音喇叭取代舌簧喇叭。

10 月 清泥大队组建电影组，每月放 2 场电影。清泥大队党支部副书记江锡海招录为国家干部。

是年冬 顺兴大队购东方红 30 型拖拉机 1 台，综合厂成立。

是年冬 顺兴大队开挖六条直渠、修建 6 条直路，工程历时 11 天完成。

是年 县政府组织围挽江洲桑场。清泥大队、顺兴大队基干民兵参与围挽。

1977 年

3 月 顺兴大队油榨正式投产营业。

3 月 10 日—4 月 8 日 清泥大队新修外洲粮棉分界路，形成南粮北棉布局。分界路全长 4200 米。

4 月 清泥全大队实施旱改水工程，原大队水稻布局在革命渠北，因水系不畅，改成旱地，将利民渠南旱地改成种植杂交水稻（一季稻）1200 亩。

8 月 全国水稻劳模何光星，前来清泥大队现场传授杂交稻管理经验，肯定清泥人民旱改水的改革变通精神。

9 月 岳阳地委书记董志文来清泥大队视察工作，肯定了清泥大队大面积推广杂交水稻的创新精神。

10 月 国家恢复高考制度，清泥大队肖汉奇中榜，考入湖南师范学院；徐桂兰上本科线，未录取。

12 月 清泥大队将二线大堤内的废坑、荒林、荒地改成耕地，历时近 3 个月，扩大种植面积 260 亩。

12 月 华容县团洲灭螺围垦工程历时三个月，清泥大队、顺兴大队参加。

是年 顺兴巴垸、江洲桑场并入民生大垸。

1978年

2 月 顺兴大队开始新修通村砂石公路。

是年 暑期，顺兴大队 20 余人参加高、中考，黎明、邹东祥上线。黎明录入岳阳卫生学校（此后高考上线者另载入教育章节）。

是年 长江秋水持续不退，秋汛约 70 天，造成垸内渍水农作物绝收。

1979年

2 月 27 日 清泥大队朱三保、王中南，顺兴大队黄旅风参加对越自卫反击战。

是月 顺兴排灌闸竣工，历时一年。

3 月 顺兴大队原客运木船报废，大队购进一艘木质机船，做客运船，载重量 23 吨。

6 月 4 日 塔市公社降特大暴雨超过 400 毫米，交通中断。清泥大队、顺兴大队农作物严重受渍，50% 面积绝收。

7 月 清泥大队在长江河边兴建 55 千瓦电排机埠，历时 3 个月完工。

9 月 顺兴大队党支部书记徐郁勋离任，谢守忠接任。

12 月 顺兴大队九队社员刘振科，为集体抢运高粱，因船只沉没，不幸遇难。

1980年

8 月 连降三次大暴雨，历史罕见，顺兴大队南北两岭住户来往中断。

9 月 顺兴大队新修大队部，年底竣工。大队部新购日立彩电一台。

11 月 清泥、顺兴等七个大队和战备农场，从塔市公社划出，与江洲桑场合并，成立江洲人民公社。塔市公社清泥大队更名为江洲公社清泥大队，顺兴大队更名为江洲公社顺兴大队。江洲公社机关驻地新沙洲。

1981年

1 月 县委、县政府号召实行联产承包制。

4 月 江洲人民公社修建新沙洲墟场，用地从长江大队划地，占地面积由全公社各大队、农场分摊。清泥大队划出面积 195 亩，从顺兴大队进地 75 亩，原清泥中学在清泥三队的学农基地 40 亩划归清泥大队，实际划出 80 亩。顺兴大队统一在外洲调整面积到队，实际划出 75 亩。

5 月 顺兴十队黎咸兔参加大队高压线路扫障，不幸触电身亡，大队决定抚养遗腹女邹婷至 18 岁。

8 月 江洲公社修建公路，与新沙洲至塔市公社高峰大队公路相接，清泥大队、顺兴大队分配 3700 米长的任务，当年 10 月完成。

1982年

1月 江洲人民公社实行联产承包责任制到户，清泥、顺兴两大队按计税面积上缴各项款项。

1983年

3月15日—4月15日 清泥、顺星大队开展并实行分田到户责任制。

8月18日 清泥小学教学楼工程动工修建，至次年8月28日竣工。

10月20日 原潭子拐1、2、3、4队划归清泥大队管辖。合并后，清泥大队设13个生产队。

是年 秋季，社办工程在顺星十队修建高排闸。公社全体劳力参加。

1984年

2月25日 公社改为乡，大队改为村，生产队改为村民小组。清泥大队更名为江洲乡清泥村，顺星大队更名为江洲乡顺星村。

2月28日 时任清泥村党支部书记杨为友调任江洲乡养殖公司经理。徐树汉任清泥村党支部书记。

3月 顺星学校教学楼动工，年底竣工。

是年 金永松任清泥村党支部副书记、村委会主任。

1985年

2月 顺星村教学楼竣工。

5月12日 华容江洲新沙洲汽车轮渡与湖北监利码头航线开通。

是年 徐树汉当选中共华容县第五次党代会代表（此后又当选县第六次、第七次、第九次党代会代表，县第十届、第十一届、第十三届人大代表）。

是年 金永松调任江洲乡油厂厂长。易锦富任清泥村党支部副书记、村委会主任。

1986年

2月8日 清泥村动工新建敬老院，重阳节竣工。

是年 因苎麻涨价，每斤高达18元之多，顺星村棉农积极性受到影响，转种苎麻，村里棉花种植面积减少。

是年 谢守忠当选为县党代表，杨为友、陈元秀当选为县第十届人大代表。

1987年

11月 清泥村广播站被县委宣传部县广播局授予"六有"先进广播站称号。

12月 江洲乡建立千亩林场，清泥村革命渠北统一划100米长给乡林场，清泥村共划出面积333亩。

是月 清泥村在二线大堤北新挖鱼池200亩。

是年 顺星村五组村民徐侯强被评为"全县十大新闻人物"。

1988年

7月 顺星大队改土公路为砂石公路，并启动八组四通桥涵工程，年底竣工。

9月 岳阳市民政局、华容县民政局召开流动现场会，来到清泥村敬老院现场，授予清泥村敬老院"市、县先进敬老院"称号。黎大全老人被省民政厅评为优秀五保老人。

1989年

2月 清泥村新建村泵船抗旱机埠，5月30日机埠工程竣工。

9月 顺星村党支部书记谢守忠调任乡汽渡所所长，谢春华接任党支部书记，徐侯以任村委会主任。

是年 顺星村徐侯强养蜂收入41000元，荣获湖南省"先进工作者"称号。事迹收入1992年版《华容县志》。

1990年

2月 清泥村一线大堤闸重建，历时14个月完成。华容县护岸指挥所为大堤闸重建等建设投入资金28万元。

是月 汪丽华当选华容县第十一届人大代表（此后又当选中共华容县第七次党代表）。

1991年

2月 清泥村开始新建光明路节制闸等共9处节制闸，当年12月建成。

7月 顺星村渠道清淤疏洗，耗资7000元。

1992年

3月 清泥村启动改水工程，与顺星村等村场于新沙洲共建自来水厂，于12月28日竣工通水。

9月下旬 县级松塔公路加宽。清泥村、顺星村按时完成分配的任务。

10月 江洲防汛大堤加修，由各村出资、出劳力，历时4个月。大堤加固基本达到38.3米高程。

1993年

3月 因自来水压力不够，顺星村自筹资金建自来水厂，10月底全村通水。

9月20日　乡办工程清泥套尾渠工程开工，全乡各村参加。

11月　顺星村在湖北省枝江县购进一艘钢质客运船，载重量３０吨。

是年　取消商品粮，由原粮食征购改为随行就市，稻谷折价 70 元 / 百斤上交农业税。

是年　江洲乡政府在顺星村九组建轮窑厂，征用清泥村 15 亩、顺星村 20 亩农田。

是年　清泥学校被评为"省标一级学校"。

1994年

3月9日　清泥学校校长李泉新获得华容县教育委员会授予的"学校工作管理行家"奖。

9月13日　华容县大荆湖工程启动，至 12 月 30 日竣工。清泥村上劳力 320 余人，顺星村上劳力 200 余人。

是年　易锦富调任乡林业工作站副站长，金汉清任清泥村村委会主任。

1995年

4月21日　江洲乡并入塔市驿镇。江洲乡清泥村更名为塔市驿镇清泥村，江洲乡顺星村更名为塔市驿镇顺星村。

7月　程控电话装进清泥村、顺星村。

12月20日　清泥村敬老院并入塔市驿镇江洲敬老院。清泥村送 13 位老人入院。

是年　顺星村超额完成国家棉花定购任务的 25%，排全县第一，获县政府颁发的"先进集体"奖。

1996年

6—7月　普降大到暴雨。6 月 29 日洪山头镇江山村沉塌湖溃堤溃口，清泥、长江、白洋、老档、么台等村一片汪洋，路不通，船可行，垸内农作物被淹失收。清泥村十一、十二、十三组房屋上水，淹水 1 ~ 2 米，农户转移到二线大堤搭棚居住长达 2 个月。顺星村外洪内涝，大部分面积受灾，基本绝收。

是年　镇办加固么台电排溃堤冬修工程，清泥、顺星劳力参与。

1997年

4月　清泥村农业改制，棉花推广营养钵育苗。全村种植结构形成四带：2000 亩稻带、3000 亩棉带、1400 亩林带、200 亩鱼带。

是月　顺星村进行血防灭螺、土地平整，投资 62900 元，共改造一季稻水田 80 亩。

1998年

6月22日—9月10日　清泥村、顺星村开展防汛抗灾。该年是历史上罕见的特大洪涝灾害之年，暴雨时间长、雨量大，河水猛涨，长江经历了八次洪峰。清泥村绝大部分水稻、棉花等农作物被毁，村组织机泵 10 多台日夜排渍。顺星村 80% 的面积绝收。

9 月 清泥村举行大会，表彰防汛标兵共 10 人。

是月 镇安排集成移民 22 户 87 人到清泥村落户，4 户 10 人到顺星村落户。两村均为移民落实了责任田，并实现水电路三通。

12 月 清泥村新建轨道式升降机埠。

是年 长江大堤加固工程动工，工程取土挖掉顺星村良田近 50 亩。

1999 年

7—8 月 甜菜夜蛾大暴发，清泥村、顺星村采取引电立杆到棉田点灯诱蛾等指施减少损失，但仍有 70% 的面积绝收。

9 月 顺星村党支部书记徐远辽离任，谢先维接任。

是月 清泥村党支部副书记、村委会主任金汉清离任，丁金堂接任。

是年 棉花价格达历史最低，每斤籽花一元钱，棉农收难抵支。

2000 年

7 月 大量甜菜夜蛾侵害棉花，花蕾、幼铃基本脱落，顺星村近 4000 亩棉田减产到 150 ~ 300 斤 / 亩籽棉。

是年 长江标准大堤工程全面竣工完成，镇从大堤脚向南统一划出 100 米作为防汛压脚平台，占用清泥村耕地面积 198 亩、顺星村耕地面积 410.33 亩（其中被压油菜约 350 亩）。

2002 年

3 月 25 日 清泥村党支部书记徐树汉调任塔市驿镇民政办工作，时任党支部副书记、村委会主任丁金堂接任清泥村党支部书记。

4 月 落实政府《农业税费改革方案》，取消乡镇统筹教育事业费、行政事业费、屠宰税，调整农业税和特产税，清泥村本年度税金负担总额为 26.1437 万元，保留一事一议筹劳筹资项目。

8 月 清泥村村委会第五届换届选举，徐云汉当选为村委会主任。

是年 顺星村新建轨道式升降机埠，顺民渠硬化 2000 米，抗旱渠硬化 450 米（资金源于长江大堤挖压补偿）。

2003 年

3 月 突发非典型肺炎，清泥村、顺星村严密采取防控措施，两村无一人感染。

是月 新型农村合作医疗政策实施，人均10元。

是月 为减轻农民负担，采取并组减员，清泥村全村只设七个组，并取消助理会计、广播员及勤杂人员。

2004年

2月 扶持粮食生产政策出台，实行粮食补贴和良种补贴政策，粮食每亩补10元，良种每亩补15元。

3月 农业税降低三个百分点，清泥村、顺星村两村农业税比上年减少近17万余元。

是年 春季发生禽流感，清泥村、顺星村采取严密措施防控，无禽流感疫情发生。

2005年

4月18日 清泥村党支部书记丁金堂调任塔市驿镇民政办、合管办工作，后任东山镇敬老院副院长。徐云汉接任清泥村党支部书记。徐远法任清泥村党支部副书记、村委会主任。

9月 谢先维当选县人大代表。

10月 原塔市镇、洪山头镇、东山乡、桃花乡合并为东山镇，镇政府驻地东山墟场。塔市驿镇清泥村更名为东山镇清泥村，塔市驿镇顺星村更名为东山镇顺星村。

是月 清泥村全村农户责任田进行调整。

2006年

4月 顺星村党支部书记谢先维调任，徐干接任党支部书记；原村委会主任金四梅离任，郝先知接任村委会主任。

9—12月 清泥村利民渠公路硬化3.6公里。

2007年

6月 市爱卫办为顺星村改厕拨款新建卫生厕所200个。

8月1日 顺星村募集资金19.22万元，为次年公路硬化作好了资金准备。

2008年

1月 普降大雪，大冰灾持续三个月时间，清泥、顺星车不通，人步行，电常停，饮水难，冬作物受损严重。

5月12日 顺星村全线3400米公路全面硬化。

6月中旬 村委会换届，徐勋维当选顺星村村民委员会主任。

是年 徐干被评为华容县优秀支部书记。

2009 年

4 月 清泥村新建自来水厂，总投资约 100 万元，其中农户集资 25 万元，于 12 月 26 日在水厂举行竣工庆典活动。

12 月 清泥村光明路南"林改耕"国土项目竣工，林木砍伐后其面积归还各组。

2010 年

2 月 顺星村顺心路、顺星一组至清泥利群路之间，1.3 公里硬化工程启动，当年竣工。

2011 年

3 月 清泥村自筹资金 50 万元新建村部。至 12 月建成。

11 月 10 日 《湖南日报》发表湖南省委党校常务校长徐晨光的调研文章《一个新农村基层党建工作的样本——来自华容县东山镇清泥村的调查》。

2012 年

12 月 28 日 顺星村从清泥自来水厂安装主管连接到顺星八组。

2013 年

5 月 湖南省委党校基层党建调研联系点在清泥村定点挂牌，湖南省委党校常务校长徐晨光、华容县委书记汪涛出席挂牌仪式并授党课。

是年 顺星村进行农电低改，用时 3 个月。新添变压器 3 台，更换入户线、低压线、电度表等。

2014 年

3 月 顺星村党支部书记徐干退休离任，徐勋维接任。村委换届选举，汪咏后当选村委会主任。

5 月 清泥村新建文化活动中心楼，由湖南省直机关工委引资 30 万修建，至 12 月竣工。

6 月 1 日 晚上特大暴雨，清泥村低田一片汪洋，农作物基本绝收。顺星村顺心路和顺尖路鱼塘全部淹没。

6 月 17 日 村民委员会换届，徐远法当选清泥村村委会主任。

12 月 清泥村进入全省重点贫困村序列。

2015 年

6 月 1 日 21 时 30 分，隶属于重庆东方轮船公司的"东方之星"游轮，从南京驶往重庆途中突遇龙卷风，在长江中下游湖北监利水域沉没。具体地点为顺星十组堤外水域。其中成功获救 12 人，遇难 442 人。清泥、顺星部分群众自发参与搜救行动。

6月12日 湖南省直工委组织部和人事处机关党支部，来清泥村进行机关支部联基层活动并授课。省直工委委员杨勇全等 16 人和华容县副处级干部、东山镇党委书记黄建明出席，张勤伟上党课。

6月30日 清泥村 2014 年 8 月启动的旱改水国土项目工程竣工，旱改水面积 2600 亩，同时将利民渠硬化，村所有机埠、机房、电机、水泵更新安装，村民直接受益。

11月 清泥村全村装路灯 137 盏，全村亮化。

2016年

6月14日 清泥村与顺星村合并为清泥湾村，组建中共清泥湾村临时党总支，临时工作委员会。徐云汉任村党总支书记兼任工作委员会主任，徐勋维任村党总支副书记。

9月 顺星村自来水用户重新安装水管并入清泥水厂，顺星水厂按镇要求报废。

2017年

4月11日 清泥湾村村部改造扩建工程完成，总面积 330 平方米。

5月 党支部、村委会换届，徐云汉任党总支书记，徐远法、徐勋维任党总支副书记；徐远法任村委会主任。

10月 经上级验收，华容县人民政府批准清泥湾村贫困村摘帽。

是年 清泥湾村全村公路硬化工程竣工，此工程含复修里程全长 20.85 公里，该工程于 2013 年 10 月启动。

2018年

11月 清泥湾村新建公益性公墓工程竣工，工程总投资 10 万元。

2019年

7—8月 顺星片区安装路灯 151 盏，实现了清泥湾村全村亮化。

2020年

10月 党支部、村委会换届，实现党支部书记、村委会主任一肩挑。徐云汉任党总支书记、村委会主任，徐远法任党总支副书记，徐勋维任村委会副主任。

2021年

3月12日 村民代表大会决议成立清泥湾村帮困奖学理事会。当年奖励高考大学生8人共11000元，大病救助8人共12000元，合计23000元。

6月30日 村党总支书记徐云汉被县委组织部授予"优秀党务工作者"称号。

7月 徐秀当选为华容县第十三届党代会代表。

10月 徐云汉当选为华容县第十八届人大代表、同年12月徐云汉当选为岳阳市第九届人大代表。（此前2007年、2012年、2016年当选为华容县第十五届、第十六届、第十七届县人大代表）。

是年 乡友吴烁捐赠10000元，春节前慰问全村70岁以上老人。

2022年

2月 原顺星小学改建老年人活动中心工程动工，至6月14日竣工。

9月10日 爱心人士匿名捐资24.31万元，为本地就读的清泥湾村中小学生捐赠生活费，长江小学110人、江洲中学84人受益。

12月 为解决抗旱机埠在河床水位低的情况下无法运行的问题，村投资13.5万元配套安装2台75千瓦电机。

是年 乡友吴烁捐赠10000元，奖励全村优秀老人。

是年 奖励高考大学生14人共19000元，大病救助7人共11500元，合计30500元。

是年 全村11处跨渠桥梁工程竣工。该工程于2020年12月启动，总投资75万元。

2023年

5月6日 《清泥湾村志》编纂工作启动大会召开。

5月11日 爱心人士匿名捐资26.901万元解决本地就读的中、小学生的生活费。长江小学110人、江洲中学86人受益。

5月24日 原清泥湾村党总支副书记徐远法调任东山镇敬老院副院长。

9月 爱心企业家捐资24.44万元，解决本地就读的中、小学生187人的生活费。

10月 重阳节，吴烁、黄紫电、汪亚东、李彬四位乡友共捐资50000元，为全村70岁以上老人送慰问品一份，85岁以上老人每人发慰问金380元，下午在村广场举行文艺联谊演出（县文工团）。

是年 奖励高考大学生18人29500元，大病救助12人19000元，合计48500元。帮困奖学基金新增认捐90万元，累计认捐金额144.5万元。

第一章　位置境域

第一节　建置沿革

　　清泥湾村是由清泥和顺星（1983 年前称"顺兴"）两个村合并的行政村，原均为清朝中后期长江流沙淤积而成的自然村落。

　　清泥湾于清嘉庆八年（1803）筑垸，顺兴开始筑垸时间当在其后，具体时间不详。

　　清泥与顺星作为一个行政区划，由于历史资料匮乏，目前只能追溯到光绪八年（1882），当时隶属于大清湖南布政使司岳常澧道岳州府华容县太平乡。1913 年，隶属中华民国湖南省岳常澧道华容县第四区第三保。

　　1929 年，清泥、顺兴隶属中华民国湖南省华容县塔市区（第四区）第三保。

　　1935 年，清泥、顺兴隶属中华民国湖南省华容县第五区塔市乡第三保。

　　1947 年，清泥、顺兴隶属中华民国湖南省第四行政督察区华容县塔市乡第三保。

　　1949 年 8 月，湖南解放后新政权建立，撤乡设区，保未变，全县设 5 个区，92 个保。清泥、顺兴隶属湖南省常德专署华容县第五区塔市乡第三保。区政府驻地三郎堰（辖原三郎乡 1 ~ 9 保，原塔市乡 1 ~ 6 保）。

▲清泥湾村航拍图

　　1950年9月，撤保建乡，改甲为村。清泥、顺兴为湖南省常德专署华容县第五区塔市乡清泥划为两个行政村。

　　1954年10月，清泥村更名为湖南省常德专署华容县塔市乡中岭初级农业合作社，顺兴村更名为湖南省常德专署华容县塔市乡顺兴初级农业合作社。

　　1955年8月，中岭初级农业合作社更名为中岭高级农业合作社，顺兴初级农业合作社更名为顺兴高级农业合作社。

　　1958年7月，撤销农村生产合作社，成立人民公社。清泥、顺兴隶属于湖南省常德专署华容县东山人民公社长江大队。大队部驻地老垱堤。

　　1961年3月，设立塔市人民公社，清泥、顺兴分别称为清泥大队、顺兴大队，隶属于湖南省常德专署华容县塔市人民公社。

　　1962年，华容县由常德专署改隶益阳专署。清泥大队、顺兴大队隶属于湖南省益阳专署华容县塔市人民公社。

　　1964年，华容县由益阳专署改隶岳阳专署。清泥大队、顺兴大队隶属于湖南省岳阳专署华容县塔市人民公社。

　　1970年，岳阳专署改称岳阳地区。清泥大队、顺兴大队隶属于湖南省岳阳地区华容县塔市人民公社。

1980 年，清泥、顺兴等七个大队和战备农场，从塔市公社划出，与江洲桑场合并，成立江洲人民公社，办公驻地新沙洲。清泥大队、顺兴大队隶属于湖南省岳阳地区华容县江洲公社。

1983 年 10 月，原潭子拐一、二、三、四队划清泥大队管辖。合并后，清泥大队分为 13 个生产队。

1983 年，"顺兴"更名为"顺星"。

1984 年 2 月 25 日，公社改为乡，大队改为村，生产队改为村民小组。清泥大队、顺星大队分别更名为清泥村、顺星村，隶属于湖南省岳阳地区华容县江洲乡。清泥村有 13 个村民小组，顺星村有 10 个村民小组。

1986 年 1 月，撤销岳阳地区，实行市管县，岳阳地区改称岳阳市。清泥村、顺星村隶属于湖南省岳阳市华容县江洲乡。

1995 年 4 月 21 日，江洲乡并入塔市驿镇，清泥村、顺星村隶属于湖南省岳阳市华容县塔市驿镇。

2005 年 10 月，原塔市驿镇、洪山头镇、东山乡合并为东山镇，镇政府驻地东山墟场。清泥村、顺星村隶属于湖南省岳阳市华容县东山镇。

2016 年 6 月 14 日，清泥村与顺星村合并为清泥湾村，全称为湖南省岳阳市华容县东山镇清泥湾村。

附：清泥湾村溯源

清泥湾村由清泥和顺星两村合并而成，均为明清时期长江流沙淤积而后形成的自然村落。

"清泥湾"所在的洲地原名清泥洲，据传，其名来源有二。其一：洲地刚刚形成，田土肥沃，当地农人大量种植成本少、便于田间管理的油菜，收获菜籽无数，便在本地建立榨坊，远近商贩前来进货。有一年，数只装满大缸青油的船只刚刚驶离岸边，被忽然刮来的大风打翻，青油飘满了江面，也把沿江洲岸染上了一层青油。于是人们便称该洲为青油洲，官府上册时改成了"青泥洲"。其二：青泥洲、乌龟洲从整体上看，就像一只硕大的舟船。新沙洲（青泥湾最西段）为船头，最东头为船尾，乌龟洲为船舵，南岭子为船帆，青泥村中岭子为船的中舱。因洲地肥沃，呈黑色，故名"青泥舟"，后来演变为"青泥洲"。

顺星原名乌龟洲（简称龟洲，其东北尖角处名"土矶头""顺兴尖""顺兴矶"），因其地形成时，中间凸起，周围低平，如一只乌龟静卧于青泥洲东北部的江水中，故名。

乾隆二十五年（1760）《华容县志》没有青泥洲和乌龟洲的记载，可见当时二地尚未冲积成较大的能够进入舆图的洲地。

青泥洲和乌龟洲见于所见资料的最早记载是光绪八年（1882）《华容县志》，卷首

《舆图·华容东北分图》有载。当时青泥洲已与江南陆地相接,而乌龟洲居清泥洲东北,与其隔水相对,应该是涨水即为岛状,退水则与青泥洲相连。后来泥沙渐积,二洲遂成一体。1929年华容县挨户团总局所印《华容县图》,称乌龟洲所处之地为"泥尾",意为青泥洲之尾,证明此时二洲已经合为一体,形成了一直基本保持到今天的地理格局。该县志卷二《建置志》有"白杨北垸""青泥洲"的记载。

根据推定,青泥洲形成于1760年后不久。

青泥洲中部高地从西到东积年形成了长达数里的村庄,遂被称为"青泥湾"(含现新沙洲至相邻清泥的长江村部分)。

青泥湾建垸始于清嘉庆八年(1803),大堤紧挨青泥湾而筑,将青泥洲从东到西,分为南北两块。青泥湾遂纳入了白杨北垸(又名白杨垸,辖现长江、青泥、么台、老垱大部)的范畴。大堤即现在长江、清泥二线大堤(已废)。新垸范围南至老垱、么台废堤止,西起新沙洲,东至么台三支角;堤南为村庄人户、垸田、黑鱼套等沼泽地;堤北为外洲(乌龟洲居其东北部),根据汛情耕种。

1949年,改"青泥湾"为"清泥湾"。1961年3月,东段划为清泥大队,西段划为长江大队,交界处为当时的舒家直路。

乌龟洲形成则稍晚,据顺星村邹氏族谱载,其乌龟洲始迁祖在1849年即到此地落户,至今已有175年,而沙洲形成、具备人居条件且有人居住耕种则更在此前。

乌龟洲在1949年后行政地名为"顺兴"。1979年,谢守忠接任村支书,认为谐音的"顺星"更富吉祥发达的寓意,遂于1983年报请政府有关部门,改村名"顺兴"为"顺星"。

顺星筑垸时间不详,但应晚于清泥湾。为了自保,先后挽过大小不等的小垸,但具体情况不详,如建于1880年左右的徐家白屋就靠近一段废堤之北。建于1927年的龟洲垸,位于龟洲北端,东起顺兴闸,西至1组窑凸。其堤不大,1958年废,并入顺兴垸。顺兴垸(原名幸福垸)始建于1958年,1964年定型,上起新沙洲,下迄幸福直堤,与桑场垸接壤。后经三次退挽,于1978年冬集中劳力,全面按主堤标准加修。堤长7598米,完成土方22.6万立方米,堤顶高程达到37.0米,辖顺兴村、江洲墟场全部及长江、清泥、白水湖村大部,面积9.1平方公里,1978年冬并入民生大垸至今。1998年大水后加固加宽。

清泥湾村从形成到今天,应有260年左右的历史了。

本志中的"清泥湾"指原清泥湾自然村(含长江村部分),"清泥"指合并前的清泥行政村,"顺星"指合并前的顺星行政村,"清泥湾村"指清泥、顺星合并后的现行政村。

第二节　地理位置

湖南省华容县东山镇清泥湾村，地处湖南省北陲，华容县东北端，距华容县城约53公里。位于北纬29°45′19″～29°46′59，东经112°51′42″～112°54′42″。北濒长江，与湖北省监利市隔江相望，南抵东山镇么台村，东与东山镇白洋村接壤，西邻东山镇长江村。地形大体呈"全"字形，南北平均长度2978米，东西平均宽度3757米。

全村总面积11.2平方公里（合16800亩）。其中耕地面积12100亩（水田面积3704亩），住宅面积4700亩。

具体到片区面积：清泥片区总面积10436亩，其中耕地面积7686亩（水田面积3646亩），住宅面积2750亩。顺星片区总面积6364亩，其中耕地面积4414亩（水田面积58亩），住宅面积1950亩。

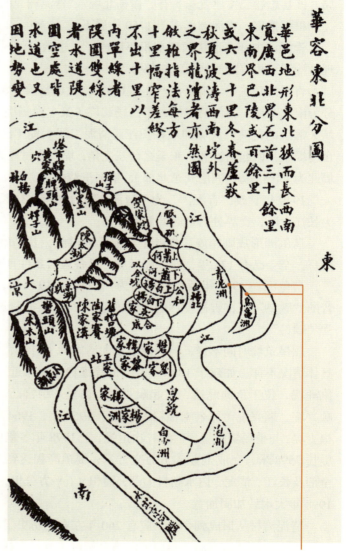

▲清泥湾村在1882年版《华容县志》上的地理位置

▲清泥湾村在华容县的位置

东山镇

万庾镇

章华镇

鲇鱼须镇

三封寺镇

梅田湖镇

治河渡镇

操军镇

新河乡

禹山镇

插旗镇

团洲乡

北景港镇

注滋口镇

▲清泥湾村与湖北省监利市隔江相望

第三节　自然资源

清泥湾村这块土地，是由长江所带泥沙冲积而形成的平原，是洞庭湖平原的组成部分，垸内是长江改道形成的沙洲和围湖造田形成的圩田。

属北亚热带湿润性大陆季风气候区。气候温和，四季分明，热量充足，雨水集中；春暖多变，夏秋多旱，严寒期短，暑热期长，年平均气温 17.5℃，年总降水量 1065.7 毫米。年日照总时数 1565.5 小时，无霜期 282 天。4—10 月份降水量占全年 80%，太阳辐射量占全年 75%，≥10℃ 的积温为全年 80%。热量丰富，土层深厚，适宜多种农作物生长发育，为理想的粮、棉、麻、水产和蚕丝的重要产地，盛产棉花、稻谷、小麦、鱼、小龙虾等。

野生植物和已经驯化用于林业生产的栽培植物共有数百余种（包括变种），按其利用价值可分为防护用材、食用、药用、工业、农业、观赏 6 类。粮食作物有水稻、小麦、玉米、高粱、蚕豆、粟子、荞麦等 10 余种，经济作物有棉花、麻类、蚕桑等 6 种，油料作物有油菜、黄豆、花生、芝麻等 6 种，果木产品有桃子、李子等 9 种。蔬菜作物有辣椒、豆角、黄瓜、南瓜等 20 余种。绿肥作物有紫云英、兰花苕子 2 种。水生植物和野生可食用植物有莲藕、菱角、芦笋、南荻笋、茭白、蒲笋等。蒿类植物有艾蒿、臭蒿、茼蒿、黄蒿、藜蒿等。草类植物有油草、豆草、苦草、茅草、粟草、芦苇、

▲红花籽

▲白鹤翔集

▲桃满枝头

▲李子熟了

梗草、马黄根、狗尾草、马鞭草、菖蒲草、千斤苋、夜蚊草、野荩草等。藤类植物有饭豆、绿豆、豆角、苦瓜、黄瓜、红薯、饭藤、黄藤、狮藤、五月藤、牛马藤、马蹄藤、野黄豆、爬山虎、牵牛花、野葡萄等。

动物资源丰富，家畜有猪、牛、羊等6种；家禽有鸡、鸭、鹅3种；水产有草鱼、鲫鱼、小龙虾、黑斑侧褶蛙等10余种；野生鸟类有喜鹊、八哥、麻雀、野鸡等30余种，野生兽类有刺猬、黄鼠狼、獾子等23种。

飞禽类有鹰、雁、喜鹊、八哥、斑鸠、麻雀、乌鸦、野鸡、野鸭、翠鸟、啄木鸟、丝麻雀。

蛇类有水蛇、土皮蛇、菜花蛇、青蛇彪、蝎蛇（俗称七寸子）、麻子蛇、火尾蛇、绿蛇等。

鱼鳖类有青鱼、草鱼、鲢（又称白鲢）、鳙（又称麻鲢）、鲫鱼、鲤鱼、鳊鱼、黑鱼、鲇鱼、岩骨（黄牯）鱼、银鱼、鳠鱼、刁子鱼、鳑鲏、洋家婆、红眼鱼、针弓鱼、鳝鱼、泥鳅、刺泥鳅、团鱼（甲鱼）、乌龟等。

螺类有田螺、福寿螺、蜗牛（天螺）、钉螺等。

虫类有蝉、蝴蝶、蜻蜓、飞蛾、螳螂、瓢虫、麻蠓、蜷螂、金龟子、麻壳虫、铁牯牛、铁甲虫、蜘蛛、壁虎、蠹鱼、蚂蚁、蚯蚓、百脚虫、草鞋爬（蚰蜒）、象鼻虫、打屁虫、蟑螂、臭虫、蚊子、苍蝇、虱子、土鳖虫、地老虎、蚜虫、蝗虫、蛆、蚂蟥、水蛭、菜青虫、钻心虫、叶跳虫、红蜘蛛、红铃虫、棉铃虫、盲蝽象、玉米螟、稻蓟马、稻苞虫、稻蝗、稻飞虱、二化螟、三化螟、斜纹夜蛾、甜菜夜蛾、稻纵卷叶螟等。

虾类有河虾、米虾、沼虾、小龙虾。

蛙类有青蛙、牛蛙、泥蛙、土蛤蟆、癞蛤蟆。

家禽家畜有鸡、鸭、鹅、猫、狗、马、牛、羊、猪。

集雨面积 14800 亩，耕地面积 12100 亩。辖 23 个村民小组，其分布是顺星片区为一至十组，清泥片区为十一至二十三组。

地面海拔高程为 28 ～ 34 米，顺星片区地表多为沙壤土，清泥片区地表多为黏壤土，清泥片区低洼地则系黏土。

地势基本是西高东低、北高南低。北长江大堤一线高程为 34 米，外洲地面 32 米以上。垸内革命渠一线为 30 米，最低夜壶垱（只要当天降雨量达 80 毫米以上，一夜就成湖，故称"夜壶垱"，在现在的清泥片区十一、十二、十三组范围内）28 米左右。清泥片区的外洲基本是旱地，顺星片区的淶为最低处，落差有 2 米左右，多为水田，可养鱼和种植水稻。顺星垱为两高一低，即东高（九、十组）西高（一至四组），中低（五至八组）。清泥套尾渠属低洼地。

境内地貌较为复杂，清泥片区为五岭四个坦，不是高凸就是（眼）凹。五岭：南岭子、一岭子、高凸子、截路口、子岭子，四坦：长坦、短坦、小坦、黑鱼坦（套）。

村因地制宜布局农业结构，高地种植经济作物，低田种植水稻和湘莲。实现旱改水项目工程后以种植水稻为主，近年来调整发展为稻虾模式，有效地提高了经济效益。

第四节　自然灾害

清泥湾村的主要自然灾害是水灾、旱灾、虫灾、风灾、冰雪灾害。

水灾在 1949 年前几乎年年一小灾，三五年一大灾。

一、1949 年后有记录的大水灾

1954 年 5—7 月连续暴雨 8 次，降雨量达 1400 毫米，长江荆江段水位超过历史纪录，高达 38.44 米，造成重大自然灾害，导致大码口往东 300 米处溃堤而形成"潭子眼"。

1955 年 7 月，龟洲垸溃垸。

1962 年 7 月，顺兴垸溃垸，幸福直堤与二线大堤北段溃口 50 米。

1968 年 7 月，顺兴垸南直堤溃口，整个幸福巴垸至清泥湾一线大堤一片汪洋。

1978 年秋季，长江秋水持续不落，秋汛约 70 天，造成垸内渍水，农作物绝收。

1979 年 6 月 4 日，塔市公社降特大暴雨超过 400 毫米，造成交通中断，清泥大队、顺兴大队农作物严重受渍，50% 面积绝收。

1980 年 8 月，连降三次大暴雨，历史罕见，一时间，顺兴大队南北两岭住户来往中断。

1996 年 6—7 月，普降大到暴雨，6 月 29 日洪山头镇江山村沉塌湖渍堤溃口，清泥、长江、白洋、老垱、么台等村全部被淹，路不通，船可行，垸内农作物被淹失收；清泥村十一、十二、十三组房屋上水，淹水 1 ~ 2 米，农户转移到二线大堤搭棚居住长达 2 个月；顺星村外洪内涝，大部分面积受灾，基本绝收。

▲趸船式抗旱机埠（1991 年摄）

1998 年 6 月 22 日—9 月 10 日，清泥村、顺星村开展防汛抗灾。该年是历史上罕见的特大洪涝灾害之年，暴雨时间长、雨量大，河水猛涨，长江经历了八次洪峰。清泥村绝大部分水稻、棉花等农作物被毁，村组织机泵 10 多台日夜排渍。顺星村 80% 的面积绝收。

2014 年 6 月 1 日晚，特大暴雨，清泥村低田全部被淹，农作物基本绝收。顺星村顺心路和顺尖路之间鱼塘全部淹没。

二、1949 年后有记录的虫灾

1999 年 7—8 月，甜菜夜蛾大暴发，清泥村、顺星村采取引电立杆到棉田点灯诱蛾等措施减少损失，但仍有 70% 的面积绝收。2000 年 7 月，大量甜菜夜蛾侵害棉花，花蕾、幼铃基本脱落，顺星村近 4000 亩棉田减产到 150 ~ 300 斤 / 亩籽棉。

三、1949 年后有记录的冰雪灾害

1954 年冬，大雪大冻，所有水面结冰，可行车马，动植物冻死甚多。2007 年 12 月至次年 2 月，普降大雪，大冰灾持续三个月时间，车不通，人步行，电常停，饮水难，冬作物受损严重。

四、1949 年后有记录的风灾

1960 年 3—5 月，顺兴多次遭狂风袭击，损失较大。2015 年 6 月 1 日 21 时 30 分，隶属于重庆东方轮船公司的"东方之星"游轮，从南京驶往重庆途中突遇龙卷风，在长江中下游湖北监利水域沉没。具体地点为顺星十组堤外水域。成功获救 12 人，遇难 442 人。

五、1949 年后有记录的旱灾

旱灾几乎年年均有不同程度的发生，特别严重的旱灾发生年度有：1972 年 4—9 月，持续 150 天未降雨，清泥村采取 4 级传送方式从长江引水抗旱；2022 年，长江水位降至历史最低点，6—9 月初，持续近 100 天未降雨。

▲组级渠道函闸桥

第二章　人口与姓氏

第一节　人　口

1962 年，清泥大队 201 户，常住人口 1205 人（其中男性 612 人，占 50.8 %；女性 593 人，占 49.2 %）；顺兴大队 135 户，常住人口 815 人（其中男性 416 人，占 51.0 %；女性 399 人，占 49.0 %）。两大队总户数 336 户，常住人口 2020 人（其中男性 1028 人，占 50.9 %；女性 992 人，占 49.1 %）。

2023 年 5 月 6 日止，清泥湾村总户数 1067 户（其中清泥 639 户，顺星 428 户），总人口数 3592 人（其中男性 1884 人，占 52.4 %；女性 1708 人，占 47.6 %）。

人口分年龄阶段统计为：0 ~ 15 岁 492 人，其中男性 269 人，女性 223 人；16 ~ 59 岁 2143 人，其中男性 1158 人，女性 985 人；60 ~ 70 岁 658 人，其中男性 284 人，女性 374 人；71 ~ 80 岁 188 人，其中男性 98 人，女性 90 人；81 ~ 89 岁 98 人，其中男性 72 人，女性 26 人；90 ~ 95 岁 13 人，其中男性 3 人，女性 10 人。

清泥湾村阶段性年度人口出生死亡率对比情况

年度（年）	总人口（人）	户数（户）	出生人口（人）	出生率（‰）	死亡人口（人）	死亡率（‰）
1962	2020	336	98	48.5	29	14.35
1972	2430	404	106	43.6	32	13.17
1982	2534	433	128	50	28	11
1992	3345	850	59	17.64	31	9.26
2002	3512	876	29	8.27	35	10
2012	3637	849	22	5.95	29	7.8
2022	3605	1063	52	14.45	32	8.9

第二节　姓　氏

清泥湾村共有姓氏 120 个，其中徐、黎、汪、李、刘是排名前五位的姓氏，人口 1738 人，几乎占到村总人口的一半，占比 48%。成、樊、扶、左、乐等 31 个姓，每姓 1 人，人口 31 人，占比不到 1%，均为婚嫁迁入。

清泥湾村姓氏、人口统计表

序号	姓氏	民族	人数	排名	姓氏来源
1	徐	汉	510	1	1648 年，一支由砖桥伍家庄迁入；1931 年，一支由益阳南县迁入
2	黎	汉	352	2	1763 年，由塔市驿黎家祠堂（丁家嘴）迁入
3	汪	汉	339	3	1796 年，塔市驿墨山迁入
4	李	汉	275	4	1836 年前后，三支分别由塔市驿四屋场、东山仙鹅寺、湖北监利迁入
5	刘	汉	262	5	1820 年，三支分别来由湖北玉沙、益阳、东山迁入
6	金	汉	207	6	1644 年前后，塔市驿高峰迁入
7	谢	汉	135	7	1932 年前后，湖北洪湖桐梓湖迁入
8	赵	汉	122	8	1889 年前后，二支分别由湖北监利朱河赵祠、塔市驿桂竹迁入
9	朱	汉	100	9	1936 年前后，湖北监利朱河迁入
10	邹	汉	93	10	1853 年，湖北玉沙迁入
11	陈	汉	83	11	1905 年前后，二支分别由湖北监利、塔市驿井码头迁入
12	吴	汉	70	12	1903 年前后，二支分别由砖桥天字一号、塔市驿兰家迁入
13	张	汉	59	13	1978 年前后，二支分别由塔市驿桂竹、湖北石首迁入
14	易	汉	57	14	1898 年前后，二支分别由岳阳汨罗、东山三郎堰迁入
15	柴	汉	54	15	由塔市驿老垱柴家门迁入
16	黄	汉	52	16	1865 年，塔市驿平顶迁入
17	杨	汉	48	17	1833 年前后，二支分别由江西、河南迁入
18	丁	汉	47	18	1523 年前后，二支分别由江西、华容集成迁入
19	王	汉	44	19	1907 年前后，二支分别由湘潭湘乡、湖北黄陂迁入
20	胡	汉	39	20	1917 年前后，二支分别由湖北监利、益阳南县迁入
21	彭	汉	36	21	1923 年前后，湖北监利迁入
22	姜	汉	36	21	1893 年前后，湖北监利迁入
23	兰	汉	30	22	1925 年前后，塔市驿兰家、墨山迁入
24	舒	汉	29	23	1368 年前后，塔市驿老垱迁入
25	余	汉	26	24	1901 年前后，四川凉山迁入
26	邓	汉	21	25	1972 年前后，二支分别由益阳南县、东山仙鹅寺迁入
27	罗	汉	20	26	1908 年前后，岳阳五里牌迁入
28	季	汉	19	27	1923 年，东山迁入
29	郝	汉	17	28	1910 年前后，湖北监利迁入

（续表）

序号	姓氏	民族	人数	排名	姓氏来源
30	郑	汉	16	29	1900 年前后，湖北监利迁入
31	欧	汉	16	29	1928 年前后，华容北景港迁入
32	谭	汉	15	30	1923 年前后，塔市驿井码迁入
33	范	汉	15	30	1963 年前后，砖桥范家岭迁入
34	万	汉	14	31	1955 年前后，江西迁入
35	高	汉	13	32	1959 年前后，二支分别由河南、华容三封寺迁入
36	熊	汉	13	32	1976 年前后，塔市驿高桥迁入
37	秦	汉	13	32	1960 年前后，塔市驿高桥迁入
38	程	汉	13	32	1975 年前后，湖北监利迁入
39	戴	汉	13	32	1951 年前后，东山迁入
40	江	汉	12	33	1905 年前后，湖北监利迁入
41	蒋	汉	12	33	1966 年前后，华容城关迁入
42	何	汉	12	33	1967 年前后，华容操军迁入
43	孙	汉	11	34	1905 年年底，砖桥永红迁入
44	喻	汉	10	35	1955 年前后，湘潭湘乡迁入
45	曾	汉	10	35	1905 年前后，塔市驿老垱迁入
46	潘	汉	9	36	1978 年前后，湖北监利迁入
47	宋	汉	9	36	1907 年前后，塔市驿么台迁入
48	龚	汉	8	37	1912 年前后，湖北监利迁入
49	韩	汉	8	37	1915 年前后，华容三封寺迁入
50	方	汉	7	38	1956 年，华容城关迁入
51	蔡	汉	7	38	1998 年，华容集成迁入
52	肖	汉	6	39	1973 年，华容三封寺迁入
53	阳	汉	6	39	1980 年，衡阳、塔市驿老垱婚嫁迁入
54	魏	汉	6	39	1967 年，塔市驿长江迁入
55	周	汉	6	39	1980 年前后，华容城关、三封寺婚嫁迁入
56	许	汉	5	40	1980 年前后，塔市驿婚嫁迁入
57	包	汉	5	40	1976 年前后，东山包家仓迁入
58	聂	汉	5	40	1972 年前后，四川迁入
59	毛	汉	4	41	1974 年前后，华容三封寺迁入
60	卢	汉	4	41	2000 年，浙江杭州婚嫁迁入
61	唐	汉	4	41	2002 年，华容南山、塔市驿万家垸婚嫁迁入
62	贾	汉	4	41	1977 年，四川迁入
63	田	土家	4	41	2022 年，湘西凤凰婚嫁迁入
64	吕	汉	4	41	1975 年，砖桥永红迁入
65	付	汉	4	41	1967 年，华容城关迁入
66	曹	汉	3	42	2008 年，安徽婚嫁迁入

（续表）

序号	姓氏	民族	人数	排名	姓氏来源
67	甘	汉	3	42	1937 年，华容城关迁入
68	贺	汉	3	42	1950 年，塔市驿白洋迁入
69	沈	汉	3	42	1964 年，益阳南县华阁迁入
70	文	汉	3	42	1961 年，塔市驿桂竹迁入
71	叶	汉	3	42	2002 年，江西景德镇婚嫁迁入
72	花	汉	3	42	1923 年前后，砖桥红烈迁入
73	白	汉	3	42	1975 年，华容鲇鱼须迁入
74	车	汉	3	42	1975 年，东山包家仓迁入
75	马	汉	3	42	1979 年，湖北石首桃花白洋林迁入
76	艾	汉	2	43	1978 年，湖北监利婚嫁迁入
77	董	汉	2	43	1984 年，砖桥红烈婚嫁迁入
78	管	汉	2	43	1979 年，塔市驿老垱婚嫁迁入
79	侯	汉	2	43	1985 年，东山红岗婚嫁迁入
80	林	汉	2	43	1988 年，江洲么台婚嫁迁入
81	游	汉	2	43	1996 年，湖北监利婚嫁迁入
82	党	汉	2	43	1989 年，江洲长江迁入
83	孟	汉	2	43	1998 年，岳阳君山婚嫁迁入
84	钦	汉	2	43	1999 年，砖桥红烈婚嫁迁入
85	姚	汉	2	43	1975 年，塔市驿高峰婚嫁迁入
86	羿	汉	2	43	1985 年，江洲么台婚嫁迁入
87	袁	汉	2	43	1951 年，湖北石首婚嫁迁入
88	蒙	汉	2	43	2009 年，广西婚嫁迁入
89	成	汉	1	44	2017 年，长沙宁乡婚嫁迁入
90	藩	汉	1	44	1991 年，砖桥江山婚嫁迁入
91	樊	汉	1	44	1941 年，塔市驿老垱婚嫁迁入
92	扶	汉	1	44	2006 年，华容万庾婚嫁迁入
93	桂	汉	1	44	2010 年，四川内江婚嫁迁入
94	虢	汉	1	44	2011 年，塔市驿白水湖婚嫁迁入
95	龙	土家	1	44	2004 年，湘西凤凰婚嫁迁入
96	莫	汉	1	44	2012 年，邵阳婚嫁迁入
97	戚	汉	1	44	2011 年，江西萍乡婚嫁迁入
98	祁	汉	1	44	2012 年，山东德州婚嫁迁入
99	乔	汉	1	44	2006 年，湖北洪湖婚嫁迁入
100	任	汉	1	44	2012 年，河南婚嫁迁入
101	席	汉	1	44	2013 年，广西天峨婚嫁迁入
102	殷	汉	1	44	2011 年，岳阳婚嫁迁入
103	扁	汉	1	44	2003 年，陕西婚嫁迁入

（续表）

序号	姓氏	民族	人数	排名	姓氏来源
104	崔	汉	1	44	1997年，华容集成婚嫁迁入
105	段	汉	1	44	2004年，常德安乡婚嫁迁入
106	康	汉	1	44	2013年，华容鲇鱼须婚嫁迁入
107	雷	汉	1	44	2017年，广西婚嫁迁入
108	梁	汉	1	44	1998年，华容集成迁入
109	梅	汉	1	44	2022年，华容万庚婚嫁迁入
110	木	汉	1	44	1980年，湖北监利婚嫁迁入
111	涂	汉	1	44	1981年，塔市驿婚嫁迁入
112	伍	汉	1	44	2016年，邵阳婚嫁迁入
113	向	汉	1	44	2001年，娄底婚嫁迁入
114	薛	汉	1	44	2013年，河南婚嫁迁入
115	阎	汉	1	44	1997年，四川广元婚嫁迁入
116	颜	汉	1	44	1944年，娄底双峰婚嫁迁入
117	奕	汉	1	44	2018年，湖北监利婚嫁迁入
118	祝	汉	1	44	1984年，江洲长江婚嫁迁入
119	左	汉	1	44	1986年，岳阳汨罗婚嫁迁入
120	乐	汉	1	44	1994年，东山关山婚嫁迁入
合计			3592		

第三节　移　民

一、省级移民

中岭农业合作社（清泥）1955 年 3 月安置省移民（湘乡县水府庙水库移民）喻威生全家 7 人，曹竹清全家 3 人，王凤云全家 3 人，共 3 户 13 人落户。

二、集成移民

1998 年 9 月，华容县安排集成移民 22 户 87 人到清泥村落户、4 户 10 人到顺星村落户，两村共接受集成移民 26 户 97 人，均为移民落实了责任田并实现水电路三通。

1. 清泥村安置集成移民

徐勋木 4 人　朱金成 5 人　黎和平 5 人　朱思华 3 人　黎国万 5 人　朱正坤 5 人
朱元理 3 人　朱云阶 2 人　徐树灯 6 人　朱川汉 5 人　刘民生 4 人　许新树 2 人
欧阳现桃 4 人　朱先权 2 人　徐树早 4 人　蔡加兵 6 人　徐远景 4 人
徐勋琅 2 人　黎咸平 3 人　刘继国 6 人　胡宗源 2 人　徐勋球 5 人

2. 顺星村安置集成移民

徐树兵 4 人　刘伏龙 2 人　朱爱建 3 人　谢文涛 1 人

▲板车

四、下放人员插队落户

1957—1974 年，清泥大队共接受下放人员 42 户 180 人，顺兴大队共接受下放人员 41 户 141 人。下放人员中有的是以户为单位下放的城镇人口，有的是响应毛主席"知识青年到农村去"号召、"上山下乡"的知识青年。两村合计接受下放人员 83 户 321 人。这些下放人员除少数人扎根清泥湾外，随着国家政策调整，大多返回了原籍。

下放人员落户清泥大队情况一览表

姓名	人口	插队落户					现工作所在地
		原户籍地	下乡时间	所在地	返城时间	年度	
胡梦桃	5	华容县城关	1968 年 8 月	一队	1978 年 9 月	10	章华镇
涂佳政	5	华容县城关	1968 年 8 月	一队	1978 年 9 月	10	章华镇
邱继纯	5	华容县城关	1968 年 8 月	一队	1977 年 9 月	9	岳阳市
平民主	1	华容县城关	1968 年 8 月	一队	1978 年 9 月	10	章华镇
陈福生	5	华容县城关	1968 年 8 月	一队	1978 年 9 月	10	章华镇
陈瑞芳	4	华容县城关	1968 年 8 月	一队	1978 年 9 月	10	章华镇
徐远香	5	塔市驿居委会	1969 年 9 月	二队	1979 年 9 月	10	东山镇塔市驿
万梦池	4	塔市驿居委会	1969 年 9 月	二队	1979 年 9 月	10	章华镇
余曼林	1	岳阳市楼区	1957 年 12 月	四队	未返城		
刘雪梅	4	华容县城关	1966 年 10 月	二队	1978 年 9 月	12	章华镇
严森斗	8	塔市驿居委会	1969 年 5 月	三队	1979 年 8 月	10	章华镇
魏步高	2	华容县城关	1968 年 3 月	三队	1978 年 6 月	10	章华镇
李荣英	2	华容县城关	1968 年 3 月	三队	1978 年 6 月	10	章华镇
付传青	2	华容县城关	1968 年 3 月	三队	1978 年 6 月	10	章华镇
余金容	8	华容县城关	1968 年 3 月	三队	1978 年 6 月	10	岳阳市
未楚平	3	华容县城关	1968 年 3 月	三队	1978 年 6 月	10	章华镇
魏 汉	1	华容县城关	1967 年 9 月	四队	1978 年 6 月	11	章华镇
杨六明	6	塔市驿居委会	1969 年 10 月	五队	1980 年 11 月	11	章华镇
杨明顶	5	塔市驿居委会	1969 年 10 月	五队	1980 年 11 月	11	东山镇塔市驿
余人杰	1	国家邮电部	1957 年 10 月	五队	未返城		
余又之新	2	长江水泵厂	1957 年 10 月	五队	1978 年 6 月		塔市砖瓦厂
余再之新	4	岳阳市楼区	1957 年 10 月	五队	1978 年 7 月		洪山头水泥厂
余甘凡	1	岳阳市楼区	1957 年 10 月	五队	未返城		
张善政	7	华容县城关	1966 年 4 月	六队	1979 年 10 月	13	章华镇
刘必辉	8	华容县城关	1966 年 4 月	六队	1979 年 10 月	13	章华镇
曾果元	7	华容县城关	1965 年 4 月	六队	1978 年 10 月	13	岳阳市
阮和平	8	华容县城关	1966 年 4 月	六队	1979 年 10 月	13	章华镇
肖四英	5	华容县城关	1966 年 5 月	七队	1978 年 10 月	12	章华镇
邹先芝	6	华容县城关	1965 年 4 月	七队	1979 年 10 月	14	章华镇
邹炳坤	7	华容县城关	1965 年 4 月	七队	1979 年 10 月	14	章华镇

（续表）

姓名	人口	插队落户					现工作所在地
		原户籍地	下乡时间	所在地	返城时间	年度	
冯井屏	7	华容县城关	1965年9月	八队	1977年5月	12	岳阳市
徐金海	5	塔市驿居委会	1968年9月	八队	1979年3月	11	华容县
杨美华	5	华容县城关	1964年8月	九队	1979年5月	15	华容县
吴道富	3	华容县城关	1965年9月	十队	1987年5月	22	华容县
方达孝	1	华容县城关	1967年9月	十队	1978年5月	11	华容县
蒋建强	4	华容县城关	1965年9月	十队	未返城		
张友瑞	2	岳阳2348工厂	1964年9月	十队	1972年3月	8	岳阳市
吕建设	4	华容县城关	1967年9月	十队	1971年5月	4	华容县
李迪光	7	华容县城关	1968年3月	十二队	1978年10月	10	岳阳市
邓文兵	4	华容县城关	1969年5月	十二队	1980年5月	11	章华镇
方金秋	2	华容县城关	1969年7月	十二队	未返城		
董志义	4	华容县城关	1968年5月	十二队	1978年12月	10	岳阳市
合计		180人，42户					

下放人员落户顺星大队情况一览表

姓名	人口	插队落户				年度	现工作所在地
		原户籍地	所在地	下乡时间	返城时间		
宋国顶	1	华容城关	一队	1968年8月	1978年10月	10	章华镇
易正操	1	华容城关	一队	1968年8月	1977年11月	9	章华镇
刘炳年	1	华容城关	一队	1968年8月	1979年10月	11	章华镇
蔡国凡	1	华容城关	一队	1968年9月	1978年8月	10	章华镇
杨国平	7	华容城关	一队	1968年10月	1979年6月	11	章华镇
杨翠荣	3	华容城关	一队	1969年1月	1978年11月	9	章华镇
张斌和	1	华容城关	一队	1968年8月	1978年10月	10	岳阳市
杨振华	3	华容城关	一队	1969年6月	1968年11月	9	章华镇
双 康	2	塔市驿	二队	1969年8月	1979年11月	10	岳阳市
黎 明	7	华容城关	二队	1968年8月	1978年10月	10	岳阳市政府
邹继承	4	塔市驿	二队	1969年10月	1979年11月	10	章华镇
张冶之	1	塔市驿	二队	1969年12月	1980年3月	11	章华镇
邓怀陶	7	华容城关	二队	1968年11月	1979年10月	11	岳阳市
刘荆洲	7	华容城关	二队	1968年10月	1979年11月	11	章华镇
黄谦虚	4	华容城关	三队	1968年8月	1979年6月	11	章华镇
魏月英	4	华容城关	三队	1968年10月	1979年6月	11	章华镇
吴 爷	2	华容城关	三队	1968年12月	1978年8月	10	岳阳市
甘华明	7	华容城关	三队	1968年11月	1979年10月	11	章华镇

（续表）

姓名	人口	插队落户				年度	现工作所在地
		原户籍地	所在地	下乡时间	返城时间		
任理霞	7	华容城关	三队	1968年12月	1979年10月	11	章华镇
白尊民	1	华容城关	三队	1968年10月	1978年3月	10	章华镇
胡雪云	1	华容城关	三队	1969年6月	1977年10月	8	章华镇
余华清	1	华容城关	三队	1966年10月	1977年8月	11	章华镇
胡培清	1	华容城关	三队	1968年8月	1977年10月	9	章华镇
魏亚仙	1	塔市驿	三队	1969年11月	1977年10月	8	章华镇
双武兰	2	塔市驿	三队	1969年11月	1979年	10	章华镇
廖俊英	1	华容城关	三队	1968年11月	1977年8月	9	章华镇
张冠武	6	塔市驿	三队	1969年10月	1978年8月	9	章华镇
张葡萄	5	华容城关	四队	1968年7月	1978年10月	10	章华镇
单建国	6	华容城关	四队	1968年10月	1979年6月	11	章华镇
付岳山	6	华容城关	四队	1968年10月	1979年8月	11	章华镇
冯依叔	3	华容城关	四队	1968年6月	1978年10月	10	章华镇
肖兴农	2	洪山头居委会	四队	1970年3月	1978年10月	9	岳阳市
魏恒哉	1	华容城关	四队	1969年10月	1977年3月	8	章华镇
韩青年	5	华容城关	五队	1968年9月	1978年10月	10	章华镇
孙伯泉	6	华容城关	五队	1968年10月	1978年10月	10	章华镇
杨麟轩	2	华容城关	五队	1968年11月	1977年6月	9	章华镇
李纯正	7	华容城关	五队	1968年11月	1978年11月	10	章华镇
吴八斤	5	华容城关	五队	1968年10月	1978年10月	10	章华镇
黎作楷	6	华容城关	五队	1968年11月	1978年11月	10	章华镇
段德生	2	华容城关	五队	1968年10月	1977年6月	9	岳阳市
李仁芳	1	华容城关	五队	1968年	1977年6月	9	岳阳市
合计		141					

第三章　组织建设

第一节　村党支部

清泥湾村隶属湖南省岳阳市华容县东山镇，有 23 个村民小组。村党支部是党在农村的最基层的组织，是本村各种组织和各项工作的领导核心。

一、党组织建设

清泥湾村在中华人民共和国成立后至 1957 年未建党支部。清泥、顺兴党支部最早是在 1958 年大办集体居民点和公共食堂时期建立的。当时党员很少，一般只明确党支部书记一人，党员人数稍多的增加 1 ~ 3 名支部委员。

1958 年，原中岭（清泥）高级农业合作社有 3 个食堂，每个党支部设 1 个食堂：1. 超英党支部，汪全福任党支部书记，支部成员徐树信、汪必海、罗腊二。2. 前进党支部，朱炳书任党支部书记，支部成员徐海洲。3. 丰收党支部，李遵福任党支部书记，支部成员黎中元。顺兴农业合作社因党员人数少，有 3 个食堂但只设 1 个党支部，徐郁勋任东风党支部书记。

1961 年 3 月以来，清泥、顺兴党支部设立支部委员会，由 5 ~ 7 人组成，设有支书、副支书、纪检委员、组织委员、宣传委员等职。

2016 年 6 月 14 日，清泥村与顺星村合并为清泥湾村，组建中共清泥湾村临时党总支部。

2017 年 5 月，组建清泥湾村党总支部，全称：中共东山镇清泥湾村党总支部委员会；下设清泥和顺星 2 个党支部。

二、党组织、村委会主要人事更替

1961 年 3 月，清泥大队党支部书记李遵福，大队长杨为友。顺兴大队党支部书记徐郁勋，党支部副书记、大队长邹启贵。

1972 年 1 月，时任清泥大队党支部书记、革委会主任李遵福，调塔市公社任工交党支部书记。2 月，时任华容县革命委员会委员、县农代会副主任、塔市公社革委委员、党委秘书杨为友，回清泥大队任大队革命委员会主任、党支部书记。7 月 20 日，清泥大队党支部副书记、革委会副主任欧德保调任长江大队党支部书记、革命委员会主任，易大全接任党支部副书记、革委会副主任。

1974 年 2 月，易大全离任，徐树汉接任清泥大队党支部副书记、大队长。1974 年 9 月，徐郁勋任顺兴大队党支部书记，徐仲生任顺兴大队大队长。1979 年 9 月，顺兴大队徐郁勋离任党支部书记，谢守忠接任党支部书记。

▲清泥村老大队部（1992 年摄）

1984 年 2 月 28 日，时任清泥大队党支部书记杨为友调任江洲乡养殖公司经理，后任江洲油脂化工厂厂长、江洲乡党委秘书。徐树汉任清泥村党支部书记，金永松任清泥村党支部副书记、村委会主任。

1985 年 12 月，金永松调任江洲油厂厂长，后任江洲乡农技站站长。

1985 年 12 月，易锦富任清泥村党支部副书记、村委会主任。

1989 年 9 月，顺星村党支部书记谢守忠调任乡汽渡所任党支部书记，谢春华接任村党支部书记；村委会主任金木生离任，徐侯以接任村委会主任。

1993 年 8 月 20 日，清泥村党支部副书记、村委会主任易锦富，调任江洲乡林业工作站任副站长，金汉清接任党支部副书记、村委会主任。

1994 年 1 月，顺星村徐远辽、徐侯以同时辞去村党支部书记、村委会主任职务，乡党委政府指派刘继尧、金四梅，分别代理党支部书记、村委会主任。至同年 9 月，徐远辽任党支部书记，金四梅任代理村委会主任。

1998 年 10 月，清泥村党支部副书记、村委会主任金汉清离岗退休，同月丁金堂任党支部副书记、村委会主任。

2002 年 3 月 25 日，清泥村党支部书记徐树汉调任塔市驿镇民政办工作，时任党支部副书记、村委会主任丁金堂接任清泥村党支部书记。徐云汉任党支部副书记、村委会主任。

2005 年 4 月 18 日，清泥村党支部书记丁金堂调任塔市驿镇民政办、合管办工作，后任东山镇东山敬老院副院长，徐云汉接任清泥村党支部书记。徐远法任清泥村党支

部副书记、村委会主任。

2006 年 4 月，顺星村党支部书记谢先维调任，徐干接任党支部书记；原村委会主任金四梅离任，郝先知接任村委会主任。

2008 年 6 月中旬，顺星村村委会换届选举，徐勋维当选村委会主任。

2014 年 3 月，顺星村党支部书记徐干退休，徐勋维接任党支部书记。村委换届选举，汪咏后当选村委会主任。

2014 年 6 月 17 日，清泥村村民委员会换届选举，徐远法当选村委会主任。

2016 年 6 月 14 日，清泥村与顺星村合并为清泥湾村，组建中共清泥湾村临时党总支，临时工作委员会。徐云汉任村党总支书记兼工作委员会主任，徐勋维任村党总支副书记；汪咏后、徐远法任工作委员会副主任。

2017 年 5 月，党支部、村委会换届。经党员大会选举：徐云汉任党总支书记，徐远法、徐勋维任党总支副书记，徐远法当选为村委会主任。

2020 年 10 月，党支部、村委会换届，实现党支部书记、村委会主任一肩挑，徐云汉任党总支书记、村委会主任，徐远法任党总支副书记，徐勋维当选村委会副主任。

2023 年 5 月 24 日，清泥湾村党总支副书记徐远法调任东山敬老院任副院长。

三、历届党支部书记名录

1. 清泥村

李遵福　　男　　1957—1972 年

朱炳书　　男　　1958—1960 年（前进党支部）

汪全福　　男　　1958—1960 年（超英党支部）

杨为友　　男　　1972—1984 年

徐树汉　　男　　1984—2002 年

丁金堂　　男　　2002—2005 年

徐云汉　　男　　2005—2015 年

2. 顺星村

徐郁勋　　男　　1957—1979 年

陈元秀　　女　　1969—1970 年

姜尚全　　男　　1971—1973 年

徐成志　　男　　1974—1975 年

谢守忠　　男　　1980—1989 年

谢春华　　男　　1990—1992 年

徐远辽　　男　　1993—1999 年

刘继尧　　男　　1994—1995 年

谢先维　男　2000—2005 年

徐　干　男　2006—2013 年

徐勋维　男　2014—2016 年

3. 清泥湾村

徐云汉　男　2016—2023 年

　　　　　　　2020—2023 年　党总支书记、村委会主任一肩挑

四、历届党支部副书记名录

1. 清泥村

欧德保　男　1966—1968 年、1970—1972 年

肖爱兰　女　1967—1968 年

徐树信　男　1969—1973 年

徐树汉　男　1974—1983 年

江锡海　男　1976 年

韩木生　男　1976—1977 年

金永球　男　1978—1983 年

金永松　男　1984—1985 年

易锦富　男　1985—1992 年

金汉清　男　1986—1992 年

丁金堂　男　1993—2001 年

徐云汉　男　2002—2004 年

舒中保　男　2000—2005 年

徐远法　男　2005—2016 年

2. 顺星村

金四海　男　1955—1956 年

邹启贵　男　1957—1972 年

徐致和　男　1974—1976 年

徐仲生　男　1977—1986 年

金木生　男　1987—1989 年

徐侯以　男　1990—1993 年

金四梅　男　1994—2005 年

徐勋维　男　2006—2013 年

汪咏后　男　2014—2016 年

3. 清泥湾村

徐勋维　男　2017—2023 年

徐远法　男　2017—2023 年

五、清泥湾村党员名录

清泥湾村党员名录

组别	姓名	性别	入党时间	所在支部	备注
清泥村					
9	丁南科	男	1966 年 6 月	清泥支部	在家
10	徐勋作	男	1966 年 7 月	清泥支部	在家
1	徐树汉	男	1970 年 7 月	清泥支部	在家
8	李谭清	男	1971 年 7 月	清泥支部	在家
5	马元德	男	1973 年 7 月	清泥支部	在家
7	徐必清	男	1973 年 7 月	清泥支部	在家
1	陈凤莲	女	1975 年 7 月	清泥支部	在家
1	徐树新	男	1977 年 12 月	清泥支部	在家
11	张海清	男	1978 年 7 月	清泥支部	在家
12	易锦富	男	1981 年 7 月	清泥支部	在家
12	彭新春	男	1982 年 1 月	清泥支部	在家
3	李克明	男	1985 年 4 月	清泥支部	在家
1	舒中宝	男	1985 年 7 月	清泥支部	在家
7	吴世杰	男	1986 年 4 月	清泥支部	在家
9	罗珍炎	女	1987 年 7 月	清泥支部	在家
10	郑继保	男	1987 年 7 月	清泥支部	在家
6	徐远法	男	1988 年 7 月	清泥支部	在家
7	徐中祥	男	1989 年 4 月	清泥支部	在家
9	丁金堂	男	1989 年 7 月	清泥支部	在家
6	徐金生	男	1992 年 7 月	清泥支部	华容城关
1	李长顺	男	1994 年 2 月	清泥支部	在家
6	徐云汉	男	1995 年 7 月	清泥支部	在家
9	徐爱国	男	1995 年 7 月	清泥支部	在家
7	欧利民	男	1997 年 12 月	清泥支部	在家
2	李云国	男	1998 年 3 月	清泥支部	在家
8	徐石华	男	1998 年 7 月	清泥支部	在家
11	黎执权	男	1998 年 7 月	清泥支部	在家
5	徐树龙	男	2000 年 7 月	清泥支部	在家
9	朱水保	男	2000 年 7 月	清泥支部	在家
1	胡新华	男	2001 年 7 月	清泥支部	在家

（续表）

组别	姓名	性别	入党时间	所在支部	备注
4	汪双兵	男	2001 年 7 月	清泥支部	在家
7	吴 烁	男	2002 年 6 月	清泥支部	在家
7	徐安乐	男	2002 年 7 月	清泥支部	在家
9	丁明松	男	2005 年 7 月	清泥支部	在家
11	张海金	男	2005 年 7 月	清泥支部	在家
3	彭成建	男	2006 年 7 月	清泥支部	在家
13	李明华	男	2006 年 7 月	清泥支部	在家
5	易新国	男	2007 年 7 月	清泥支部	在家
8	徐中南	男	2009 年 7 月	清泥支部	在家
8	刘 汉	男	2009 年 7 月	清泥支部	在家
10	汪双银	男	2010 年 7 月	清泥支部	在家
1	刘胜梅	女	2011 年 7 月	清泥支部	在家
3	金永爱	男	2011 年 7 月	清泥支部	在家
3	黎 硕	男	2012 年 1 月	清泥支部	在家
3	罗 磊	男	2012 年 7 月	清泥支部	在家
7	杨 重	男	2013 年 5 月	清泥支部	在家
4	汪 慧	女	2013 年 7 月	清泥支部	在家
13	刘 飞	男	2013 年 7 月	清泥支部	在家
13	李越洋	男	2014 年 5 月	清泥支部	在家
6	徐纯夫	男	2017 年 7 月	清泥支部	在家
10	汪 星	男	2018 年 5 月	清泥支部	在家
10	李 佳	女	2019 年 6 月	清泥支部	在家
9	丁祉依	女	2022 年 7 月	清泥支部	厦门
13	易 晖	男	2023 年 7 月	清泥支部	在家
顺星村					
8	金永全	男	1966 年 7 月	顺星支部	在家
1	孙先贵	女	1966 年 7 月	顺星支部	在家
2	徐金海	男	1970 年 7 月	顺星支部	在家
6	郝先知	男	1978 年 7 月	顺星支部	在家
5	徐运生	男	1979 年 7 月	顺星支部	在家
2	汪丽华	女	1990 年 7 月	顺星支部	在家
1	邹鲁新	男	1992 年 7 月	顺星支部	在家
9	陈卫星	男	1993 年 7 月	顺星支部	在家
4	邹鲁发	男	1993 年 7 月	顺星支部	在家
5	金四梅	男	1995 年 7 月	顺星支部	在家
6	邹东祥	男	1995 年 7 月	顺星支部	在家
2	徐 干	男	1996 年 7 月	顺星支部	在家

清泥湾村志

（续表）

组别	姓名	性别	入党时间	所在支部	备注
4	李仁华	男	1997 年 7 月	顺星支部	在家
6	谢勤科	男	1997 年 7 月	顺星支部	在家
3	邹鲁砚	男	1997 年 7 月	顺星支部	在家
7	谢先维	男	1998 年 7 月	顺星支部	在家
8	刘振咸	男	2003 年 1 月	顺星支部	在家
7	徐勋维	男	2003 年 7 月	顺星支部	在家
1	金文静	女	2007 年 7 月	顺星支部	在家
1	金西林	男	2008 年 7 月	顺星支部	在家
2	汪文科	男	2011 年 6 月	顺星支部	在家
2	黄紫电	男	2011 年 6 月	顺星支部	在家
6	金登台	男	2011 年 7 月	顺星支部	在家
2	汪黎花	女	2012 年 5 月	顺星支部	在家
6	谢璐	女	2012 年 6 月	顺星支部	在家
2	汪猛	男	2013 年 6 月	顺星支部	在家
8	金萌	女	2013 年 6 月	顺星支部	在家
9	姜敏	女	2013 年 6 月	顺星支部	在家
3	曾俊杰	男	2014 年 5 月	顺星支部	在家
10	黎三兰	男	2016 年 7 月	顺星支部	在家
10	李进	男	2017 年 6 月	顺星支部	在家
7	李顺	男	2017 年 7 月	顺星支部	在家
8	赵思柳	女	2019 年 12 月	顺星支部	在家
2	黄一帆	男	2020 年 7 月	顺星支部	在家
2	徐秀	女	2020 年 7 月	顺星支部	在家
6	谢先德	男	2020 年 7 月	顺星支部	在家
总计			90 人（其中清泥村 54 人，顺星村 36 人）		

六、清泥湾村已故党员名录

清泥湾村已故党员名录

组别	姓名	性别	入党时间	所在支部
清泥村				
4	金支宜	男	1950 年 7 月	清泥支部
13	季伯香	男	1950 年 7 月	清泥支部
3	彭地坤	男	1951 年 7 月	清泥支部
10	李遵福	男	1952 年 7 月	清泥支部
3	罗腊二	男	1953 年 7 月	清泥支部
1	徐树信	男	1956 年 7 月	清泥支部
10	汪全和	男	1957 年 7 月	清泥支部
6	徐海洲	男	1958 年 7 月	清泥支部
10	朱么二	女	1958 年 7 月	清泥支部
1	黎述焕	男	1959 年 7 月	清泥支部
5	徐泽高	男	1959 年 7 月	清泥支部
6	丁际春	男	1959 年 7 月	清泥支部
2	黎中容	男	1960 年 7 月	清泥支部
6	欧桃书	男	1965 年 7 月	清泥支部
6	吴新民	男	1965 年 7 月	清泥支部
7	欧德保	男	1965 年 7 月	清泥支部
2	徐素兰	女	1966 年 7 月	清泥支部
3	金永清	男	1966 年 7 月	清泥支部
4	金支荣	男	1966 年 7 月	清泥支部
5	徐海全	男	1966 年 7 月	清泥支部
5	孙宏良	男	1966 年 7 月	清泥支部
6	肖爱兰	女	1966 年 7 月	清泥支部
7	赵学诗	男	1966 年 7 月	清泥支部
9	易大全	男	1966 年 7 月	清泥支部
11	徐树柏	男	1966 年 7 月	清泥支部
8	徐泽润	男	1958 年 7 月	清泥支部
13	王春辉	男	1967 年 9 月	清泥支部
7	杨为友	男	1970 年 7 月	清泥支部
1	李甘树	男	1973 年 7 月	清泥支部
1	胡先礼	男	1973 年 7 月	清泥支部
4	陈香波	男	1973 年 7 月	清泥支部
7	徐远龙	男	1973 年 7 月	清泥支部
7	黎述胜	男	1973 年 7 月	清泥支部
4	李娇娥	女	1974 年 7 月	清泥支部
2	黄四保	男	1975 年 7 月	清泥支部

（续表）

组别	姓名	性别	入党时间	所在支部
5	韩木生	男	1975 年 7 月	清泥支部
9	丁墨光	男	1976 年 7 月	清泥支部
3	金永松	男	1980 年 7 月	清泥支部
3	金汉清	男	1983 年 7 月	清泥支部
顺星村				
6	邹承汉	男	1947 年 7 月	顺星支部
10	程斌	男	1951 年 7 月	顺星支部
5	徐郁勋	男	1952 年 7 月	顺星支部
5	徐长生	男	1953 年 7 月	顺星支部
6	金四海	男	1959 年 7 月	顺星支部
8	徐成志	男	1961 年 7 月	顺星支部
4	徐年枝	女	1963 年 7 月	顺星支部
8	陈元秀	女	1963 年 7 月	顺星支部
5	刘执洋	男	1964 年 7 月	顺星支部
5	邹东富	男	1964 年 7 月	顺星支部
5	刘万贵	女	1964 年 7 月	顺星支部
5	谢先春	男	1964 年 7 月	顺星支部
8	金永华	男	1964 年 7 月	顺星支部
9	刘菊兰	女	1964 年 7 月	顺星支部
5	徐和勋	男	1965 年 7 月	顺星支部
6	谢先志	男	1965 年 7 月	顺星支部
8	姜尚全	男	1965 年 7 月	顺星支部
9	陈彦华	男	1967 年 7 月	顺星支部
6	徐仲生	男	1968 年 7 月	顺星支部
9	陈彦国	男	1968 年 7 月	顺星支部
10	黎咸盛	男	1972 年 7 月	顺星支部
2	徐致和	男	1974 年 7 月	顺星支部
3	徐金波	男	1975 年 7 月	顺星支部
5	赵凤莲	女	1975 年 7 月	顺星支部
7	谢守忠	男	1977 年 7 月	顺星支部
5	徐候以	男	1984 年 7 月	顺星支部
6	谢春华	男	1987 年 7 月	顺星支部
5	徐远辽	男	1989 年 7 月	顺星支部
3	黎治民	男		顺星支部
总计		68 人（其中清泥村 39 人，顺星村 29 人）		

第二节　村民委员会

村民委员会是国家法律规定的法定组织，它具有地方性、群众性和自治性三种属性，它负责管理本村境域内的自然人口、经济、文化和各种社会事务。

村委会的机构设置解放后各时期也不尽相同。解放初期的小乡设有乡长、副乡长、民兵分队长、秘书等职；乡农会设有主席、副主席、经济、治安、水利、教育、卫生、土改、青年、妇女等委员。至 1952 年起搞互助组合作化时，取消土改委员，增设互助合作委员会主任。1954 年起转合作社后称主任。1961 年起称大队长。1969—1979 年称革命委员会主任。1979 年起恢复大队管委会，称主任。1984 年起改称村民委员会，由 5 ~ 7 人组成，内设村委会主任、副主任、民兵营长、治安调解主任、会计、妇女主任、信用或储金会会计等职。1991 年以来逐步精简人员，除村委会主任、会计、妇女主任之外的职务多采用兼职，村委会主任为本村法人代表。

一、村民委员会的历史变革

作为群众自治组织的村民委员会，清泥湾村在有资料可查的行政区划名称的 1912 年起至 1950 年 9 月前，称保、甲，1950 年 9 月后称过"村""合作社""大队""革命委员会""管理委员会""村民委员会"。

1950 年 9 月，撤"保"建"乡"，改"甲"为"村"。清泥村、顺兴村均隶属于湖南省常德专署华容县塔市区清泥乡。

清泥乡组织机构名录

彭地坤	1956—1958 年	共 3 年（乡长）
李波海	1956—1958 年	共 3 年（委员）
朱东保	1957—1958 年	共 2 年（副乡长）
朱东爱	1956—1958 年	共 3 年（农会主席）
徐登榜	1956 年	共 1 年（秘书）
杨为友	1957—1958 年	共 2 年（秘书）
邹承训	1956—1957 年	共 2 年（委员）
金桂枝	1956—1958 年	共 3 年（妇女主任）

1954 年 10 月，成立合作社。清泥村改称为"中岭初级农业合作社"，顺兴村改称为"顺兴初级农业合作社"。1955 年均改为高级农业合作社。

1958 年 7 月，成立人民公社，全县设 8 个公社。成立东山人民公社，下设 10 个大队。清泥、顺兴属东山人民公社长江大队。

1961 年 3 月，成立塔市人民公社，下设 23 个大队。成立清泥大队，将原新沙（长江村）农业生产合作社的 3 个队，即从舒家直路东起至康民直路西止（现清泥一至三组）的区域，划归清泥大队管辖，共设 8 个生产队。成立顺兴大队，设 5 个生产队。清泥大队、顺兴大队隶属于塔市人民公社。

1968 年 2 月，清泥、顺兴分别称为清泥大队革委会、顺兴大队革委会。

1984 年 2 月，公社改为乡，大队改为村，改大队管委会为村民委员会，改生产队为村民小组。清泥大队管委会更名为江洲乡清泥村村民委员会，顺星大队管委会更名为江洲乡顺星村村民委员会。

2016 年 6 月，清泥村与顺星村合并为清泥湾村，全称：湖南省华容县东山镇清泥湾村村民委员会。

二、历届村委会主任（大队长）

1. 清泥村

李遵福　男　1954—1956 年（社主任）

杨为友　男　1961—1972 年、1964—1968 年抽调到县、公社工作组工作

欧德保　男　1964—1968 年、1972 年

易大全　男　1972—1974 年

徐树汉　男　1974—1983 年

金永松　男　1984—1985 年

易锦富　男　1986—1993 年

金汉清　男　1994—1998 年

丁金堂　男　1999—2001 年

徐云汉　男　2002—2005 年

徐远法　男　2005—2015 年

2. 顺星村

徐郁勋　男　1954—1956 年（社主任）

邹启贵　男　1957—1979 年（社主任、大队长）

金永华　男　1969—1975 年

徐仲生　男　1980—1986 年

金木生　男　1987—1989 年

徐侯以　男　1990—1993 年

金四梅　男　1994—2005 年

郝先知　男　2006—2008 年

徐勋维　男　2008—2014 年

汪咏后　男　2014—2016 年

3. 清泥湾村

徐勋维　男　2016—2017 年

徐远法　男　2017—2019 年

三、历届村委会副主任

1. 清泥村

徐君爱　男　1958—1960 年

徐海洲　男　1963—1968 年

谭合保　男　1967—1973 年

徐树汉　男　1971—1973 年

欧德保　男　1970—1972 年、1977—1982 年

徐勋作　男　1971—1975 年

黎中容　男　1974—1976 年

黎述焕　男　1979—1982 年

金永松　男　1979—1983 年

金汉清　男　1981—1985 年

胡先礼　男　1996—2001 年

舒中保　男　1986—1999 年

刘继清　男　1986—1987 年

吴世杰　男　1988—1998 年

丁金堂　男　1996—1998 年

徐云汉　男　1996—2001 年

徐中祥　男　1997—2002 年

金永爱　男　2009—2016 年

2. 顺星村

邹启贵　男　1976—1983 年

徐侯以　男　1984—1986 年

黎咸盛　男　1987—1990 年

邹东祥　男　1991—1993 年

郝先知　男　1994—2005 年

3. 清泥湾村

金永爱　男　2017—2020 年
李明华　男　2021—2023 年

四、历届会计（报账员）、出纳

1. 清泥村

朱炳书　男　1958—1963 年
徐树信　男　1964—1968 年
易大全　男　1969—1971 年
徐树友　男　1972—1974 年
徐海全　男　1975—1976 年
徐海洲　男　1977—1980 年
李甘树　男　1981—1982 年
金汉清　男　1983—1987 年
丁金堂　男　1988—1998 年
吴世杰　男　1999—2002 年
李云国　男　2003—2009 年
张海金　男　2007—2008 年
金永爱　男　2009—2016 年

2. 顺星村

汪全元　男　1958—1960 年
金四海　男　1961—1963 年
李林楷　男　1964—1966 年
邹承元　男　1967—1970 年
刘全忠　男　1971—1972 年
徐远进　男　1973—1974 年
赵锦文　男　1975—1976 年、1982—1983 年
谢守忠　男　1977—1979 年
黎咸盛　男　1980—1981 年
易中文　男　1984—1985 年
金木生　男　1985—1986 年
李仁圣　男　1987—1988 年
邹东祥　男　1989—1990 年、1994—1998 年

姜昌元　男　1991—1993 年

刘振咸　男　1999—2006 年

徐勋维　男　2007—2016 年

3. 清泥湾村

徐勋维　男　2017—2021 年

徐　秀　女　2021—2024 年

五、历届村治安调解主任

治安调解主任也称治安主任、治保主任、治调主任，全面负责本村民事纠纷调解，指导村调解委员会开展日常工作；努力做好各种社会矛盾的排摸调处工作，及时处理信访案件，争取做到不越级上访，发现重大矛盾纠纷及时报告；组织开展以防盗、防火、防灾害事故、防矛盾激化为主要内容的基层防范工作，因地制宜开展形式多样的群防群治活动；掌握本村的治安动态，熟悉辖区的基本情况；协助公安机关开展侦查破案、治安管理、治安防范、交通安全等方面的工作。

1. 清泥村

谭万益　男　1954—1957 年

黎中元　男　1958—1960 年

徐泽润　男　1961—1962 年

黎中容　男　1963—1970 年

徐树汉　男　1970—1973 年

丁南科　男　1974—1976 年

韩木生　男　1977—1978 年

欧德保　男　1978—1980 年

黎述胜　男　1980—1981 年

吴新民　男　1981—1982 年

舒中保　男　1983—1984 年、2003—2004 年

吴世杰　男　1989—1992 年

郑继保　男　1993—1995 年

胡先礼　男　1984—1991 年、1996—2002 年

易新国　男　2005—2007 年

李明华　男　2008—2016 年

2. 顺星村

金四海　男　1954—1957 年

邹东波　男　1958—1965 年

李仁初　男　1966—1973 年

姜尚全　男　1974—1975 年

徐砚勋　男　1976—1983 年

徐仲生　男　1984—1985 年

金支焕　男　1986—1987 年

徐远辽　男　1988—1990 年

金四梅　男　1991—1992 年

金昌文　男　1993—1994 年

徐　干　男　1994—2014 年

黎三兰　男　2015—2016 年

3．清泥湾村

李明华　男　2017—2023 年

六、妇联

村妇女代表大会（简称村妇代会）：村妇代会由本村年满 18 周岁的妇女民主选举若干代表组成，代表人数根据行政村的规模和各经济组织妇女人数而定。代表推选主任一人、副主任若干人，负责日常工作。

村妇女主任是村妇女代表大会选举出来的代表。负有宣传、贯彻党和政府在农村有关妇女方面的方针、政策等职责。

清泥湾村历届妇女主任从实行计划生育起，兼任村计生主任，后改为村计划生育协会主任。

2020—2023 年清泥湾村妇联组织成员

主　席：徐　秀

副主席：胡先菊

执　委：余文芳　张运芝　陈晶晶　龙珍花　柴淑萍　刘会莲　罗珍炎　汪丽华
　　　　汪丽君　刘静红　杨明明　任瑞霞　肖素萍　周美红　付连香

清泥湾村历届妇女主任

1. 清泥村

徐四二　女　1956—1957 年

肖爱兰　女　1965—1966 年

徐培芝　女　1966—1971 年

徐桂兰　女　1972—1975 年

汪菊香　女　1976—1977 年

刘翠姣　女　1977—1978 年

徐勋梅　女　1979—1986 年

罗珍炎　女　1987—2008 年、2014—2015 年

刘胜梅　女　2008—2013 年

2. 顺星村

徐年枝　女　1955—1963 年、1965 年、1970—1973 年、1980—1981 年

汪小二　女　1964—1965 年

樊万保　女　1966—1967 年

陈元秀　女　1967 年、1982 年

汪连香　女　1968—1969 年

孙先贵　女　1969—1970 年

徐桂兰　女　1972—1974 年

赵凤莲　女　1974—1976 年

谢芝莲　女　1977—1979 年

徐桂珍　女　1983—1984 年

文建设　女　1985—1986 年

汪丽华　女　1985—2016 年

3. 清泥湾村

罗珍炎　女　2016—2017 年

徐　秀　女　2017 年至今

七、民兵营

民兵是不脱离生产的群众武装组织，是我国武装力量的组成部分，是人民解放军的助手和后备力量，是维护国家安全稳定的一支战略力量。其任务：积极参加社会主义现代化建设，带头完成生产和各项任务；担负战备勤务，保卫边疆，维护社会治安的使命；随时准备参军参战，抵抗侵略，保卫祖国。

1950 年，中国共产党中央委员会、中央军事委员会发出了《关于加强民兵建设的指示》，提出在全国实行"普遍民兵制度"。1958 年，为应对美国的军事挑衅和战争威胁，毛泽东主席发出了"大办民兵师"的号召，全国从农村到城市，普遍建立了民兵组织。1990，国务院、中央军委颁布新修订的《民兵工作条例》，对民兵工作的任务、指导原则、组织建设、政治工作、军事训练、武器装备、战备执勤等各个方面，都作了明确的规定，推动了民兵工作的全面发展。这对增强广大人民的国防观念，进

一步加强国防后备力量建设，维护国家的安宁和社会的稳定，都具有深远的意义。

清泥湾村现有 18 ~ 45 岁的民兵共 636 人。

清泥湾村历届民兵营长

1. 清泥村

罗腊二　男　1954—1957 年

徐泽高　男　1958—1960 年

谭合保　男　1961—1968 年

汪全和　男　1969—1971 年

黎中容　男　1972—1974 年

丁南科　男　1975—1976 年

金永球　男　1977—1984 年

舒中保　男　1985—1989 年

徐金生　男　1990—1991 年

汪建国　男　1992—1995 年

吴世杰　男　1996—1997 年

徐远法　男　1998—2004 年

李明华　男　2005—2010 年

金永爱　男　2011—2015 年

2. 顺星村

黎国太　男　1962—1965 年

李仁初　男　1966—1973 年

徐金海　男　1974—1976 年

徐成志　男　1977—1978 年

徐致和　男　1979—1982 年

曾佑民　男　1983—1985 年

汪双炎　男　1985 年

邹东楷　男　1986—1987 年

刘　军　男　1988 ~ 1989 年

姜昌元　男　1990 年

邹东祥　男　1991—1993 年

金昌文　男　1993 年

谢勤科　男　1994—1999 年

郝先知　男　2000—2001 年

徐勋维　男　2002—2016 年

3. 清泥湾村

黎三兰　男　2016—2019 年

谢先德　男　2020—2021 年

李必军　男　2022—2023 年

第三节　共青团

村团支部是中国共产主义青年团在村设立的青年团支部委员会，是青年团的基层组织之一，负责开展青年工作、组织参加社会实践活动、开展文化体育活动等工作。

历届共青团村支部书记名录

1. 清泥村

谭合保　男　1962—1965 年

丁南科　男　1965—1968 年

徐树汉　男　1969—1972 年

金永球　男　1973—1978 年

舒中保　男　1979—1989 年

徐金生　男　1990—1991 年

丁金堂　男　1992—1994 年

汪建国　男　1995—1996 年

徐中祥　男　1997—2000 年

李云国　男　2001—2004 年

金永爱　男　2005—2007 年、2015—2017 年

刘胜梅　女　2008—2014 年

2. 顺星村

黎国太　男　1962—1965 年

李仁初　男　1966—1973 年

徐致和　男　1974—1979 年

徐远进　男　1980—1982 年

曾佑民　男　1983—1988 年

邹东祥　男　1989—1993 年

谢勤科　男　1994—1999 年

郝先知　男　2000—2001 年

徐勋维　男　2002—2016 年

3. 清泥湾村

徐　秀　女　2017—2023 年

第四节 群众组织

华容县群众代表性的农民协会产生于 1926 年 10 月，由中共华容支部和国民党华容县部共同决定正式成立。本村属第四区第八乡农民协会，乡设执行委员长和执行委员人，至 1927 年 5 月 "马日事变" 后停止活动。1949 年解放后，本地于当年 8 月重建，至 1956 年结束历史使命后直至 1964 年建立贫下中农协会，称为 "贫协委员会"。贫协组织主要是起到群众监督作用，到 1979 年取消。1981 年土地承包到户后，再次在群众中选出代表组建村民议事会，仍起监督和协调村委会工作之职能。议事会设主任一人和副主任一人直至现在。

一、贫下中农协会

20 世纪 60 年代出现的贫下中农协会，简称贫协，是由农村整风整社运动中出现的贫下中农组织发展而来，其主要作用是加强对于干部的工作协助和群众监督，以及加强农民群众的自我教育。贫协的产生，起初在巩固集体经济、发展农业生产中发挥了一定作用。但随着政治形势的发展变化，贫协实际上变成推行 "左" 倾错误的工具。1978 年中共十一届三中全会以后，各级贫协组织逐渐消失，到了 1982 年后，全国各地贫协组织基本消失。

历届贫协主任

清泥大队　彭地坤　男　1964—1975 年
顺兴大队　李年林　男　1964—1970 年
　　　　　谢先春　男　1971—1975 年

二、村民议事会

村民议事会是村级自治事务的常设议事决策机构，根据村民会议、村民代表会议授权，行使村级自治事务决策权、议事权，讨论决定村级日常事务。其主要任务是在村党支部和村委会的领导下，对现任村干部在决策村大事之前进行调研论证、在决策之中献计献策、在决策之后进行监督。如农村在进行农田水利建设、道路维修、植树造林等重大事项和村财务管理制度、村规民约的制定修改完善之前一般都要经过农村议事会先行议事，广泛征求各方面意见后，再行展开。村民议事会制度自 1998 年 11 月开始实施。

历届议事会成员

1. 清泥村

李遵福　男　1998—2002 年　议事会主任
徐树堂　男　1998—2002 年　议事会副主任

2. 顺星村

黎咸盛　男　1998—2005 年　议事会主任
赵锦文　男　1998—2005 年　议事会副主任
徐侯强　男　2000—2005 年　议事会副主任
赵锦文　男　2006—2013 年　议事会主任
黎咸盛　男　2006—2013 年　议事会副主任
徐　干　男　2014—2016 年　议事会主任
徐运生　男　2014—2016 年　议事会副主任

3. 清泥湾村

徐树汉　男　2017—2020 年　议事会主任
赵锦文　男　2017—2020 年　议事会副主任
徐　干　男　2021—2023 年　议事会主任
丁金堂　男　2021—2023 年　议事会副主任
舒中保　男　2021—2023 年　议事会委员
黎亚军　男　2021—2023 年　议事会委员
吴世杰　男　2021—2023 年　议事会委员
罗珍炎　女　2021—2023 年　议事会委员
汪丽华　女　2021—2023 年　议事会委员

附：议事会工作制度

一、议事会组织结构与职责

1. 组织结构

清泥湾村议事会由主任、副主任和若干委员组成，根据工作需要可设立秘书处，负责处理日常事务。

2. 职责

议事会负责制定和修改村规民约，促进村民自治和民主管理。

负责监督村委会工作，提出意见和建议。

对涉及村民利益的重大事项进行审议和决策。

加强村民之间的沟通协作，促进村庄和谐发展。

二、会议召集与议程安排

1. 会议召集

议事会会议由主任或副主任召集，也可由一定数量的委员联名提议召开。

会议召开前，应提前通知全体成员，并告知会议议程。

2. 议程安排

会议议程应由秘书处提前制定，经主任或副主任审核后发布。

议程应包括讨论议题、发言顺序、时间安排等内容。

三、决策制定和投票表决机制

1. 决策制定

议事会遵循民主集中制原则，充分听取各方意见，达成共识。

对于重大事项，应进行充分讨论和论证，确保决策的科学性和合理性。

2. 投票表决

议事会决策实行一人一票制，按照少数服从多数原则进行表决。

对于特别重大的事项，可采用记名投票方式。

四、成员选拔

议事会成员应具备高度的政治觉悟、良好的道德品质和一定的组织协调能力。

成员由村民代表会议选举产生，任期与村委会同步。

五、沟通协作

议事会成员应积极与村民、村委会等各方沟通协作，形成工作合力。

建立定期走访、座谈等机制，了解村民需求和意见，推动问题解决。

六、规章制度的遵守与监督执行

1. 规章制度遵守

议事会成员应严格遵守国家法律法规和村规民约，以身作则，树立良好形象。

严格执行议事会各项规章制度，确保工作规范有序。

2. 监督执行

建立议事会监督机构，负责对议事会工作进行监督，确保规章制度得到有效执行。

鼓励村民积极参与监督，对议事会工作提出意见和建议。

七、涉及村民利益项目的策划

议事会应关注村民需求，积极策划涉及村民利益的项目。

项目策划应充分考虑村庄实际，确保项目的可行性和可持续性。

八、对重大事项决策过程

决策过程应充分发扬民主，广泛征求村民意见。

对于特别重大的事项，可邀请专家进行咨询和论证。

根据审查结果和村民意见，议事会进行集体决策，并按照规定程序进行表决。

以上是清泥湾村议事会工作制度的主要内容，旨在规范议事会工作，提高议事效率和质量，促进村庄民主自治、和谐发展。全体成员应严格遵守执行。

三、村务监督委员会

村务监督委员会是村民对村务进行民主监督的机构，是根据 2017 年中共中央办公厅、国务院办公厅印发的《关于建立健全村务监督委员会的指导意见》设立的。村务监督委员会的职责是：对村务、财务管理等情况进行监督，受理和收集村民有关意见建议。此前为村财务监督小组，2017 年起为村务监督委员会。

村务监督委员会成员

组长：易锦富　2011—2016 年

成员：吴世杰　2011—2016 年

主任：徐树汉　2017—2023 年

委员：易锦富、邹东祥　2017—2023 年

附：村务监督委员会工作制度

一、监督职责与权限

村务监督委员会是村民自治组织中的监督机构，主要负责监督村委会的财务收支、村务决策、村干部履职等。其职责和权限包括但不限于以下几个方面：

对村委会的财务收支情况进行监督，确保财务公开透明；

对村委会的村务决策进行监督，确保决策符合法律法规和村民利益；

对村委会干部的履职情况进行监督、防止腐败行为的发生；

二、监督委员会的产生与任期

村务监督委员会由村民选举产生，任期与村委会任期相同，一般为三年，后改为五年。在选举过程中，应当充分发扬民主，保证选民的知情权、参与权和监督权。

三、监督委员会的组织与运作

村务监督委员会应当建立组织机构和健全规章制度，明确工作职责和程序、确保监督工作有序进行。

四、监督委员会的会议制度

村务监督委员会应当定期召开会议、研究监督工作，交流工作经验，讨论存在的问题和困难。

五、监督委员会的报告制度

村务监督委员会应当定期向村民大会或村民代表大会报告工作、接受群众的监督和咨询。

四、帮困奖学理事会

2021 年 3 月 12 日，村民代表大会决议成立清泥湾村帮困奖学理事会。2021 年、2022 年、2023 年三年来累计直捐 66900 元，认捐金额 144.5 万元。三年来共奖励高考后考取高校的大学生 40 人 59500 元，大病救助 27 人 42500 元。三年合计奖励、救助 10.2 万元。2022 年下学期至 2024 年上学期捐赠中小学学生生活费 766 人次，金额97.33 万元。

帮困奖学理事会负责人

会长：徐树汉　2021—2023 年

委员：易锦富、邹东祥　2021—2023 年

帮困奖学理事会募集资金

2021—2024 年 1 月

认捐 37 人　金额 137.51 万元

直捐 36 人 1 单位　金额 46900 元

2021—2023 年

奖励大学生 40 人　金额 59500 元

助困（大病）27 人　金额 42500 元

合计金额（帮困奖学）　10.2 万元

助学捐赠生活费

2022 年下学期 194 人，金额 24.31 万元。

2023 年上学期 196 人，金额 26.901 万元。

2023 年下学期 187 人，金额 24.44 万元。

2024 年上学期 189 人，金额 21.6832 万元

合计：捐助 766 人次　　捐助金额：97.33 万元

在清泥湾村捐资助学生活费发放仪式上的发言

清泥湾村党总支书记　徐云汉

（2024 年 6 月 6 日）

尊敬的各位领导，各位老师，各位家长，亲爱的同学们：

大家上午好！

今天，我们在长江小学隆重集会，共同参加"清泥湾村捐资助学生活费发放仪式"。这一善举不仅温暖人心、凝聚信心，更是功在当代、利在千秋。首先，我谨代表清泥湾支、

村两委和村乡村振兴工作站对各位领导的到来表示热烈的欢迎和衷心的感谢！向辛勤耕耘的教育工作者表示崇高的敬意！向各位勤奋学习的学生表示亲切的问候！

近年来，为响应党中央提出的乡村振兴的号召，我们致力于在乡村振兴五大核心的"治理有效"上下功夫，坚持"支部搭台，群众唱戏"的方式，组建了三个理事会，围绕"帮困、助学、敬老"三大农村现实困境开展活动，经过不懈努力和不断探索，现已取得一定的成效。借此机会，我简单讲几句。

桃李不言，下自成蹊。在我村公益事业的探索道路上，涌现出一大批乡友乡贤，他们积极履行社会责任，致力慈善事业的发展，援助困难学子成长成才。3 年来，我们的认捐基金由 2021 年的 23.5 万元递增到现在的 144.5 万元。3 年共收到捐赠收入 116.86 万元，三年用于大病救助家庭 27 户，救助资金 42500 元，奖励大学生 40 人，发放奖金 59500 元。特别是 2022 年下学期，我村知名企业家看到我们这个基层工作方向后，主动找到我，他决定全额负担在本地就读的中小学生的生活费，时间暂定 5 年。目的是让农村学生轻装上阵，努力学习。对我唯一的要求是匿名，每次的捐款都是由他打入个人账户后转入财政专户再拨付学校。截至本期，共计捐赠学生生活费 97.33 万元。

艰难困苦，玉汝于成。希望在座的同学们将社会各界的关爱化作克服困难的勇气和发奋学习的动力，常怀进取之心，常思关爱之情，用知识和智慧报效祖国、回报社会。"灯亮一盏，光洒成片。"希望我们清泥湾村的慈善助学金在温暖你们的同时，也在你们的心中播下了爱的火种，不断传递扩散下去，温暖照亮更多的人。

奋楫笃行，众擎易举。清泥湾村将一如既往地履行好帮扶救助职责，制定更多的激励措施，把慈善助学这项造福社会的工作抓实抓细。积极宣传广大爱心人士捐资助学的慈善义举，发动更多的乡友乡贤参与公益事业，帮助更多的贫困学子完成学业，让更多的孩子放飞希望，实现人生理想。

今年，我们想按照乡村治理再提升、产业发展新突破、集体收入稳增长的目标扎实工作，在原有的"帮困、助学、敬老"的基础上，新增"奖优""护航"两个篇章。奖优主要是针对优秀农户，优秀邻、组长，优秀志愿者给予物质和精神奖励；护航是由我村在外工作的乡友金文辉等医护人员自发组织，对寓外乡友家属坚持做好每月上门问诊、指导就诊、用药等方面的服务，坚持"乡友出钱服务家乡，我出力替你敬老"这一原则，让我们的善治模式更完善，更有温度。

最后，诚挚地感谢一直以来关注清泥湾村发展的各级领导、乡友乡贤，我们一定会不负关怀、不忘善举、不失良机，把我们清泥湾村建设得更加美好。在此，提前向各位致以诚挚的节日祝福，衷心祝愿大家端午安康、万事如意，祝同学们学有所成、前程似锦！

五、老年人协会

清泥湾村老年人协会成立于 2021 年 3 月，全村七十岁以上的老年人为协会成员。协会主要工作是开展敬老、助老等活动，协助村委会推进乡村振兴战略及其他相关工作。

历年来老年工作纪要

1960 年，（现清泥三组）办幸福院（相当于敬老院），名称为东山公社长江大队幸福院。入院 58 人，院长彭地坤。1961 年停办。

1986 年 2 月 8 日，清泥村动工新建清泥村敬老院，共 16 间，总建筑面积 395 平方米，有食堂、宿舍、厕所等附属工程，重阳节竣工。全村五保老人共 22 人，有 19 人入院。专业户龚庭楚为敬老院捐赠大铁门 1 副、藤椅 20 把、电视机 1 台。清泥村划出水、旱面积 5 亩给敬老院，其中菜园 2 亩、新挖鱼池 3 亩，敬老院实行了蔬菜、肉、鱼、蛋、烧柴、油六个自给。

1988 年 9 月，岳阳市民政局、华容县民政局召开流动现场会，来到清泥村敬老院现场，授予清泥村敬老院"市、县先进敬老院"称号。黎大全老人被省民政厅评为优秀五保老人。

1995 年 12 月 20 日，清泥村敬老院并入塔市驿镇江洲敬老院。清泥村送 13 位老人入院。

2021 年，成立村老年人协会，会长易锦富。

2023 年年底，全村 70 岁以上 188 人、其中 80 岁以上 98 人、90 岁以上 13 人。

2021 年，多方筹资 37.5 万元，将原顺星小学改建、维修为清泥湾老年人活动中心，现有五室一场，即顺星党支部活动室、老年人协会办公室、顺星片区医疗室、图书阅览室、棋牌娱乐室、老年人健身广场。

2021 年春节前，乡友吴烁捐慰问物资 10000 元，为全村 70 岁以上老人上门慰问。

2022 年，乡友吴烁为全村评选优秀老人 28 人，捐赠每人一份医保金 350 元，计金额 10000 元。

2023 年重阳节，黄紫电、吴烁、汪亚东、李彬四位乡友共捐资 50000 元。上午对全村 299 位 70 岁以上老人送寒被 1 件，对全村 85 岁以上老人发慰问金每人 380 元。下午在村文化广场举行"庆丰收、促和美、敬老人"联欢演出。

2024 年，开展善治、法治、自治，实现"三长"（片长、组长、邻长）治理模式，进一步完善老年人志愿服务。

2021—2022 年老年人协会负责人

会　　长：易锦富

副会长：徐树汉　徐　干

委　员：罗珍炎（女）　黎述年　赵锦瑞　徐侯强

2023 年老年人协会负责人

会　长：徐　干

副会长：丁金堂　罗珍炎（女）

附：老年人协会章程

第一章　总　则

第一条　本组织定名为东山镇清泥湾村老年人协会（以下简称协会）。

第二条　协会是村老年人自我管理、自我服务、自我保护、自我教育的老年人自愿组合的组织，协会在村党总支村委会领导下开展活动。

第三条　协会在宪法和法律及国家政策允许的范围内开展工作。

第四条　协会的宗旨是：围绕党和政府的中心工作开展有益于老年人身心健康、适合老年人特点的活动。发挥老年人的作用，维护老年人的合法权益，反映老年人的呼声，团结本村老年人，努力实现"老有所养、老有所依、老有所学、老有所教、老有所为、老有所乐"的奋斗目标，使全村老年人与全社会成员共享小康社会的发展成果。

第二章　任　务

第五条　协会的主要任务是：

1.围绕村党总支和村委会的中心工作，宣传党和国家的方针路线政策，贯彻落实"一法一例"，切实维护好老年人的合法权益；

2. 及时向村反映老年人的意见建议和要求，协助村解决老年人的实际困难，开展为老年人服务活动；

3. 组织老年人开展适合老年人特点、有助于老年人身心健康的文化体育娱乐活动，引导老年人积极参加社会主义物质文明、政治文明和精神文明活动，为全面实施乡村振兴战略贡献力量。

第三章　会　员

第六条　凡居住在本村年满 70 岁以上的老年人，承认本章程，均属本协会会员。

第七条　会员权利：

1.积极参加协会组织的各项活动；

2.有表决权、选举权和被选举权。

第八条　会员义务

1.自觉遵守国家法律法规，维护社会公德，自觉学习贯彻党的路线、方针、政策；

2.遵守协会章程有关制度，执行协会决议，完成协会交办的各项任务；

3.积极参加协会组织的各项活动。

第四章　组织机构

第九条 本届协会组织设七人，其中会长一人、副会长两人、委员四人。

第五章 经 费

第十条 经费来源

1. 可从村公益金中申请部分活动经费；

2. 社会各方面的资助和捐赠。

第十一条 经费必须用于协会开展各项活动的支出。

第十二条 经费要有专人管理，专款专用，定期公布收支项目，并接受全体会员的监督。

第六章 附 则

第十三条 本章程自公布之日起施行。

第十四条 本章程解释权属本协会。

六、公益事业理事会

清泥湾村公益事业理事会成立于 2021 年 3 月。其任务是全村共同生产管理费和自来水费的收取，以及环境卫生整治、抗旱、排渍、公路维修、林业管理等监督工作。

公益事业理事会负责人（2021—2023 年）

会长：丁金堂

委员：吴世杰　罗珍炎（女）

附：公益事业理事会制度

一、理事会组成与职责

1. 组成

清泥湾村公益事业理事会由村民代表、村委会成员及热心公益事业的各界人士组成。理事会设理事长一名，成员若干名，由全体理事会成员选举产生。

2. 职责

制定和实施清泥湾村公益事业发展规划；审议和决定公益项目的设立、变更和终止；监督公益项目的实施和资金使用情况；定期向村民大会报告理事会工作，接受村民监督。

理事会成员根据清泥湾村的实际需求和资源状况，策划符合村民利益的公益项目，并提交理事会审议。

理事会定期对公益项目进行监督检查，确保项目资金专款专用，防止挪用、滥用。

二、资金使用规定与审批流程

公益资金应专款专用，不得挪作他用。资金使用应公开透明，接受村民监督。

三、效果评估与信息公开

理事会对公益项目实施效果进行定期评估，总结经验教训，为今后的公益项目提供借鉴。

理事会应定期向村民公开公益项目的实施情况、资金使用情况等信息，接受村民监督。

▲为70岁以上老人免费拍摄"夕阳照"

第四章 经济建设

第一节 农 业

　　清泥湾村是一个以农业为主导产业的村庄，历年来，村民的经济收入主要靠农业生产。清泥湾人民把农业生产作为立足之本，矢志不渝。近年来，随着乡村振兴战略的深入实施，清泥湾村的农业得到了快速发展，呈现出多元化、现代化的特点。2023年，清泥湾地区生产总值14194.164万元、人均纯收入28886元，与现存有经济数据的1962年地区生产总值22.41万元、人均纯收入50元相比，分别增长632.4倍、576.7倍；与改革开放初期的1978年地区生产总值92万元、人均纯收入171元相比，分别增长153.3倍、168倍。

▲扯秧

▲拖秧

▲插秧

一、农业资源

清泥湾村拥有丰富的农业资源，有耕地面积 12100 亩，其中水田面积 3704 亩，旱地面积 9364 亩。土壤肥沃，适宜多种农作物的生长。同时，村内生产生活用水引自长江，水资源丰富，为农业灌溉和水产养殖发展提供有力保障。

水田主要种植一季稻、双季稻，其中 80% 为一季稻。

旱地粮食作物有粟子、高粱、大麦、小麦、黍子、稷子、蚕豆、豌豆、黄豆、黑豆、绿豆、饭豆、玉米、荞麦、浙豇豆、峨眉豆、红豆、红薯等，面积 6400 亩。

经济作物有棉花、贮麻、苎麻、黄麻、红麻等。

油料作物有油菜、腊菜、芝麻、向日葵、花生、蓖麻等

二、产业结构调整

清泥湾村的农业产业结构不断优化，逐步形成以种植业、养殖业和农产品加工业为主导的多元化产业结构。

1. 种植业

主要种植水稻、黄豆、小麦、棉花等粮食作物和经济作物。1949 年后，村级组织不断带领群众进行种植结构调整。近年来，随着市场需求的变化，村民开始自觉优化种植结构，进一步提高农业的经济效益。

▲水稻

种植面积。20 世纪 60 年代，水稻一季稻种植面积 540 亩。70 年代改造低洼田，面积增加到早稻 800 亩、一季稻 1200 亩，共有水稻种植面积 2000 亩。80 年代中期，土地平整、田园化，开荒部分低洼地带，早稻种植面积增加 200 亩，一季稻种植面积增加 200 亩，总种植面积增加到 2400 亩。2007 年至今，实施国土项目土地平整的旱改水工程增加水田面积 1300 亩，总水稻种植面积达到 3700 亩。水稻种植面积由 60 年代的 540 亩增加到 2023 年的 3700 亩，增加率为 585%。油料种植面积由 60 年代的 983 亩增加到 2023 年的 3500 亩，增加率为 256%。

▲栽棉花

▲黄豆

农业结构调整与科技推广纪要

1974年2月，为响应全县实现四级农科网的号召，清泥大队农科队在三队划出水旱面积20亩，制水稻杂交种子，种植棉花，示范指导全大队水稻棉花农作物生产病虫害测报防治。1974年2月，顺兴大队成立农科队，由徐侯以等3人组建队伍、、摸索棉花种植、虫情防治测报、整枝、施肥、品系培育等方面的经验，大队划拨6亩旱地作为试验田。

1975年，华容县举办农业学大寨学习班。清泥大队党支部书记杨为友，支部委员、妇女主任徐桂兰，团支部书记金永球，植保员徐树年，参加了为期一年的学习班。

1977年，清泥全大队实施旱改水工程，原大队水稻布局在革命渠北，因水系不畅，改成旱地，将利民渠南旱地改成杂交水稻(一季稻)田1200亩。并新修外洲粮棉分界路，形成南粮北棉的布局。

1978年5月，清泥大队进行种植结构调整，全大队种植杂交高粱1500亩，其中再生高粱1000亩。7月20日，岳阳地区旱粮生产大会在岳阳举行，清泥大队杂交高粱种植地被作为全地区旱粮生产参观学习现场。参观学习由地区革委会副主任陈秉芝带队，清泥大队在大会上作典型发言。年终杂交高粱单产达1100斤（含再生高粱）。总产160万斤，实现旱粮增长过百万斤。

1980年2月15日，华容县经营管理科科长倪青山、塔市公社党委书记季鹤先在清泥大队试点，生产队开展作业分组实行"五定一奖罚"的责任制，充分调动了社员的生产劳动积极性。1980年10月，清泥大队从江苏南通市农科所引进秋大豆种子20斤，进行育种，解决了秋季没有适宜种子种植的难题。

1982年1月，江洲人民公社实行联产承包责任制到户，清泥、顺兴两大队按计税面积上交各项款项。是年顺兴大队棉花推行岱红岱良种，种植方式由撒播、条播、点播改为营养块育苗新技术移栽；清泥大队早稻全面实行薄膜育秧新技术。

1983年3月15日—4月15日，清泥大队开展并实行分田到户的责任制，依据人口、劳力、水旱地力，划等定级，分配责任田到户，并将农具、耕牛等折价分配到户，生产队机械、手扶拖拉机、机耕船议价出售，优先给本队面积大的农户。大型机械、电动机、水泵由队统一集体使用，按受益面积负担开支。顺星大队分田到户责任制同步进行，农业机械、农具、耕牛、仓库折价分配到户。

1995年，顺星村超额完成国家棉花定购任务的25%，农民人均纯收入高达3000元，排全县第一，获"先进集体"奖。

1997年4月，清泥村农业改制，棉花推广营养钵育苗，普及到户。全村种植结构形成四带：2000亩稻带、3000亩棉带、1400亩林带、200亩鱼带。顺星村是棉花主产区，全面推广营养钵育苗，全村种植棉花面积（含农户自留地）4000多亩。顺星村进行土地平整，共改造一季稻水田80亩。

2. 养殖业

养殖业是清泥湾村农业的重要组成部分，村民利用当地的自然资源，发展养鱼业、养蜂业、家禽养殖等，同时，部分村民还实行稻虾套养，丰富养殖品种，提高养殖效益。

▲ 鳖篓

养鱼业。1986 年前，清泥村、顺星村的鱼池属集体所有，由集体饲养。1986 年后，清泥村将集体鱼池 219.6 亩发包给农户饲养，直至现在。1986 年，顺星村将集体鱼池 73.4 亩分配到农户饲养，至 2005 年结合自留地、畦地等平衡，重新分配到户。近二十年来，一部分农户自己出资用挖机新挖鱼池，自养自给。至 2023 年，全村共有养鱼户 136 户，鱼池总面积 354 亩。

养蜂业。1980 年前，私人养蜂人员有徐侯强、赵锦才、汪金山、蒋建强、汪全志、黎述炎等。其间曾收归大队饲养，养蜂人员报酬按生产队同等劳力的中等工分计算。1980 年后，私人养蜂兴起，延续至现在。现养蜂人员有刘继文、金益民、赵波、易正辉、何国民、赵锦瑞、李棉汉、黎国元等，共有 200 余箱，400 多群。

家禽养殖。主要养殖鸡、鸭、鹅等，基本上户户饲养，每户 25～40 只。

▲ 收小龙虾

稻虾套养。全村有稻虾套养面积1797亩，其中面积80亩以上的农户有万祥、李云和、刘四海、徐勋和、徐勋祥5户。徐勋祥成立"祥和水稻种植专业合作社"，流转土地323亩，主要从事稻虾套养。

养殖业纪要

1961年，清泥大队获全省养猪先进单位荣誉，大队党支部书记李遵福参加全省农业先进单位和劳动模范大会。1964年，顺兴大队成立养蜂场，养蜂人员徐侯强、赵锦才，共有200个群蜂（1978年后转为私人饲养），每年收入大约10000元。1971年，顺兴大队被评为华容县和岳阳地区耕牛发展的先进单位。1966—1971年，5年中耕牛发展增加152头，增长率87.9%。1987年，清泥村在二线大堤北新挖鱼池200亩。1987年，顺星村五组村民徐侯强被评为"全县十大新闻人物"。徐侯强从60年代开始养蜂，《中国青年报》报道过他的事迹。1987年，他饲养的蜂群发展到137箱，产蜜4300公斤，取蜂王浆27.5公斤，加上蜂蜡收入，共计30050元。1989年，顺星村徐侯强养蜂98群，收入41000元，获湖南省"先进工作者"称号。

3. 林业

清泥湾村江岸、防汛废堤面积广阔，森林覆盖率高，为发展林业生产和林下经济提供良好的条件。

20世纪70年代早中期，清泥、顺兴两大队都相继成立了林业队、护林队，面积共80亩。用来培养树苗，分发给大队、生产队、农户移栽。龟洲垸植意杨400亩，后归还到各组。1971年，顺兴大队成立林业队，林木面积40亩。1975年3月，清泥大队组建林业队、护林队。1988年10月5日，清泥村与湖南省人造板厂、华容县林业局联合，在光明路南营造意杨基地1275亩；1996年，扩大为1400亩。基地于2009年停办，其面积归还各村民小组。1999年，顺星村三、四组把龟洲垸内400亩田交给村委会栽植意杨。2009年8月，清泥村光明路南"林改耕"国土项目启动，林木砍伐后其面积归还各组。清泥湾村在主公路、顺尖路、利民渠路、利群路、移民路、团结路渠、二线大堤南叉路、抗旱直渠等地植樟树1778棵、花卉类林木几十棵。清泥湾村现有成片林木面积398亩。

用材林主要有意大利杨、香椿、臭椿、构树、桑树、杨树、枫杨（又名麻柳，本地称柳树）、槐树、栗树、水杉、山杉、重阳树、杜仲树、柞树、梧桐树、猫儿刺。

风景林主要有松树、柏树、含笑、垂柳、红叶石兰、大叶樟、小叶樟、银杏、酸枣、女贞树、万年青、棕树、金石楠、竹柳、黄洋木、月桂、丹桂、八月桂、茶花树、紫薇、紫荆、枯枝梅、铁树、无花树、雪松、蜡梅、木芙蓉、槐树。

果木林主要有枸柑、皱皮柑、和柑、枳壳、金钱橘、"国庆一号"柑橘、李子树、布朗李、奈李、太平果、梨子、柿子、柚子、北方大枣、药枣、脐橙、狗屎桃、五月桃、黄桃、立谷桃、椪柑、槟榔柑、葡萄、甜橙。

三、农业生产方式

1. 农业生产组织形式

20世纪50年代实行土改之后,生产组织形式经历了互助组、初级农业生产合作社、高级农业生产合作社、人民公社的三级所有制、联产承包责任制的过程。随着土地流转实行三权(承包权、经营权、租赁权),创建各种专业生产合作社,土地逐步向种田大户、专业合作社集中而形成大规模、大板块的组织形式,以利农业创新发展,实现乡村振兴。

2. 分配方式

2006年取消农业税后农户只上交共同生产费,一事一议费。

1949—1951年土改时期,农户自耕自食。1952—1953年互助组时期,互换劳动,各收各田。1954—1957年农业生产合作化时期,统一按亩分配各农户完成国家指定上交任务。1958—1961年吃"大锅饭",无分配方案。1962—1981年共19年,以集体化的生产方式核算,队为基础按工分分钱、分粮(参见《清泥大队第二生产队1981年收入分配到户表》)。同时按"人四劳六"比例分配,其中有工分粮、人口粮各占多少的比例,以照顾人口多劳动力少的社员家庭。对烈属户、四属户、五保户、特困户由全大队统一平衡负担。1982—1983年共2年,以队为基础,作业组生产方式进行分钱、分粮。1984—2006年共23年,实行家庭联产承包责任制,交够国家的,留足集体的,剩下都是自己的。2007—2023年共17年,仍为责任制承包方式,且取消农业税、乡统筹、村提留。

3. 耕种运输方式

20世纪50年代,耕种是传统的模式,牛耕耙整,人扛肩挑,最常见的运输工具是鸡公车(羊角车);大米加工以石碾槽为主。

60年代,耕种稍有变化,仍犁耕耙整,但开始推广新技术,增加小型运输机具,如牛车(当地人称之为叉子,由木框架构成,底下有4个直径约1米的外沿包铁箍的木轮,以牛拉动)、拖子、板车等。抗旱引水有站车、座车、小型柴油机水泵。60年代中期,清泥大队柴油机水泵抽水师傅,最早的有汪全红、汪全中、余刚凡、金汉清、徐远新、徐勋法、蒋建祥、汪美年等,顺兴大队柴油机水泵抽水师傅最早的有金支和、徐培保等。60年代中期,大米加工开始使用柴油机打米,清泥大队最初是聘请的张成武担任柴油机打米师傅,顺兴大队最早的柴油机打米师傅有金支和、徐培保等。

70年代,耕种方式进一步改变,机械耕种、运输逐渐代替人力、牛力作业。队队有手扶拖拉机、机耕船、蒲碾船,大队有拖拉机实现耕种运输。70年代初,清泥、顺兴大队各有2台拖拉机,此后拖拉机逐渐增加到各生产队。清泥大队最早的拖拉机手有徐树尧、刘继书、徐树堂、吴兆吉、徐勋祥、徐勋平等;顺兴大队最早的拖拉机

手有金永波等,最早购买并驾驶汽车的是邹鲁建。那时候各队组都有皮辊轧花机,清泥、顺星最早的轧花师傅有徐海洲、徐培保、金支和。90年代初才有锯齿轧花机,轧花机手有徐勋建、杨少才、李良勋、徐华国、徐运生、徐成武、邹鲁碧等。

自70年代初开始,水稻由一季改双季,撒播改育秧插秧,大力推广"三杂"(杂交水稻、杂交高粱、杂交玉米);棉花由撒播、点播、地膜棉,改为营养块、营养钵。

80年代至今,清泥湾农业机械化程度呈加速状态提升,耕田、整地、播种、收割、运输、加工,百分之九十以上依靠现代化农机具。2006年,耕牛彻底退出了清泥湾的农耕舞台。

耕种方式的改变,耕种技术的提高,使农作物产量大幅度增长。水稻由原亩产不500斤,提高到当前亩产1400斤左右,棉花由原亩产籽棉不到200斤,提高到当前亩产籽棉700斤以上。

2000年前,村民在农业病虫害防治方面所用农药:水稻主要是苏云金杆菌、敌敌畏、噻虫嗪、灭虱灵、虫螨清等;棉花主要是呋喃丹、甲基立枯灵、虫螨清、甲阿维剑神、敌敌畏等。这些农药毒性强,残留时间久,严重影响生态环境。进入21世纪后,农药使用基本以对生态环境影响小、残留时间短的生物农药、矿植物农药为主,如:水稻使用药有阿维菌素、苏云金杆菌、阿维甲氰、甲维氯虫苯、吡蚜酮、敌稗、阿维茚虫威、磷酸二氢钾等;旱地使用药有虫螨腈、虱螨脲、单早脒盐酸盐、氯氰丙溴磷、阿维菌素、苏云金杆菌、哒螨灵、啶虫脒、马拉硫磷、戊唑、咪鲜胺、高效氯氰菊酯、助壮素、乙烯利、多效唑、多菌灵等。

村内积极推广先进的农业技术,如无人机喷洒农药、机械耕种等。这些技术的应用不仅提高了农业生产效率,还减少了农药和化肥的使用,保护了生态环境。如今清泥湾村耕种、运输、打药(飞机)均由机械作业。同时,发展林下经济、稻田养鱼养虾等生态农业模式,实现农业与生态环境的和谐共生。推广农业废弃物资源化利用技术,如秸秆还田、畜禽粪便发酵制肥等,减少废弃物对环境的污染。还利用太阳能等可再生能源,降低农业生产过程中的能源消耗。

为增强农业生产的组织化程度,清泥湾村成立13个农民专业合作社,将分散的农户组织起来,共同面对市场。合作社通过统一采购生产资料、统一销售农产品、提供技术指导等方式,降低生产成本,提高产品质量和市场竞争力。

4.1962—2023年经济收入状况

1962—2023年,经济收入状况分四个阶段进行核算分配,详见后文中相关表格,供参考。

5.农业改革纪要

1952年4月,清泥村、顺兴村均组建常年互助组、季节性互助组。

1957 年 8 月，实行生产队"三包一奖"（包工、包产、包成本、超产奖励）。

1981 年 1 月，县委、县政府号召实行联产承包。

1982 年 1 月，江洲人民公社实行联产承包责任制到户，清泥、顺兴两村按计税面积上交各项款项。

2002 年 4 月，落实政府《农业税费改革方案》，取消乡镇统筹教育事业费、行政事业费、屠宰税，调整农业税和特产税，清泥村本年度税金负担总额为 26.14 万元，保留一事一议筹劳筹资项目。

2004 年 2 月，扶持粮食生产政策出台，实行粮食补贴和良种补贴政策，粮食每亩补 10 元，良种每亩补 15 元。3 月，农业税降低三个百分点，清泥村、顺星村两村农业税比上年减少近 17 万余元。

2005 年 10 月，清泥、顺星两村全村农户责任田进行调整。

▲耙田归来

▲轭头

▲木锨

▲曲辕犁

▲石磙

▲耢耙

▲蒲滚

▲抢板

▲棉田七齿耕整器

▲箢箕

▲风车

▲鹅颈锄

▲匀谷耙

▲铁锹

▲铁耙

▲草耙

▲箩筐

清泥大队第二生产队 1981 年收入分配到户表

户主姓名	人口(人)	劳动报酬			扣除			结果	
		参加分配工分	工分粮(斤)	应分金额(元)	合计	本年借支(元)	口粮折款(元)	进钱(元)	超支(元)
徐勋尧	1	5182	829	238.37	154.93	154.93		83.44	
黎汉珍	1	3115	498	143.29	104.95	104.95		38.34	
黎中容	1	2720	435	125.12	184.55	184.55			59.43
黎昌槐	2	24	201	1.10	23.30	4.20	19.10		22.20
刘么妮	1		照顾粮 600		141.35	84.35	57.00		141.35
黄正华		1268	203	58.33	42.01	42.01		16.32	
舒响生	6	4379	照顾粮 2497	201.43	317.35	156.61	160.74		115.92
徐树香	7	15674	2508	721.00	402.36	365.60	36.76	318.64	
李华二	2	3048	488	140.21	68.02	66.88	1.14	72.19	
朱思廉	8	12145	1943	558.67	440.98	418.37	22.61	117.69	
汪凤姣	1	2225	356	102.35	64.39	64.39		37.96	
李甘林	4	9713	1554	446.80	317.84	284.49	33.35	128.96	
谯社继	1	1418	227	65.23	33.80	33.80		31.43	
李孝钊	3	8296	1327	381.62	189.60	185.14	4.46	192.02	
李克昌	2	344	600	15.82	95.25	50.03	45.22		79.43
李克神	7	16797	2688	772.66	434.56	387.53	47.03	338.10	
李波海	5	17223	2756	792.26	442.78	392.43	50.44	349.39	
李勤业	3	7084	1133	325.86	257.19	250.16	7.03	68.67	
李云务	8	20577	3292	946.54	637.59	582.01	55.58	308.95	
李神保	7	14789	2366	680.29	448.61	400.07	48.54	231.68	
李乐善	6	10043	1607	461.98	392.35	315.78	40.57	69.37	
李三保	5	8484	1357	390.26	453.06	408.32	44.74		62.80
李云林	2	5718	915	263.03	139.40	139.40		123.63	
李青辉	6	10231	1637	470.63	281.99	231.83	50.16	188.64	
李胜兰	6	15261	2442	702.01	410.01	383.31	26.70	292.00	
李孝昭	6	11574	11574	532.40	330.81	298.03	32.78	210.59	
徐素兰	4	1621	1621	74.57	277.81	38.70	239.11		203.24
徐立山	2	3976	3976	182.90	118.12	118.12		64.78	
吴学海	4	8566	8566	394.04	210.54	210.54		183.50	
汪合年	4	7776	7776	357.70	190.25	190.25		167.45	
黄四保	6	13679	13679	629.23	444.86	434.69	10.17	184.37	
黄正清	5	8792	8792	404.43	355.55	315.65	39.90	48.88	
刘胜莲	4	3749	3749	172.45	197.09	120.53	75.56		24.64
兰宝二	4	3635	3635	167.21	144.87	53.19	91.68	22.34	
李培善	8	11851		545.15	344.31	337.66	6.65	200.84	
龚楚和					25.26	25.26			25.26
万元林					10.29	10.29			10.29
黎中尧					11.27	11.27			11.27
合计	142	270977	97872	12464.94	9139.25	7855.32	1247.02	4090.17	755.83

注：每十分工值 0.46 元，每十分工分粮 7.6 斤。全县 155 个村，48 个社区，合计 203 个村、社区。

四、农业机械

自 20 世纪 60 年代末至 80 年代初的大集体时期,集体拥有的机械有:柴油机、水泵、手扶拖拉机、东方红拖拉机、水田机耕船、打米机、轧花机、动力脱粒机、手摇喷雾器。90 年代后,农业机械逐年升级,特别是 2000 年以来,一大批有文化、有技能、有闯劲的新型农民先后购置了一些实用性强的农机具。

大型农机具购置者名录

大型收割机:李云和、金永祥、万强、吴祥、徐中武、黎咸平、张海波、黎咸胡、金星、赵祖良、姜大献,共计 11 台。

大型旋耕拖拉机:李云和、李明建、徐树灯、黎进华、金永祥、刘四海、余勇军、徐华国、万强、徐远红、吴祥、徐中武、朱元祥、黎进红、徐勋平、黎子清、金永建、金凯、李云球、黎咸方、黎咸胡,共计 21 台。

大型无人飞机:李云和、徐树灯、黎进华、金永祥、余勇军、万强、徐中武、朱元祥、徐勋祥,共计 9 台。

大型运输拖拉机:汪美林、吴文华、徐中武、黎咸平、黎子清、汪小春、邓业文、张海波,共计 8 台。

大型铲车:徐树灯、邓业文,共计 2 台。

▲收割麦子

第二节　加工业

为延长农业产业链，提高农产品附加值，清泥湾村积极发展加工业。20世纪60年代后，两大队就开始建立多种加工厂，不但对农产品进行深加工，还发展建设与当地民生息息相关的各类副业、加工业项目，提高农产品的市场竞争力，改善村民的生产生活条件。

1964年5月，清泥大队建榨油厂。1974年3月，清泥大队成立副业队，副业队有养蜂组、瓦工组、木工组、理发组、缝纫组、副食品厂、铁器加工厂、综合厂（包括打米、轧花、锯板、油料加工）等。1976年冬，顺兴大队购东方红30型号拖拉机1台。当年成立综合厂，包括船队、拖拉机组、养蜂厂、油厂、理发组、缝纫组、木工组、瓦工组等。1977年3月，顺兴大队榨油厂正式投产营业。1993年9月30日，清泥村购进锯齿轧花机2台。

1986年春，赵小成、黎兰枝夫妇始建挤塑厂。主要生产塑料条，长100厘米、

▲油菜

宽 10 厘米、厚 1 厘米。由其兄引荐销售到华容县塑料厂进行深加工，利润可观。1988 年春，新增生产瓦桶项目，销售给当地的瓦工及村委会（用作财贸入库先进农户奖品）。1988 年年底村将挤塑厂收为村办企业，聘请赵小成任技术厂长，黎兰枝为工人，易国庆负责销售，邹文华负责生产，后停办。

1998 年春，顺星四组村民邹东炎办手工榨油厂，原料为菜籽、芝麻。加工方式为撞杆榨油，每天能加工菜籽 340～380 斤，芝麻 240～300 斤。2006 年春季，又兴办机械榨油厂，加工能力由原来每天 300 多斤提升到 1500 斤。机械不断升级改造后，每天提升至 4000 斤左右。现从事机械榨油的还有兰金保、杨少儒、徐勋建、黄旅风、金支银、黎咸章等人。

李长顺半成品衣物加工厂，李长顺办厂十余年，长年需要工人 6～8 人，忙时 14～20 人，都是女性。长年工作的员工年收入在 40000～60000 元，其他员工日工资在 100 元左右。

服装加工，原顺星小学一间教室租给一个服装加工老板，为本村中年妇女提供就业岗位 6 个。

第三节　第三产业

清泥湾村地处偏僻，因此商贸、运输等第三产业对当地经济总量的贡献只占到约15%。

清泥大队

1966年5月，购机帆船1只。1967年8月，购木帆船1只，用以横渡长江至监利一矶头码头，便于两岸人员往来，商品流通。1967年，开办代销店。1973年，建造第二支机帆船，以货运为主，可载30吨，并成立清泥船运队。船运队有木帆船2只，机帆船2只，同年，购东方红拖拉机1台，次年再购1台。

顺星大队

1966年3月，开设代销店至1981年，后转为经销店。1971年新修机帆船1只，载重量18吨。1972年春，开始建造23吨机帆船。1984年5月，顺星村（是年2月改大队为村）四组邹鲁建自购南京跃进牌130汽车1辆，被视为改革开放典范。

2010年后，村民利用互联网技术，通过电商平台销售农产品，拓宽销售渠道，增加农民收入。

村里从事电商平台、南杂经销店的有徐勋立、徐志新、徐远胜、徐中南、徐远富、刘小红、刘东坡等。

从事生产资料经销的有徐迈进、汪国华、邹鲁新、徐远胜等。

从事餐馆服务业的有徐远法、邹力等。从事厨师上门一条龙服务的有易光彩、姜大旺等。

从事酿酒行业的有2户。顺星金球，从事该行业4年。生意好的情况下，一天酿酒一次，一般情况下，二到三天酿酒一次。清泥舒四银，从事该行业30余年。

▲羊角车

▲拖子

第四节 集体土地资产承包

清泥湾村集体土地资产以签订合同形式对外实行承包。旨在充分挖掘土地、鱼池等的潜力，有效提高其利用率。依照相关法律、法规，坚持公开、公平、诚信、自愿的原则，由村民委员会与承包人协商同意签订合同，完善承包机制。

▲稻虾套养

第五节 农业生产相关情况

清泥、顺兴两大队 1962—1983 年情况简介表

年度	大队				人口数		种植面积（亩）					
	清泥		顺兴				清泥			顺兴		
	组数	户数	组数	户数	清泥	顺兴	合计	水田	旱地	合计	水田	旱地
1962	8	201	5	135	1205	815	1930	450	1480	1200		1200
1963	8	206	5	136	1255	817	1930	450	1480	1200		1200
1964	6	206	5	136	1260	819	1930	450	1480	1400	200	1200
1965	6	205	5	135	1265	815	2080	530	1550	1600	400	1200
1966	6	206	5	135	1266	816	2080	530	1550	1700	500	1200
1967	6	207	5	135	1269	817	2170	590	1580	1700	500	1200
1968	6	209	5	142	1278	860	2170	590	1580	1700	500	1200
1969	6	239	5	155	1466	940	2170	590	1580	1900	500	1200
1970	6	245	5	156	1488	945	2730	780	1950	2000	500	1500
1971	6	245	5	156	1495	943	2730	780	1950	2200	500	1700
1972	6	248	5	156	1515	945	3095	880	2215	2600	600	2000
1973	12	300	5	157	1535	947	3170	955	2215	2685	600	2085
1974	12	300	10	157	1550	949	3211	955	2256	2868	600	2268
1975	11	276	10	175	1553	1055	3211	955	2256	2858	600	2258
1976	10	270	10	177	1565	1065	3042	873	2169	2848	600	2248
1977	10	271	10	177	1592	1076	3042	873	2169	2838	100	2738
1978	10	271	10	175	1595	1055	3042	873	2169	2810	100	2710
1979	10	272	10	161	1462	1023	3530	1185	2345	2805	100	2705
1980	10	272	10	161	1455	1020	3530	1185	2345	2805	100	2705
1981	10	272	10	162	1471	1023	3455	1105	2350	2745	100	2645
1982	10	272	10	161	1505	1029	3455	1110	2345	2745	100	2645
1983	13	315	10	162	1515	1035	3655	1330	2325	2740	100	2640

工农业总收入（元）		成本总支出（元）		每十分工值分配				社员纯收入（元）			
				清泥		顺兴		清泥		顺兴	
清泥	顺兴	清泥	顺兴	粮食（斤）	钱（元）	粮食（斤）	钱（元）	净收入	人均	净收入	人均
1386	855	772	456	0.6	0.26	0.5	0.23	614	51	399	49
1423	912	733	495	0.6	0.28	0.5	0.23	690	55	417	51
1461	909	730	491	0.8	0.31	0.6	0.26	731	58	418	51
1629	1042	832	569	0.7	0.35	0.6	0.30	797	63	473	58
1701	1121	853	591	0.8	0.37	0.7	0.33	848	67	530	65
1885	1215	933	635	1	0.39	0.8	0.35	952	75	580	71
2095	1360	1085	706	0.7	0.41	0.6	0.38	1010	79	654	76
2504	1558	1258	815	0.8	0.42	0.7	0.40	1246	85	743	79
3017	1668	1447	855	1.2	0.45	1	0.42	1309	88	813	86
3218	1795	1648	928	1.3	0.51	1.2	0.46	1570	105	867	92
3637	2028	1895	1036	1.2	0.53	1	0.48	1742	115	992	105
3775	2193	1933	1123	1.2	0.56	1	0.52	1842	120	1070	113
4248	2442	2155	1266	1.3	0.61	1.1	0.57	2093	135	1176	124
4530	2879	2310	1455	1.4	0.62	1.2	0.59	2220	143	1424	135
4819	3075	2456	1563	1.5	0.65	1.3	0.63	2363	151	1512	142
5325	3447	2698	1758	1.5	0.67	1.2	0.65	2627	165	1689	157
5594	3606	2835	1823	1.6	0.68	1.3	0.64	2759	173	1783	169
5483	3656	2823	1866	1.4	0.71	1.1	0.68	2660	182	1790	175
5683	3833	2933	1946	1.5	0.73	1.3	0.70	2750	189	1887	185
6460	4087	3592	2082	1.6	0.74	1.4	0.75	2868	195	2005	196
7100	4854	3638	2456	1.6	0.63	1.4	0.70	3462	230	2398	233
7628	5195	3916	2629	1.7	0.75	1.5	0.73	3712	245	2566	248

清泥、顺星两大队 1984—1990 年情况简介表

年度	大队				人口数		种植面积（亩）					
	清泥		顺星				清泥			顺星		
	组数	户数	组数	户数	清泥	顺星	合计	水田	旱地	合计	水田	旱地
1984	13	255	10	198	1525	1055	3930	1605	2325	2685	100	2585
1985	13	256	10	238	1528	1066	3930	1605	2325	2685	100	2585
1986	13	258	10	238	1535	1073	3930	1565	2365	2685	100	2585
1987	13	258	10	241	1540	1082	3930	1565	2365	2685	100	2585
1988	13	261	10	245	1565	1097	3930	1745	2185	2685	100	2585
1989	13	263	10	245	1675	1108	3930	1745	2185	2685	100	2585
1990	13	263	10	258	1688	1570	3930	1735	2195	2685	100	2585

▲清泥村发电机组（1992 年摄）

工农业总收入（元）		生产成本总支出（元）		社员纯收入（元）			
				清泥		顺星	
清泥	顺星	清泥	顺星	净收入	人均	净收入	人均
130.3	90	70	47.6	60.3	395	42.4	402
141	120.2	71.5	63.2	69.5	455	57	535
197.3	148	106	76.6	91.3	595	71.4	665
231.7	174.9	117.9	90	113.8	739	84.9	785
282	212.2	141.5	108.5	140.5	898	103.7	945
334.5	246.8	169	126	165.5	988	120.8	1090
363	360.5	183	183.1	180	1075	177.4	1130

▲清泥村农民夜校（1991 年摄）

江洲乡清泥村、顺星村1991年情况简介表

单位	组数	户数	人数	耕地面积（亩）			工农业总产值（万元）			主要农产品产量					人均纯收入（元）
				小计	水田	旱田	小计	工业	农业	粮食（吨）	棉花（吨）	油料（吨）	生猪发展（头）	鲜鱼（吨）	
清泥	13	428	1749	3947	1735	2212	473	9	464	10380	2276	1496	1375	44.5	1122
顺星	10	397	1575	2685	20	2665	396	11	385	163.4	324	157	720	32	1145

江洲乡清泥村、顺星村1992年基本情况（一）

单位	组数	户数	人数	耕地面积（亩）			工农业总产值（万元）			农村收益分配				主要农产品产量				
				小计	水田	旱田	小计	工业	农业	总收入（万元）	总支出（万元）	所得收入		粮（吨）	棉（吨）	油（吨）	生猪出栏（头）	鲜鱼（担）
												合计（万元）	人均（元）					
清泥	13	450	1760	3947	1735	2212	524	58	466	446	222.61	200.11	1137	1349.7	295	95	1495	48
顺星	10	400	1585	2685	20	2665	479	60	419	344.21	145.92	182.09	1149	69.8	324	139.5	840	37

江洲乡清泥村、顺星村1992年基本情况（二）

单位	主要工品产量				人口出育	
	食用植物油（吨）	矿石（吨）	饼粕（吨）	预制品（立方米）	出生率‰	自然增长率‰
清泥				210	17.68	15.66
顺星					17.63	5.67

江洲乡清泥村、顺星村1993—1994年情况简介表

年度	单位	组数	户数	人数	耕地面积（亩）			工农业总产值（不变价、万元）			农村收益分配（现行价）			主要农产品产量					人口出生率（‰）	自然增长率（‰）
					小计	水田	旱田	小计	工业	农业	总收入（万元）	总费用（万元）	人均纯收入（元）	粮食（吨）	棉花（吨）	油料（吨）	生猪出栏（头）	水产品（吨）		
1993	清泥	13	455	1768	3947	1623	2324	539.9	60.9	479	472.93	214.21	1220	1258	278.4	178	1596	82		
	顺星	10	400	1593	2685	20	2665	484.8	43.8	441	404.90	194.35	1220	28	362.4	117	1056	65.25		
1994	清泥	13	276	1991	3947	1735	2212	849	138	596	446	328	1598	1449.7	310	120	1800	25	14.16	4.17
	顺星	10	331	1531	2685	20	2665	794	140	549	444	205	1620	169.8	340	130	1600	15	13.45	3.96

塔市驿镇清泥村、顺星村 1995—1998 年情况简介表

年度	单位	组数	户数	人数	耕地面积（亩）			工农业总产值（不变价、万元）			农村收益分配（现行价）			主要农副产品产量					人口生育	
					合计	水田	旱田	合计	工业	农业	总收入（万元）	总费用（万元）	人均纯收入（元）	粮食（吨）	棉花（吨）	油料（吨）	生猪（头）	水产品（吨）	人口出生率（‰）	自然增长率（‰）
1995	清泥	13	485	1786	3907	1707	2200				918.2	568.75	1750	1312	203	170	1450	10	10.2	2.8
	顺星	10	400	1545	2686	15	2671				858.4	367.01	3000	9	286	170	1210	37	7.7	1.9
1996	清泥	13	476	1800	3907	1700	2207				397	200	955	202.3	75	140	943	10		
	顺星	10	360	1520	2686	15	2671				331	132	1283	20.5	140	604	90	37		
1997	清泥	13	490	1800	3922	1737	2185				824	392	2322	1852	320	232	2200	58		
	顺星	10	361	1520	2696	15	2681				600	184	2586	54	430	214	2200	55		
1998	清泥	13	513	1888	3922	1737	2185	244	14	230	359	95	1677	1522	220	20	500		7.10	4.56
	顺星	10	363	151	2696	15	2681	482	15	467	554	205	2341	42	22	666	180	10	12.42	5.23

塔市驿镇清泥村、顺星村 1999—2005 年情况简介表

年度	单位	组数	户数	人数	耕地面积（亩）			工农业总产值（不变价、万元）			人均纯收入（元）	主要农副产品产量					人口生育	
					合计	水田	旱地	合计	工业	农业		粮食（吨）	棉花（吨）	油料（吨）	生猪出栏（头）	水产品（吨）	人口出生率（‰）	自然增长率（‰）
1999	清泥	13	513	2070	3922	1737	2185	500		500	1681	7025	320	252	500	58	10.16	7.26
	顺星	10	363	1558	2696	15	2681	566		566	1584	780	430	232	180	17	7.71	0.64
2000	清泥	13	513	2070	3999	1814	2185	349		349	1806	1423	450	450	3000	1750	9.58	6.71
	顺星	10	363	1558	2598	917	1681	472		472	2439	100	430	242	2000	1000	6.40	3.84
2001	清泥	13	513	1952	3999	1814	2185	466		466	2130	920	900	340	2500	4	9.53	4.47
	顺星	10	363	1560	2598	917	1681	629		629	2777	202	700	350	1500	3	5.10	−0.64
2002	清泥	13	513	1952	3922	1737	2185	419	14	405	2385	826	300	288	2500	49	12.1	8.85
	顺星	10	363	1560	2598	917	1681	299	10	289	3110	155	300	263	1500	48	4.43	−0.63
2003	清泥	13	513	1952	3922	1500	2422	474	14	460	2705	346	916	365	2600	59	9.21	6.94
	顺星	12	245	1072	2233		2233	339	11	328	3675	289	503	220	1700	43	8.20	3.15
2004	清泥	13	513	2229	3922	800	3122	1449	19	1430	2847	399	1053	508	2700	65	0.59	0.50
	顺星	12	363	1643	2598	50	2548	1285	15	1270	3467	324	614	313	1700	44	0.62	0.31
2005	清泥	13	513	1852	3922	800	3122	742	20	722	3234	1465	309	392	2739	81	5	4.5
	顺星	12	333	1464	2598	50	2548	755	15	740	4194	1029	235	241	1725	79	4.4	3.1

东山镇 2006—2015 年清泥村、顺星村情况简介表

年度	单位	组数	户数	人数	耕地面积（亩）			工农业总产值（不变价、万元）			人均纯收入（元）	主要农副产品产量					人口生育	
					合计	水田	旱地	合计	工业	农业		粮食（吨）	棉花（吨）	油料（吨）	生猪出栏（头）	水产品（吨）	人口出生率（‰）	自然增长率（‰）
2006	清泥	13	513	1852	4628	1200	3428	796	26	770	3380	1546	3374	336	2510	98	8.6	6.4
	顺星	11	333	1456	3066	50	3016	811	23	788	4191	1013	2540	196	1587	99	10.6	7.7
2007	清泥	13	513	1852	5091			1571	26	1545	4056	1506	1241	281	2763	107	5	1.4
	顺星	11	336	1456	3373			1603	19	1584	5033	1012	962	158	1747	108	7.5	3.1
2008	清泥	13	513	1852	5091			1727	28	1699	4363	1152	269	390	1810	105	7.73	3.18
	顺星	11	336	1456	3373			1763	21	1742	5440	720	204	223	1144	100	7.49	2.49
2009	清泥	13	513	1852	5091	1200	3891	1727	28	1699	5141	2900	395	501	2010	101	5	1.4
	顺星	11	336	1456	3373	500	2873	1763	21	1742	6393	1895	298	273	1345	96	7.5	3.1
2010	清泥	13	513	1852	5091	1200	3891	1727	28	1699	5141	2900	395	501	2010	101	5	1.4
	顺星	11	336	1456	3373	500	2873	1763	21	1742	6393	1895	298	273	1345	96	7.5	3.1
2011	清泥	13	513	1852	5091	1200	3891	1018	5	1013	6980	2682	476	403	1676	101	6.9	1.5
	顺星	11	336	1456	3373	500	2873	893	5	888	5141	1963	328	220	1055	96	5	1.4
2012	清泥	13	513	2155	5091	1200	3891	2006	145	1861	6980	1676	2600	403	1676	101	6.9	1.5
	顺星	11	336	1482	3373	500	2873	1547	176	1371	6152	1055	2300	220	1055	96	5	1.4
2013	清泥	13	503	2006	5091	1200	3891	2187	290	1897	6904	2391	572	429	1676	101	6.9	1.5
	顺星	11	362	1490	3373	500	2873	1759	352	1407	6779	1654	308	217	1055	96	5	1.4
2014	清泥	13	503	2006	5091	1200	3891	2006	145	1861	6904	2391	542	429	1676	101	6.9	1.5
	顺星	11	362	1490	3373	500	2873	1547	176	1371	6779	1654	308	217	1055	96	5	1.4
2015	清泥	11	525	2232	5691	2200	3491			1934	7420	2823.9	3700	440	1650	100	20.2	14.82
	顺星	12	365	1500	3373	1500	1873			1435	7920	1908.5	1800	220	1040	96	8.7	5.33

东山镇清泥湾村 2016—2023 年基本情况一览表

年度	组数	户数	人数	耕地面积（亩）			工农业总产值（不变价、万元）			人均纯收入（元）	主要农副产品产量					人口生育	
				合计	水田	旱地	合计	工业	农业		粮食（吨）	棉花（吨）	油料（吨）	生猪出栏（头）	水产品（吨）	人口出生率（‰）	自然增长率（‰）
2016	24	890	3732	9064	3700	5364			1222	8204	4732.4	8385	660	2690	196		
2017	24	890	3732	9064	3700	5364			1222	8204	4732.4	8385	660	2690	196	14.18	8.46
2018	24	891	3741	10167	3803	6364			5416	9910	2829	1964	648	2700	200	14.38	8.57
2019	23	977	3710	10167	3803	6364			5621	14765	2793	1573	660	2198	196		
2020	23	1061	3721	10167	3803	6364			5651	16271	2738	900	495	1978	110		
2021	23	1062	3645	10167	3803	6364			5651	16271	2738	900	495	1978	110		
2022	23	1063	3605	13490	4126	9364			5625	20196	2805	1586	654	2163	198		
2023	23	1066	3595	13490	4126	9364			7270	28886	3029	99	796	2189	207		

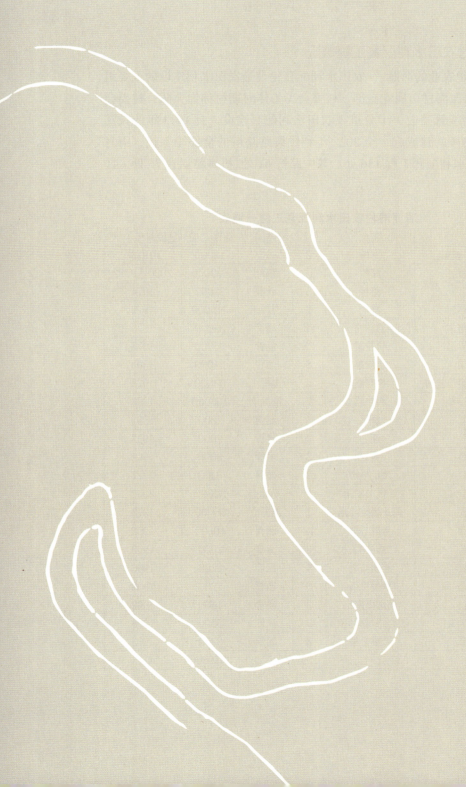

第五章 基础设施

第一节 水 利

一、村农田水利配套工程概况

"水利是农业的命脉。"农田水利配套建设是农田水利建设的重要组成部分。清泥湾村历届党支部、村委会（集体时期村称为大队，村委会称为革委会或管委会）十分重视农田水利配套建设。自1973年的长江分界址渠路桥的建成起，至2022年利民渠路路桥的全部竣工止，历时50年，共建水利配套工程136处。其中路桥61处，机耕路涵管75处（详见下表）。

清泥湾村农田水利配套工程一览表

地点	名称	处数	结构	耗资（元）	建设年代（年）
长江分界直渠	路桥	2	砖混	12000	1973
利民渠路	路桥	10	混凝土	620000	2020—2022
利民渠路	路桥	5	砖混	28000	1974
抗旱直渠	路桥	7	混凝土	340000	1979
利群路	机耕路	13	涵管	39000	1975
粮棉分界路	机耕路	25	涵管	75000	1975
套尾渠	机耕路	8	涵管	24000	1993
各组分界直渠节制闸	机耕路	6	混凝土	90000	1976
光明路节制闸	机耕路	7	混凝土	105000	1976
一组	顺星	4	涵管	1800	1992
三组	连心	3	涵管	2000	1992
六组	振兴	3	涵管	2000	1992
八组	顺民拱桥	3	砖混	8200	1977
八组	爱民节制闸	3	混凝土	30000	2002
八组	跨干堤排灌闸	1	混凝土	50000	1978
顺星路	跨顺心渠	12	涵管	10600	1992
九组	顺心渠	3	涵管	2000	1992
十组	跨团结渠	4	涵管	3200	1998
爱民路	跨爱民渠	6	涵管	7200	1998
十组	团结渠南路	3	涵管	1600	1992
顺心路与顺尖路	顺心路与顺尖路	5	涵管	5000	1998
黎咸章	跨顺心渠	3	涵管	3200	1992
合计		136		1459800	

▲长江大堤穿堤排灌机埠

二、水利重点工程纪要

1972 年 11 月，清泥、顺兴开挖团结渠，把交叉田进行调整，两大队以团结渠为界，北顺星，南清泥。12 月 15 日，团结渠工程完工。清泥 1、2、3 队从南至北到防汛大堤属于清泥大队。

1973 年 10 月，清泥利民渠工程（渠路两用）开工，全长 2720 米，完成土方 50000 余方。12 月，舒家直路，利民渠至革命渠与长江大队分界直渠工程开工，全长 1912 米，并将交叉田进行调整（直渠东为清泥大队，直渠西为长江大队）。

1975 年 4 月，清泥大队在二线大堤建涵闸，用块石混凝土安砌，至 12 月竣工，资金投入 70000 元。

1976 年冬，顺兴大队新开挖 6 条直渠，修建 6 条直路。工程历时 11 天完成。

1978 年春，启动顺兴排灌闸修建，历时 1 年完成。

1978 年 10 月，清泥大队兴建一线大堤闸工程，历时 5 个月，资金投入 98000 元。

1979 年 7 月，清泥大队立杆架线，装变压器，在长江岸边兴建 55 千瓦电排机埠，历时 3 个月完工，极大地解决了全大队旱情问题。

1979 年 10 月 20 日，开始修建利民渠与抗旱直渠桥闸工程（黄正清家旁边）。资金投入 15000 余元。

1978 年 12 月 15 日，清泥抗旱直渠按设计标准施工，全长 1450 米，底板高度 30 点，至 1979 年 1 月 20 日完工，完成总土方 75000 方。

1983 年秋季，社办工程，在顺星十队修建高排闸。全公社劳力参加。

1989 年 2 月，清泥村新建村泵船抗旱机埠，共投资 15 万元，主要由华容县委农

业升温工作组组织资金投资，村自筹资金 15000 元。5 月 30 日机埠工程竣工。

1991 年 2 月，清泥村开始新建光明路节制闸 5 处、战备渠 2 处、利群路 1 处、团结渠 1 处，共 9 处节制闸，由县农业升温点工作组安排资金 90000 元，当年 12 月建成。

1991 年 7 月，顺星村渠道清淤疏洗，耗资 7000 元。

1992 年 3 月，清泥村自筹资金 26 万元启动改水工程，与顺星村等村场在新沙洲共建自来水厂，于 12 月 28 日竣工通水。自来水厂供清泥村、顺星村、长江村、江洲墟场 4 处居民用水。

1993 年 3 月，因自来水管道压力不够，顺星村自筹资金建自来水厂。集资 11 万元，并把从江洲水厂到顺星的主管道撤回重埋。10 月底竣工，全村通水。

1996 年 10 月 20 日，清泥村光明路新修溃堤，至 1997 年 12 月，历时两年两冬，加修溃堤 4200 米，并在十三组建排溃机埠一处。

1998 年 11 月，清泥村轨道式升降机埠工程动工，至次年 5 月 30 日竣工，正式通水运行。工程耗资 13 万元，其中县水利局投资 10 万元，村自筹 30000 元。

2009 年 4 月，清泥村新建自来水厂，总投资 100 万余元，其中农户集资 25 万元。

2012 年 12 月 28 日，顺星村从清泥自来水厂安装主管连接到顺星八组。工程耗资 80000 元。

2016 年 6 月，镇要求顺星水厂报废、毁掉，接清泥自来水。至 9 月，顺星村自来水用户重新安装水管及配套工程并入清泥水厂。

2020 年 11 月 10 日，长江排溃口整治项目工程动工，于 2021 年 6 月竣工。清泥抗旱直渠、顺星抗旱直渠的渠道得到硬化，并建设了污水净化等配套工程。

▲ 水车

三、自来水厂建设

清泥、顺星村民自来水，于1992年取自新沙洲共建的自来水厂。1993年顺星村自筹资金建自来水厂。2009年清泥村自建自来水厂。2016年顺星村自来水厂按镇要求报废，顺星村饮水与清泥村自来水厂并接。

清泥湾自来水厂总投资125万元，总服务用户1067户，总人口3592人，总管网长度95740米。

自来水厂建有5间厂房，一个沉淀池、一个清水池、一座水塔，装有4台机泵。出于安全考虑，以围墙将水厂与周围环境隔离开来。自长江取水，经由沉淀池絮凝过滤后，入清水池消毒，最后泵入一高达23.6米的水塔，由水塔输送至全村各家各户。

自来水厂有工作人员3名，实行承包制，自负盈亏。为了提高经济效益和社会效益，水厂制订了一整套切实可行、行之有效的管理制度，包括安全生产制度、设备维护制度、水池清洗制度、水质检测制度、管网维护制度等，来提高生产效率，降低生产成本，提高供水率，生产出洁净、优质、符合国家安全饮用水标准的自来水，满足用户的需求。

▲村自来水厂

第二节　农　电

一、农电配套设备工程概况

清泥湾村组建了较为完整的电力配套设施，包括变压器 17 台，电线杆 516 根；架设电线 12.51 万米。

二、农电重点工程纪要

1974 年 11 月，清泥大队从么台机埠处立杆架线，引农电到清泥大队部。至 1975 年秋，大队统一架线入各农户，全大队通电。

1975 年，顺兴大队从清泥立杆架线引电到大队，并统一架线入户，全大队通电。

1991 年 3 月，顺星村人均集资 15 元，新购两台 80 马力，4135 型号的发电机组，共耗资 45600 元。

1992 年 12 月 30 日，清泥村由县委工作组组织资金投资购进，型号分别为 6135、4160 的两台发电机组，安装竣工发电。

2013 年，顺星村进行农电低改，用时 3 个月。新添变压器 3 台，更换入户线、低压线、电度表等。

2015 年 3 月，清泥村、顺星村进行农网升级改造。清泥村原有变压器 3 台，新增 7 台；顺星村原有变压器 3 台，新增 4 台。

2015 年 11 月，清泥村全村装路灯 137 盏，全村亮化。

2019 年 7—8 月，顺星片区安装路灯 151 盏，实现了清泥湾村全村亮化。

2022 年 12 月，清泥湾村为解决抗旱机埠在河床水位低的情况下无法运行的问题，配套安装两台 75 千瓦电机，投资 13.5 万元。

清泥湾村电力配套设备工程一览表

地点	项目			
	变压器地点	数量		
		台	杆	米
利民渠南 1—13 组止	黎执文	1	82	19680
利民渠北 1—易晖屋止	汪全寿	1	75	18000
利民渠北差路 1—黎进红屋止	汪全哲	1	67	16080
利群路南移民路 1—3 组	汪双兵	1	11	2640
利群路 1—7 组黎咸平屋止	易光彩	1	26	6240
二线大堤外至抗旱机埠	刘书保	1	8	1920
利民渠至抗旱机埠（高压）	徐远富	1	21	6300
2—3 组南下直渠	李顺军	1	22	5280
4—5 组南下直渠	黄方洲	1	16	3840
6—7 组南下直渠	河边机埠	1	10	2400
8—9 组南下直渠			9	2160
10—11 组南下直渠			6	1440
13 组南下直渠			7	1680
汪元香至徐干	徐干	1	19	4560
汪咏东至徐凤楼	徐远胜	1	41	9840
三组后一线	邹鲁田	1	7	1680
邹林海一线	朱正红	1	4	960
徐远胜旁直路	八组	1	3	720
汪勇至十组尾	金沙江	1	66	15840
徐迈进旁直路	黎咸胡	1	3	720
邹东亚旁直路			2	480
八组直路至河堤			11	2640
合计		17	516	125100

第三节　道　路

一、村水泥公路

全村通村公路水泥硬化里程共 25.2 公里；百分之百完成了组级公路硬化建设，其中砂石硬化组级公路 38 条 26200 米，水泥硬化组级公路 33 条 25200 米，水泥硬化率 96.2%；完成连户道路硬化 33 条 25200 米，道路连户率达 96.2%；百分之百完成了全村跨渠建桥工程，共硬化挽拱穿路渠道涵闸 51 个，硬化建设顺心桥、连心桥、振兴桥等桥梁 4 处。

村内交通：

1. 村公路有二横一纵共 3 条通村主干道，全长 8400 米，全部水泥硬化。

2. 全村已通农户的公路有 25 纵、8 横、33 条主路，共 1044 户，约 25150 米。

3. 未通农户的公路 980 米，共 23 户，共 8 处。

二、路桥重点工程纪要

1974 年 3 月，利民渠配套建桥工程开工，桥体为青砖拱砌。至 12 月完工，历时 10 个月。建桥总共 12 处，资金投入 10000 余元。11 月，清泥大队按田园化标准开始水利工程施工，建设四渠五路工程，历时 70 天完工，完成总土方 60600 方。1976 年冬，顺兴大队开挖六条直渠和修建六条直路。工程量定额到人，日计划日完成，历时 11 天，工程全部完成。

1977 年 3 月 10 日至 4 月 8 日，清泥大队新修外洲粮棉分界路，形成南粮北棉布局。粮、棉分界路全长 4200 米，总土方 48000 方。

1977 年 3 月，顺兴大队将所有穿路渠道修建挽拱涵闸。

1988 年 7 月，清泥村动工修建环组砂石公路，至 1990 年竣工，全长 6260 米，有 3 横 7 直共 10 条路。顺星村主公路铺盖砂石，全长 3600 米。

1993 年 12 月 30 日，清泥村完成套尾渠配套路桥等工程 23 处。

2002 年 6 月，清泥村一至十三组利民渠公路全长 3600 米改铺砂石路，耗资 25000 元。

2006 年 9 月至 12 月，清泥村利民渠公路硬化 3600 米。

2008 年 5 月 12 日，顺星村全线 3400 米公路全面硬化。

2010 年 2 月，顺心路、顺星一组至清泥利群路之间，1300 公里砂石路硬化工程启动，当年竣工。

2013 年 10 月，清泥村全村公路硬化工程启动，此工程全长 20.85 公里（含 2006

年利民渠公路 3.6 公里），至 2017 竣工。

2020 年 12 月，清泥湾村启动跨渠建桥工程，至 2022 年，全村共新建桥 11 处。其中清泥片区 7 处：抗旱直渠（利民渠）1 处，三、四、五、七、九、十组各 1 处。顺星片区 4 处：顺心桥、连心桥、振兴桥、同心桥，共投资 75 万元。

三、老路

顺星路：原狭南住户门前路窄小，像条幽径，加之牲畜粪便都拉在路上，臭气熏天，为烂泥路，有民谣曰"下雨一团糟，天晴一把刀"。1978 年春，时大队领导决定废除此路，在离住户南约 60 米处，新建一条宽 7 米、长 3100 米的土路，全大队劳力参与，耗时 3 天完成了土建工程。路面宽阔平坦、视线清晰，人们都认为这是条顺民心、得民意的好路。之后，大队干部将此路命名为"顺心路"，后又叫"顺星路"。

顺尖路：约 100 年前，在住户门前台基下的一条小路，不畅通，只有从上直堤到下直堤这一段，长 2 里多。历经几十年，人口增加，住户增多，由下直堤延伸到现在徐凤楼家止。因它的走向可直通"土矶头"（顺心尖），故命名为"顺尖路"。

连心路：1976 年冬修成，原名"兴民路"，在四组邹东铎家西。2016 年 6 月，全国合村并镇，顺星和清泥合为清泥湾村。村两委在团结渠上修了一座花岗岩涵桥，命名为"连心桥"，故"兴民路"改为"连心路"。

振兴路：1976 年冬修成，原名"富民路"，在顺星老年活动中心西。2019 年，村两委在团结渠上修了一座花岗岩涵桥，命名为"振兴桥"，故"富民路"改为"振兴路"。

▲村级公路

顺民路、兴民路、富民路:这三条路都是 1976 年冬动工,顺兴村男女劳力齐上阵,用时 3 天,整个土建工程全部竣工。1977 年春,大队领导从长远规划着想,铺砂石硬化为民办实事,并把这三条路按 8、9、10 队所在地分别命名为"顺民路、兴民路、富民路"。

惠民路、爱民路:1977 年冬动工修建,渠路同时进行,实行整体验收,达到了高标准、高质量。顺心路和团结渠中间(从一组到十组)命名为"惠民路",顺尖路浃到岭屋后命名为"爱民路"(从一组到九组原江洲乡)。

舒家直路:始建于民国之前,原路是清泥村汪合尧家西与长江村黎昌锡家东之间,1974 年因按水利工程规划而开渠修路往西移 50 米,现为徐麦球宅西,舒柏全宅东,直通老垱村至峰口。

政府路:原汪焕秋家东侧,1952 年为清泥乡政府驻地,故称政府路。后曾办长江完小、清泥中学,1972 年因抗旱将二线大堤挖开并建闸,此路废弃。1979 年开渠,原路现为抗旱直渠。

康民路:以汪康民个人之名而建,清泥村四组汪全则(汪康民之孙)家西侧。

金家路:清泥四、五组之间,两组居住金姓村民多,故称金家路,现金永胜宅西侧。

徐家路:清泥七、八组之间,居住的徐姓村民较多而修路,现徐远胜家西侧。

村级土路:中华人民共和国成立前至 20 世纪 70 年代,全村农户均在傍二线大堤南建房而居,屋前有一条连通全村的土路,是当时全村唯一的一条横路。东起大码口,西接舒家直路,全长 2850 米。

八爹直路:民国初期至中华人民共和国成立前,汪八爹(原籍么台,其名不详),是一位斋公,在清泥八组与九组交界处居住而修建此路,故称八爹直路,也有人叫汪家直路。此路南通么台村,北通顺星乌龟洲长江码头,与监利一矶码头隔江相望。现为清泥湾九组朱元红宅东。

大码口:清泥十二组的大码口路始建于 1941 年,当时码口东为么台黎中育号子(耕种的田地),西为姜尚春号子,此路通顺兴龟洲垸,为了方便运输和出行,将二线大堤降低成了大堤上的码口,故称大码口。防汛时恢复大堤高度。现为清泥湾十二组徐建华家东侧。

第六章 文化 教育 卫生

第一节　文体艺术

清泥村文体艺术，既继承了湖湘文化传统，又深受荆楚文化影响，也融入了现代文化因素，形成了自己的特色。

一、民间艺术

1. 民间舞蹈

清泥湾村的民间舞蹈种类繁多，如"花鼓舞""龙舞""狮舞"等，这些舞蹈具有浓郁的地方特色，展现村民们的热情与活力。

2. 民间音乐

清泥湾村的民间音乐以山歌、小调为主，旋律优美，歌词朴实，反映村民的生活情感和对美好生活的向往。因临近湖北监利，在地域文化上深受其影响，小调大多与监利相同，如《十月子飘》《小女婿》之类。山歌（本地称谣歌）则是当地几百年历史文化的结晶，反映了劳动人民的生活和智慧。

3. 民间刺绣

清泥湾刺绣工艺精湛，色彩鲜艳，图案丰富，具有很高的艺术价值和实用价值。清泥湾刺绣一般自用，主要用于衣物、鞋面、鞋垫、门帘、墙挂等方面。年轻一代的女性大多出门工作，刺绣手艺传统难以为继。

▲2016年6月15日，清泥湾村邀请县文化馆老师来村进行广场舞培训

二、民间文化

1. 清泥湾文化艺术节

先后举办过三次清泥湾文化艺术节，成为展示清泥湾文化艺术的重要平台。

2. 民间艺术表演

在节日、庆典等场合，清泥湾村会组织民间艺术表演，传承和弘扬民间艺术。

3. 文化培训

清泥湾村多次邀请县文化局、县文化馆、县艺术团老师来村举办各类文化艺术培训，提高村民的文化素养，培养新一代民间艺术人才。

三、民间武术

1. 武术流派有长拳、小洪拳、猴拳、硬气功等。

代表人物有黎述年、谢汉青、汪家齐、邹世卿等。

2. 流传至清泥湾村的武术

监利邓家铁牛磨杠、硬气功、河南马家拳等。

全村家传和流传习武者，共计 60 多人。

3. 武术器械主要有刀、枪、剑、飞镖、棍、凳等。

四、传统体育项目

抵杠、摔跤、玩草把子龙、掰手腕等。

五、传统游戏项目

抢羊儿、捉迷藏、玩水、踢洋房子、打陀螺、踢毽子、翻叉、推铁环、打波、跳绳等。

▲文艺晚会

六、文体爱好者

清泥湾村在乐器、书法、美术、象棋上有爱好且有一定造诣的人：

乐器　黄正清、黄正华、黎述年、汪全哲、徐树春、秦裕全、徐树发、姜昌友、姜昌荣、姜昌浩、柴友斌、谢春华、黎南坤、杨鳞轩、黎咸章、刘继扬、刘锦池、金永松、金永克

姜昌友，男，1954年10月出生，顺星九组人，本科学历，中学高级音乐教师。曾任华容一中艺术教研组组长，在兼任中国青少年科技创造发明协会科技辅导员，其所辅导的学生作品（音乐器材类）多次获国家、省、市级金奖、银奖和铜奖。

书法　赵金润、姜昌友、邹东祥、黎南坤、黎亚雄、黄正清、徐树友

黎亚雄，男，1967年10月出生，顺星十一组人，曾任组长7年。少年时即爱好书法，特别喜爱王羲之、米芾等书法大师作品，用功临帖20余年，初步形成了清新劲秀的艺术风格。现为中球联合国际认证（北京）有限公司管理体系国家注册审核员。

美术　姜昌友、姜昌荣、余志桃、徐侯以

象棋　刘继扬、刘月成、李国和、任理霞、谢先干、黎治民、徐官保、龚庭楚、徐迎宾、徐远红、黎南坤、黎排成、蒋建强

篮球、乒乓球　金永善、刘新怀、刘述良、金永松、金永胜、黄正清、胡祥生、彭成建、蒋建强

▲赵金润书法

▲黎亚雄书法

七、文艺大事纪要

1968 年 11 月，清泥、顺兴分别组建文艺宣传队，服务于社会和广大社员。组织编排节目，宣传党的路线、方针、政策。每逢重大节日在大队演出，并参加公社、县汇演，到各大队巡演。文艺宣传队员下队辅导、学语录、唱红歌、跳忠字舞。

1976 年 12 月，清泥大队成立电影队，修建露天电影场，每月放映一场，考取大中专院校的学生和老人去世均送电影一场。

1976 年春节，开展篮球、排球赛。篮球队曾参加公社、县"丰收杯"比赛，并获得名次。

1995 年，清泥村组建舞龙队、舞狮队、腰鼓队。每逢春节和红白喜事，活跃农村阵地。

2015 年，建立清泥村文化活动中心，修建了健身广场，购置各种健身器材，设立了棋牌室、图书阅览室、老年人活动室。

2022 年 6 月，将原顺星小学改建为清泥湾村老年人活动中心，具有五室一场，即棋牌室、办公室、医疗室、顺星党支部活动室、图书阅览室、健身广场。

清泥湾村体育运动成绩比较突出的有金永善，他在 1989 年参加岳阳市篮球联赛，获得集体冠军。他的田径百米短跑达到了 11.1 秒的优异成绩。

▲大鼓舞

第二节　教育科研

从清朝到民国，本地教育处于全县中等水准。

清朝，就华容地方来讲，有县学（在华容县城），乡村有社学、义学和私塾，而清泥湾只有私塾。

晚清，清泥、顺星，每村都有两所以上私塾（每所几人、十几人不等），均为塾师私人自设，或在自家，或借屋授课。当时，入学的孩子不多，大多学生认识一点常用字就辍学了，仅极少数人考上秀才后，到府学、县学继续学习，参加科举考试。以居住在清泥湾的本地大姓徐氏为例分析即可得到印证：从嘉庆元年（1796）到光绪三十年（1904）近110年间，仅有邑庠生（县学秀才）1人（徐人凤，谱名其习，字云阶，光绪年间秀才，曾任华容县议长）。

清末的教育改革没有波及本地，即使在民国期间，县城及部分乡镇开办新式小学，而本地仍无，私塾依然为青少年读书受教育的唯一场所。徐立（有传），开始在本地读私塾，1940年去塔市驿读小学五年级。

因时代久远，亦少资料，仅略记几位民国（含延续到1949年后）塾师：

赵金润（1880—1966），男，出生于塔市驿赵家十屋场（今东山镇桂竹村），光绪三十四年（1908）迁居清泥八组。善吟诗作对，擅长书法，通晓阴阳风水，著有《阴阳风水论》（已失传）。终其一生以教私塾为业，治学严谨，名垂桑梓。

李友杜（1883—1970），常用名李亚白，清泥村人。人称白胡子老人，循循善诱，施教终身。晚年与其子李远明同塾授徒，直至1953年，最后塾馆在李家门李神保家中。1931年曾掩护过革命烈士。

金声震（1896—1954），清泥村人。有传。

徐泽君（1909—1962），清泥村人。为人正直，施教至20世纪60年代初，最后塾馆在舒家直路舒中宝宅。

刘文清（1919—1983），长江村人。1949年前在长江村教私塾，20世纪50年代中期在清泥教私塾，1959—1960年在长江完小任教，1961年在顺兴教学点教书，1964年在顺兴教私塾，此后在长江村教耕读小学，直到1970年。

李远明（1918—1961），清泥村人，李友杜之子，人称五先生，1949年前后和父亲一起教私塾。

谢幼臣（1916—1983），谱名从春，顺兴村人。1949年前后在家中施教。

徐登榜（1921—1979），顺星村人。1949年前后分别在顺兴、清泥施教。

他们均为本地熟读"五经四书"和中国历代诗文的文化人。

中华人民共和国建立后，政府采取各种措施，如引导私塾老师自我改造，允许私塾暂时存在，进而办扫盲夜校、教学点、半工半读的耕读学校、民办小学，20 世纪 60 年代后村办小学，70 年代村办初中，80 年代普及义务教育，清泥湾村的基础教育一步步走上了健康发展的快车道。下面一组数字即可说明（文盲率为文盲与十五岁以上人口之比率；其他为与总人口之比率）：

1949 年，清泥、顺兴总人口 1350 人（15 周岁以上人口 930 人，其中文盲 845 人，占比 91%），初中 4 人，占比 0.3%；大专以上 1 人，占比 0.07%。

1958 年，清泥、顺兴总人口 1788 人（15 周岁以上 1216 人，其中文盲 1058 人，占比 87%），初中 53 人，占比 3%；高中 25 人，占比 1.4%；大专以上学历 2 人，占比 0.1%。

1978 年，清泥、顺兴总人口 2650 人（15 周岁以上 1616 人，文盲 518 人，占比 32%），初中 238 人，占比 9%；高中 66 人，占比 2.5%；大专以上学历 15 人，占比 0.6%。

2023 年，清泥湾村总人口 3592 人（15 周岁以上 3157 人，其中文盲 238 人，占比 7.5%），初中 1293 人，占比 36%；高中 862 人，占比 24%；大专以上学历 382 人，占比 11%。

因清朝、民国有关资料缺乏，本节内容主要记载本村自 1949 年以来的教育情况。

一、学校建设

20 世纪 50 年代，清泥、顺兴二地政府办学点和私塾并存，20 世纪 60 年代中期，私塾走入了历史。从 1950 年到 1970 年这段时间内，因条件所限，私塾与教学点均借民宅办学。

1971 年 9 月，顺兴大队学校竣工，地址在顺兴六组。校舍为砖木结构"U"字形平房，有教室 6 间，住房 2 间，还有办公室、厨房、厕所等配套用房。

1974 年秋季，清泥小学竣工，为砖木结构平房，5 个年级同时开学。在清泥中学读书的中高年级学生全部回清泥小学就读。

1977 年 5 月，顺兴大队因学生增加，在大队主路南新修学校，2 栋 8 个教室。

1983 年 8 月 18 日，清泥小学教学楼工程动工，次年 8 月 28 日竣工。教学楼为砖混结构二层，820 平方米，8 个教室，16 间教师住房；学前班用房 9 间 210 平方米。大楼附属建筑有仓库、厨房、会议室、办公室、厕所、院墙等配套设施，总投资 11 万元。校址在现清泥六组。

1984 年 3 月，顺星学校教学楼动工，砖混结构，建有 6 个教室，1 间办公室，教师住房 10 间，占地面积约 500 平方米，总耗资 50000 多元，年底全面竣工。

1993 年，清泥学校被评为"省标一级学校"，时任校长李泉新获华容县教育局"学校工作管理行家奖"。

2002 年下学期，清泥小学（含幼教班）合并到长江小学。

2004 年下学期，顺星小学（含幼教班）合并到长江小学。

▲清泥小学旧址

二、各阶段教育

本村公立学校始业时间与学制一直遵守上级教育主管部门安排：

1969 年前，秋季始业，学制小学 6 年，初中 3 年，高中 3 年。

1969 年，由秋季始业改为春季始业，学制小学 5 年，初中 2 年，高中 2 年。

1974 年，改春季始业为秋季始业。

1978 年，学制小学 6 年，初中 3 年，高中 2 年；1982 年，初中、高中均为 3 年。

1. 私塾教育

主要进行识字教育，课本为《三字经》《四言杂字》《百家姓》《千字文》《增广贤文》《幼学琼林》等传统启蒙读物。

（1）清泥私塾（1950—1965）

塾师：刘文清、李友杜、李远明、金声震、赵金润、徐伏喜、徐泽贵、徐泽君、徐登榜、徐树友等。

塾址：徐树群、汪香远、汪全强、李神保、汪文、金支洲、舒中保等家宅。

（2）顺兴私塾（1950—1965）

塾师：刘文清、徐登榜、谢幼臣等。

塾址：谢幼臣等家宅。

2. 学前教育

1958 年，长江大队超英党支部（现清泥三组）借用社员金汉清、汪双林住宅，办"东山公社长江幼儿园"，入园儿童 124 人，园长汪宝珍（女），工作人员陈金娥（女）等 5 人。1960 年，该幼儿园被评为"全国先进幼儿园"，受到全国妇联、共青团中央的嘉奖。1961 年长江幼儿园停办。

1976—1977 年，农村小孩出生进入高峰期，清泥、顺兴两大队小学都没有学前班。为解决因劳力（特别是育龄妇女）参加集体生产劳动而幼儿无人照管的难题，清泥、顺兴大队分别召开社员代表大会决定，各生产队组办托儿所与学前教育相结合的"幼红班"（幼教班）。幼师由社员大会讨论推荐，报大队审批，享受本队同等劳力工分报酬。

幼教班班址为各生产队学习室。清泥、顺兴大队各 10 个生产队，共 20 个生产队办 20 所幼教班，幼师均为本队女社员。学习内容为唱歌、跳舞、游戏活动、安全教育、识字和简单的加减法等。

1978 年春，随着教育的全面普及和体制完善，生产队幼教班停办，清泥小学、顺兴小学都增办学前班，4—5 岁儿童入学就读。

（1）清泥历任幼师：汪宝珍（女）、汪亚琴（女）、汪红霞（女）、陈金娥（女）、吴银桃（女）等。

（2）顺星历任幼师：吴远霞（女）、邹红桥（女）、汪红霞（女）、李敏（女）、金群英（女）、徐成武、简凤珍（女）、黎杏梅（女）等。

3. 小学教育

1949—1968 年，清泥、顺兴的小学教育主要有两种：一是私塾，每村一到两所，由老教书先生施教，教材为《三字经》《百家姓》《增广贤文》之类的传统启蒙读物。二是小学教育。每村有两个或三个教学点，一般是一至三年级，由政府派遣教师施教，属公立学校性质。因师资缺乏，均采取复式班教学。到了四年级，学生就转学到塔市完小就读。

1958 年下半年，新成立的东山人民公社长江大队（属区包括现在的么台、老垱、清泥、顺兴、长江、万家垸、塔市村大部即原芝湖队）在老垱王家排成立长江完全小学（以下简称"长江完小"）。次年下期，长江完小转到清泥（现在清泥二组），校舍为汪焕秋原宅。

与此同时，二地仍有教学点（已无公办教师执教），此种情况一直持续到 1968 年。因为上学就近方便，到长江完小就读的学生，清泥较顺兴的为多。

1964 年，大队教学点更名为耕读小学（非完全小学），执教者均为民办教师。此时，私塾因学生愈来愈少，到 1965 年，终于走出了历史。耕读小学持续到 1969 年小学完全下放到大队办，分别更名为"清泥小学""顺兴小学"（亦称民办小学，教师全部或

绝大部分为本生产大队社员），办起了完全小学。这时，结束了教学点（含耕读小学）与长江完小（1969 年初撤校）同时办小学的局面。

（1）清泥

①教学点（1952—1968)

国家（或地方）先后派遣赵贤、叶怀庭、李优民、蓝田玉、毛老师（名不详）、徐树友、鄢明阶等教师，到清泥教学点办学，均为复式班。

校址借用徐树义、金支洲、徐国清等家宅。

②清泥小学，1969—2002 年

1969 年春，长江完小改为清泥中学，清泥小学学生仍在清泥中学（长江完小原址）就读。

1969—1973 年，一、二年级学生或利用大队公房，或借用民居分散教学。三、四、五年级仍在清泥中学就读。学生 325 人左右。

1974—1985 年，每期班额为 7 个，学额最多时为 431 人，最少时为 375 人。

1976—1981 年，加办初中班。

1986—1994 年，每期班额为 9 个，学额最多时为 486 人，最少时为 472 人。

1995—2002 年，每期班额为 5 个，学额最多时为 252 人，最少时为 198 人。

2002 年，学校合并到长江小学。

历任校长:余志桃、徐树友、易大全、吴年堂、徐群艳、李勤业、黄正清、李泉新、欧超良。

历任老师:丁桂英（女）、王年珍（女）、毛老师、乐鸣凤（女）、石海兵、叶怀庭、冯锦屏、孙宏亮、江锡海、刘满意（女）、刘迪辉、刘楚新、阳进波、朱川保、朱志平（女）、朱银保、李优民（女）、李泉井、李勤业、李泉新、李长太、李明祥、吴年堂、吴应喜（女）、汪涵、汪必进、陈红义、肖汉奇、肖丽霞（女）、杨淑桃（女）、杨雪松、范书珍、易爱琼、金昌明、金支汉（女）、易大全、欧超良、胡红兰（女）、胡红梅、赵贤、赵金玉、赵爱国、徐树发、徐树友、徐海泉、徐树汉、徐群艳（女）、徐远锦、徐青莲（女）、徐勋娥（女）、徐寒平、徐远红、贾华山、袁兰清（女）、秦翠华（女）、黄正清、龚佩菊（女）、舒周和、傅艳（女）、彭远华、蓝田玉、鄢明阶、谭佳平、谭小红（女）、黎小平（女）、黎述炎、黎中文、黎三英（女）、黎执屺、黎文龙、薛为宏等。

（2）顺星

①教学点（1952—1968）

1952—1963 年，国家（或地方）先后派遣许楚兴、叶怀庭、刘文清、谢幼臣、徐国炳等公、民办教师到顺兴教学点办学，均为复式班。校址借用汪双金、徐政勋、徐树海等家宅。

1958 年下期，公立小学学生在老垱王家排的长汇完小就读。1959 年下期，学生

▲20 世纪 60 年代的顺星小学

又随学校转到清泥新址。其间，顺兴仍有教学点。

1964 年，兰慧君开始办耕读小学，先后教师有徐国炳、徐步勋、刘全忠、赵锦文、黎咸烈、双康、魏恒哉、汪双炎、邹东焕等。

1957 年下期至 1968 年，顺兴有部分学生在长江完小就读。

②顺星小学（1969—2004）

1969 年大队正式办小学，120 名学生，教师 10 人，五个年级，分班教学。

1976—1981 年，加办初中班。

1981 年上学期，教师 18 人，学生 411 人。其中一年级 2 个班，其他年级均为 1 个班。

1982 年，学生 343 人。

1983—2003 年，学生人数从 397 人减至 105 人，年级由 6 个减为 4 个，教师从 12 人减为 6 人。

2004 年合并到长江小学。

历任校长：姜昌荣、姜尚连、徐金海、赵锦文、黎南坤、谢春华、徐树海、柴友斌。

历任教师：丁慧明（女）、王桂平（女）、双康、双武兰（女）、许先楚、兰慧君（女）、孙德健、孙贤林、刘雪兰（女）、刘继扬、刘满意、（女）、刘景云（女）、刘军、刘全忠、邹芝莲（女）、邹东祥、邹东焕、邹美芝（女）、汪民生、汪建成、汪成、汪双炎、李长太、李明祥、李金球、杨翠荣（女）、张冶之、吴远霞、易娥秀（女）、易中文、金木生、金四梅、季方、罗梅秀（女）、周梦姜、周丽君（女）、姜昌荣、姜昌友、姜尚连、赵锦文、胡先梅（女）、徐国炳、徐步勋、徐树海、徐侯以、徐金海、徐宝林、徐寒平、

徐丽君（女）、徐培香（女）、徐成武、徐忠娥（女）、聂怀庭、柴友斌、高丽红（女）、龚本庆、黄启洪、谢育成、谢春华、谢娥香（女）、谢守全、彭成林、曾新民、董道容、简凤珍（女）、谭佳平、黎明、黎南坤、黎国太、黎咸烈、黎咸立、黎三英（女）、魏恒哉等。

4. 初中教育

（1）清泥小学初中部

1976 年下期，开始办初中，招一年级新生 1 个班，成为戴帽小学。以后逐年招生，每年级 1 个班。1980 年下学期初一、初二学生转清泥中学（次年改名江洲中学）。1982 年下学期，初中班停办。

（2）顺兴小学初中部

1976 年下期，开始办初中，成为戴帽小学，招一年级新生 1 个班。以后逐年招生，每年级 1 个班。1981 年上学期，初二学生转清泥中学。1982 年下学期，初中班停办。

▲顺星小学首届初中毕业班师生合影（摄于 1978 年）

附：属地公办学校

1. 长江完全小学（简称"长江完小"）

长江完小是公社下属的公办学校，校址在清泥大队二组（原清泥乡政府驻地）。该校 1958 年下半年创办，校址在老垱王家排，1959 年下半年转现址，1969 年撤销。招生范围为清泥、顺兴、长江、么台、老垱五个生产大队（后两个大队为高年级）的学生。1968 年毕业班没有升入初中，下期全部留校读小学"七年级"。因在学校原址新修学校，借金家门金支洲家上课，其他班级均借学于附近农户。

历任校长：徐筱亚、彭铭钦、李丽芬、赵鉴宝。

历任教导主任：瞿子清、肖作庭、兰田玉等。

历任教师：邓绍勋、兰慧君（女）、兰田玉、包碧林、刘文清、叶怀庭、李丽芬、李优民（女）、邹芝莲（女）、汪双波、杨宗杰、张斌和、张丽芬（女）、张驭波、肖作庭、金焕成、赵鉴宝、胡祖元、秦国光、徐筱亚、徐树义、梁家国、彭铭钦、瞿子清、魏丽霞（女）、魏新华（女）、魏亚仙（女）等。

2. 清泥中学（初中）

1969 年 2 月，塔市公社在长江完小原址建成新学校，始办初中，一、二年级各一个，原 1966 届、1967 届小学毕业生为二年级（学生大多曾在华容三中、塔市农中上过学），1968 届小学毕业生为一年级。

1976 年下期，生产大队办初中班，清泥中学初中班次年遂撤。

1969—1974 年，因校舍问题，清泥大队小学三、四、五年级仍在清泥中学就读。

历任校长：阳希泉、赵铭、金应桃。

历任教导主任：许涛君、陈习书、方炳炎、李云先。

历任教师：方炳炎、兰田玉、包克兰（女）、朱元星、阳希泉、刘友田、许涛君（女）、李云先、李君（女）、李宜君（女）、张文白（女）、张素菊（女）、张斌和、陈习书、陈文辉、陈绍全、陈其道、肖志平、罗先知、汪双波、胡祖元、胡厚英（女）、邹芝莲（女）、易三祥、金应桃、赵铭、徐树义、徐树德、钱赛玲（女）、黄克敏（女）、鲁国平（女）、缪文海、黎大献、蔡光森、蔡光寅、舒碧凡等。

1969—1974 年，清泥大队三至五年级学生在清泥中学上课，任教的清泥大队民办教师见前清泥小学历任教师名录。

3. 清泥中学（高中）

1976 年下学期，塔市公社在清泥中学（初中）原址办高中，招生 1 个班，次年招生 2 个班。生源地为清泥、顺兴、长江、老垱、平顶、么台及蚕桑基地。只办了 2 届，于 1979 年 8 月撤点。

校长：胡胜元。

教导主任：赵钦若。

历任教师：李君（女）、李华锋、汪福保（汪群）、赵钦若、周志生、胡胜元、胡祖元、段心介、秦国光、徐启华、曾新民、魏恒哉等。

4. 江洲中学

1980年下学期，在清泥中学原址办初中（初二、初三班各2个），1981年上学期改名"江洲中学"。生源地为清泥、顺兴、长江、老垱、么台。

1982年秋，一年级新生和二年级学生到江洲墟场新校区上课，三年级仍在旧校区。

1983年上期学生毕业后，旧校舍拆除。

历任校长：徐勋年、徐树德。

教务主任：徐树义。

历任教师：丁明泰、邓志健、李泉新、李远芳、陈杏兰（女）、邹宗发、何汉波、汪双梅、汪国祥、汪双轮、易新民、胡书煌、徐树德、徐树义、徐勋炎、徐钜海、徐步勋、徐启华、柴春球、柴友祥、秦国光、舒宗瑞、谢守全、蓝品球等。

三、助学奖学

1. 清泥村

1979—1984年，考取大学、专科的学生，奖励200元，送一场电影。

1984年下期，龚庭楚捐赠村校篮球架、排球架、大铁门各一副，价值10000余元。

1985—1997年，考取大学的学生，奖励200元，中专生100元。特困家庭读小学的子女学费全免，读初中的子女学费由村里与学校协商免交。受益学生较多，如李佳义、李敏志、金明、罗乐心、黎排成等。

2. 顺星村

1992—1998年，考取中专和大学的学生，每人奖励200元，并在隔河的监利县电视台（顺星可以收看）点歌祝福。

3. 清泥湾村

2021年3月12日，成立清泥湾村帮困奖学理事会。共收到捐款61100元，其中，直捐43500元，认捐22万元。当年实收认捐金额17600元。当年奖励大学新生8人共11000元。（认捐是按认捐金额8%的比例逐年进行捐款。认捐比例下同。）

2022年奖励大学新生14人共19000元。

2022年9月10日，爱心人士匿名捐资24.31万元，为本地就读的清泥湾村中小学生捐赠生活费，长江小学110人、江洲中学84人受益。

2023年5月11日，爱心人士匿名捐资26.90万元，解决在本地就读的中、小学生2023年上学期生活费。长江小学110人、江洲中学86人受益。

2023 年 8 月奖励大学新生 18 人，奖金 29500 元。

2023 年帮困奖学基金新增认捐 90 万，累计直捐 66900 元，认捐金额 144.5 万元。2024 年上学期捐赠 21.68 万元。

四、清泥湾村籍教师职称名录

（一）大中专院校教师

1. 博士生导师：刘述梅（女）、徐平、徐忠爱。

2. 教授：喻更生、黎文龙、黎电红、黎娣君（女）、黎毅、徐昌富。

3. 副教授：金永松、赵显民。

（二）中小学教师

1. 中教高级：兰依（女）、朱芳（女）、孙传宝（女）、李霞（女）、李青春、李慕蓉（女）、汪敖、陈芬（女）、邹双莉（女）、杨志军、吴红霞（女）、金应国、金应萍（女）、姜昌友、姜昌伟、姜昌荣、徐红霞（女）、徐树义、徐树德、徐勋年、徐淑君（女）、黄谷子、谢先红、谭善耕。

2. 中教一级：刘继红、李泉井、李长太、李明祥、吴世诚、吴元芳（女）、郑奇生、汪益梅（女）、姜昌华、徐步勋、徐霞（女）、徐迎宾、黄仕豪、曾新民。

3. 小教高级：刘满意（女）、刘雪兰（女）、刘腾云（女）、孙宏亮、孙传林、李泉新、吴年堂、吴慧芳（女）、欧超良、徐中艳（女）、徐树海、徐勋娥（女）、徐美意（女）、徐清莲（女）、徐群艳（女）、柴友斌、黎三英（女）、黎红芳（女）、黎南坤。

▲奖学公示牌

五、历年考入大中专院校学生名录

清泥片历年考入大中专院校学生名录

组别	姓名	性别	政治面貌	学历	校 名	入学时间	工作所在地
4	肖汉奇	男		本科	湖南师范学院	1978年9月	长沙市
1	徐孝德	男		本科	华中工学院	1979年9月	上海市
4	金永松	男		专科	武汉体育学校	1980年9月	荆州市
6	谭 俊	男	党员	本科	中南矿冶学院	1980年9月	珠海市
2	徐勋涛	男	党员	本科	石家庄高级陆军学校	1980年9月	武汉市
5	金永善	男	党员	中专	石首体育学校	1981年9月	荆州市
4	黎仁桃	男		本科	湘潭大学	1984年9月	深圳市
1	徐兰丁	女	党员	专科	湖北省邮电学校	1984年9月	长沙市
2	徐红霞	女		本科	岳阳师范学院	1987年9月	华容职业中专
8	谭善耕	男	党员	专科	岳阳师范专科学校	1987年9月	华容县教育局
1	兰品正	男		专科	湖北省城市信用学院	1988年9月	湖北国创工程有限公司
7	汪 勤	女		本科	湘南医学院	1990年9月	南京市
1	余春生	男		专科	岳阳师范专科学校	1990年9月	岳阳市
5	喻更生	男		本科	湘潭大学	1991年9月	湘潭大学
8	吴红霞	女		本科	湖南师范大学	1991年9月	华容县教育局
2	徐敬明	男		本科	北京科技大学	1992年9月	南京市乾坤公司
9	朱霞芳	女		本科	湖南农业大学	1992年9月	
2	朱桃仙	女		本科	武汉工业大学	1993年9月	广州市
7	吴慧芳	女		本科	岳阳大学	1993年9月	华容实验小学
9	徐卫华	男		专科	湖南林业专科学校	1993年9月	华容县林业局
10	徐远敬	男		本科	湖南商学院	1993年9月	长沙棉花总公司
5	陈 芬	女		专科	江汉石油大学	1994年9月	湖南科技大学
1	李瀛君	女		本科	湖南大学	1995年9月	北京西政区广安门外
1	黎迪昂	男		本科	河南工业大学	1995年9月	湖北荆州粮库
2	朱正斌	男		专科	岳阳大学	1996年9月	武汉市汉正街
3	金 勇	男		专科	湖南税务高等专科学校	1996年9月	岳阳县税务局
5	孙传林	男		专科	岳阳广播电视大学	1996年9月	塔市中学
7	吴元芳	女		本科	湖北师范学院	1996年9月	华容县三封中学
9	丁剑飞	男		本科	郑州大学	1996年9月	厦门市
11	徐昌富	男		本科	辽宁钢铁学院	1996年9月	湘潭大学
4	程 平	男		本科	湖南理工学院	1997年9月	浙江杭州华为分公司
8	黎执念	男		本科	浙江大学	1997年9月	深圳市
1	兰 依	女		专科	怀化学院	1998年9月	岳阳市云梦中学
1	兰 佳	男		专科	岳阳师范专科学校	1998年9月	
4	秦 飞	男		本科	江苏大学	1998年9月	江苏常州
11	徐迎宾	男	党员	本科	郴州农校	1998年9月	华容工业园

（续表）

组别	姓名	性别	政治面貌	学历	校　名	入学时间	工作所在地
5	孙传宝	女		专科	岳阳广播电视大学	1999年9月	岳阳市
7	吴烁	男	党员	专科	长沙计算机专科学校	1999年9月	深圳市
8	朱国权	男		本科	湖南商学院	1999年9月	株洲市
11	黎排成	男		本科	湖南大学	1999年9月	深圳华为总公司
8	刘蓉	女		本科	湖南大学	2000年9月	
4	黎祥	男		专科	湖南城市学院	2001年9月	重庆市
5	徐敬	男		本科	北京印刷学院	2001年9月	东莞市
7	徐琼	女		专科	长沙卫校	2001年9月	长沙市
12	汪亚东	男	党员	本科	辽宁工程大学	2001年9月	深圳市
1	胡龙建	男		本科	南华大学	2002年9月	四川宜宾812工厂
1	徐鹏飞	男	党员	本科	重庆工业大学	2002年9月	珠海海洋三一重工
2	朱志文	男		本科	湖南中医学院	2002年9月	长沙市
7	刘子妍	女		本科	南华大学	2002年9月	
1	朱又平	男		本科	华北电力大学	2003年9月	华润电力公司
3	彭芬	女		本科	湖南师范大学	2003年9月	长沙市
4	黎述亮	男		专科	华中科技大学	2003年9月	武汉市
7	欧阳顺	男		本科	湖北理工学院	2003年9月	长沙市
7	欧阳莹	女	党员	本科	湖北师范学院	2003年9月	深圳市
8	陈小明	男		专科	长沙计算机专科学校	2003年9月	深圳联想公司
10	邓威	男	党员	本科	湖南师范大学	2003年9月	北京市康龙化成有限公司
1	李霞	女		本科	湖南师范大学	2004年9月	永州市第八中学
1	朱秋平	女		专科	湖南工业职业学院	2004年9月	长沙长揽科技
8	刘汉	男	党员	本科	湖南工学院	2004年9月	
12	汪瑞良	男		本科	西安理工大学	2004年9月	中国铁建长沙分公司
12	刘新	男		本科	湖南理工学院	2004年9月	广东
3	彭胡	男		本科	湖南理工学院	2005年9月	长沙市
9	朱敏	男		本科	中南林业科技大学	2005年9月	长沙城发集团
9	丁辉	男		本科	云南财经学院	2005年9月	东莞市
2	黄艳	女		专科	长沙卫校	2006年9月	岳阳市
5	金力	男		本科	武汉理工大学	2006年9月	长沙联通总公司
6	徐翠	女		本科	湖南师范大学	2006年9月	岳阳市
8	刘燕	女		本科	湖南医学院	2006年9月	
9	丁维	女		本科	湖南理工学院	2006年9月	广州市
9	丁三红	男		本科	湖南农业机械化学校	2006年9月	厦门市
10	徐锐	男		本科	湖南商学院	2006年9月	深圳市
1	胡丹	女		本科	湖南科技大学	2007年9月	海南省海口市税务局
3	汪翔	男		本科	湘潭大学	2007年9月	湖南工业大学
3	彭虎	男		专科	湖南理工学院	2007年9月	长沙市

（续表）

组别	姓名	性别	政治面貌	学历	校 名	入学时间	工作所在地
7	徐 敬	男		本科	长沙理工大学	2007年9月	长沙市
8	徐 颂	女	党员	本科	安徽芜湖工程大学	2007年9月	合肥联想公司
8	杨 勋	男		本科	天津工业大学	2007年9月	长沙市
9	朱 芳	女		本科	湘潭大学	2007年9月	长沙雅礼实验中学
1	汪双慧	女		专科	怀化学院	2008年9月	东莞松山湖
2	李飞亚	女		本科	武汉师范大学	2008年9月	北京市
3	汪 昭	男		本科	厦门大学	2008年9月	
9	丁 平	男		本科	西安创新学院	2008年9月	广东省
10	郑奇生	女		本科	湖南文理学院	2008年9月	常德市
11	黎 田	女		本科	南华大学	2008年9月	天时力医药集团
10	黎琴雷	女		本科	中南林业科技大学	2008年9月	吉林长春
7	汪 雷	男	党员	本科	南京航空航天大学	2009年9月	上海市
1	兰 天	男		本科	大连海事大学	2009年9月	长沙雨花区
1	兰 欢	女		专科	湖南铁道职业技术学院	2009年9月	广深集团股份有限公司
5	金 燕	女		专科	四川联合大学	2009年9月	四川成都
7	杨 重	男	党员	本科	湖南工业大学	2009年9月	株洲三一重工
8	徐 书	男		本科	中国矿业大学	2009年9月	广州市
8	刘 伍	男	党员	本科	湖南工学院	2009年9月	
9	朱思尧	男		本科	湖南工业大学	2009年9月	广州市
2	刘 欢	男		本科	湖南科技大学	2009年9月	广州朗圣药业公司
13	邓 园	女		本科	重庆科技学院	2009年9月	广州顺丰快递公司
13	韩顺意	男		本科	哈尔滨机电学院	2009年9月	南京市
13	刘 飞	男		本科	湖南工业大学	2009年9月	深圳市
2	李越洋	男		本科	国防科技大学	2010年9月	北京市
3	徐 职	女		本科	西班牙马拉加大学	2010年9月	长沙市
13	邓 芳	女		本科	河南商学院	2010年9月	广州市
9	丁 曼	女		本科	湖南中医药大学	2011年9月	湘雅二医院
1	汪希爽	女		专科	吉林化工学院	2012年9月	深圳市
2	李梦燕	女		专科	长沙卫生职业学院	2012年9月	益阳市沅江中医院
8	徐 帅	男		本科	长沙涉外经济学院	2012年9月	深圳市
10	汪 威	女		本科	湖南文理学院	2012年9月	深圳市
12	汪 博	男		本科	河北工程大学	2012年9月	湖北中铁十一局
2	李 行	男		本科	湖南第一师范学院	2013年9月	长沙市
3	金 巧	女		本科	湖南理工学院	2013年9月	岳阳县
6	徐勋乐	男		本科	湖南工业大学	2013年9月	岳阳惠华城投集团
6	徐梦然	男		专科	湖南铁道职业技术学院	2013年9月	岳阳市
11	黎润喆	女		专科	广东工商管理学院	2013年9月	广东省

（续表）

组别	姓名	性别	政治面貌	学历	校　名	入学时间	工作所在地
3	黎　佳	女		本科	湖南商学院	2014 年 9 月	长沙市
1	黎　瑾	女		本科	湘潭大学	2015 年 9 月	上海市工商银行
3	汪　璞	男		本科	湘潭大学	2015 年 9 月	湘潭大学
5	陈　焱	男		本科	湖南科技大学	2015 年 9 月	深圳市
8	刘　云	男		本科	湖南工程学院	2015 年 9 月	
10	李　佳	女	党员	本科	湖南理工学院	2015 年 9 月	广州市
10	黎际智	男		本科	长沙涉外经济学院	2015 年 9 月	广州市
10	汪　星	男	党员	本科	东北石油大学	2015 年 9 月	深圳市
11	黎沁园	女		专科	衡阳物流管理职业学院	2015 年 9 月	广州市物流公司
2	朱海梦	女		专科	湖南涉外经济学院	2016 年 9 月	深圳市
11	汪　凡	男		本科	吉首大学	2016 年 9 月	国家电网岳阳公司
11	黎非扬	男		本科	湖南工商大学	2016 年 9 月	长沙市
12	汪　蕾	女		本科	湘南大学	2016 年 9 月	中国铁建长沙分公司
1	兰　州	女		本科	河南交通大学	2017 年 9 月	广州东莞医院
5	徐　湘	男		本科	湘潭大学	2017 年 9 月	海南省
7	汪佳宜	女		专科	湖南电子科技职业学院	2017 年 9 月	上海市
10	徐畅达	男		本科	长沙理工大学	2017 年 9 月	北京市
1	胡　喆	男		本科	湖南第一师范学院	2018 年 9 月	
2	李　莹	女		本科	德州学院	2018 年 9 月	华容城关
3	金丹妮	女		本科	中南林业科技大学	2018 年 9 月	
3	金雨蝶	女		本科	辽宁中医药大学	2018 年 9 月	岳阳市三医院
1	兰　王	男		专科	湖南交通工程学院	2019 年 9 月	深圳光明区
1	余　菲	女		专科	娄底潇湘职业学院	2019 年 9 月	长沙市
2	李丝露	女		本科	湖南师范大学	2019 年 9 月	
3	徐天乐	男		本科	华北理工大学	2019 年 9 月	长沙市
6	王柯杰	男		专科	湖南铁道职业技术学院	2019 年 9 月	福建省
7	喻联举	男		专科	岳阳职业技术学院	2019 年 9 月	岳阳市
9	丁祉依	女	党员	本科	江西科技师范大学	2019 年 9 月	
13	刘　洋	女		本科	重庆大学	2019 年 9 月	
2	朱硕鹏	男		本科	湖南信息学院	2020 年 9 月	
5	余淑何	女		本科	湖南科技大学	2020 年 9 月	
9	丁宸宇	男		专科	武昌职业技术学院	2020 年 9 月	
10	李诗彦	女		本科	湖南工学院	2020 年 9 月	
1	兰　娟	女		本科	湖北文理学院	2021 年 9 月	
1	余祚轩	男		专科	长沙医学院	2021 年 9 月	
6	徐伟韬	男		本科	西南民族大学	2021 年 9 月	
8	黎江城	男		本科	广州大学	2021 年 9 月	

（续表）

组别	姓名	性别	政治面貌	学历	校 名	入学时间	工作所在地
10	郑佳瑶	女		本科	衡阳师范学院	2021年9月	
10	李诗琪	女		本科	湖南工商大学	2021年9月	
10	汪 卓	男		本科	中南林业科技大学	2021年9月	
10	黎 广	男		本科	太原科技大学	2021年9月	
13	刘庆立	女		专科	湖南工艺美术学院	2021年9月	
3	黎司好	女		本科	湖南工程学院	2022年9月	
5	孙 成	男		本科	湘潭大学	2022年9月	
8	黎继发	男		本科	湖南交通工程学院	2022年9月	
9	徐佳圣	男		本科	湖南工商大学	2022年9月	
10	黎雨轩	男		本科	湖南工学院	2022年9月	
11	车 驰	男		本科	西安电子科技大学	2022年9月	
12	易欣怡	女		本科	湖南工学院	2022年9月	
1	胡薇薇	女		本科	衡阳师范学院	2023年9月	
2	李 博	男		本科	深圳北理莫斯科大学	2023年9月	
2	黎思孟	女		本科	湘潭大学	2023年9月	
3	黎美慧	女		本科	长沙学院	2023年9月	
3	汪 豫	男		本科	华中农业大学	2023年9月	
3	徐润田	男		本科	长沙理工大学	2023年9月	
5	黎文君	男		本科	湖南工业大学	2023年9月	
10	徐 越	女		本科	海南大学	2023年9月	
10	徐 康	男		本科	湖南中医药大学湘杏学院	2023年9月	
2	黎 盼	女		专科	汉口学院	2023年9月	
2	黄 兵	男		本科	中南林业科技大学	2023年9月	

顺星片历年考入大中专院校学生名录

组别	姓名	性别	政治面貌	学历	校名	入学时间	工作所在地
6	赵显铭	男		本科	湘潭大学	1954 年 9 月	湘潭大学
6	赵显志	男		本科	武汉机械学院	1958 年 9 月	钟祥县
1	邹启湘	男		本科	湖北省畜牧兽医专科学校	1960 年 9 月	塔市畜牧站
6	赵显信	男		本科	武汉大学	1960 年 9 月	燕山石化
7	李明祥	男		专科	岳阳师范专科学校	25447.0	护城教育组
9	姜昌荣	男		专科	岳阳师范专科学校	1972 年 9 月	华容一中
9	姜昌友	男		专科	岳阳师范专科学校	1975 年 9 月	华容一中
9	许炼钢	女		专科	岳阳师范专科学校	1975 年 9 月	华容农业银行
9	蒋小梅	女		专科	岳阳师范专科学校	1975 年 9 月	华容一中
9	姜昌伟	男	党员	本科	华中师范学院	1975 年 9 月	华容一中
3	黎明	男	党员	本科	湖南医学院	1978 年 9 月	岳阳市爱卫办
2	黄启洪	男		本科	湖南师范学院	1979 年 9 月	华容一中
6	徐忠乐	男		本科	岳阳大学	1980 年 9 月	华容县司法局
10	黎鹏飞	男	党员	本科	第二炮兵学院	1980 年 9 月	岳阳市
1	邹桃源	女		本科	岳阳大学	1981 年 9 月	岳阳市十三中
3	黎毅	女		本科	华东交通大学	1981 年 9 月	华东交通大学
5	赵祖凡	男		本科	湖南商学院	1981 年 9 月	长沙外贸
7	谢先红	男	党员	本科	湖南师范学院	1981 年 9 月	华容一中
1	金昌元	男		专科	湖南省化工学校	1982 年 9 月	华容氮肥厂
4	汪建凡	男		本科	湖南大学	1982 年 9 月	醴陵瓷厂
3	黎娣君	女		本科	湖南广播电视大学	1983 年 9 月	
7	徐平	男	党员	本科	山东海洋学院	1983 年 9 月	武汉长江科学院
10	黎万里	男		本科	成都科技大学	1983 年 9 月	岳阳市
1	刘继红	男		专科	岳阳师范专科学校	1985 年 9 月	华容三中
2	黄谷子	男		本科	南华大学	1985 年 9 月	深圳市
6	谢先龙	男		本科	长沙理工大学	1985 年 9 月	广东林纸集团
5	赵祖海	男		本科	长沙起重机机械职业学院	1985 年 9 月	平江县城
9	姜雪姣	女		本科	岳阳大学	1985 年 9 月	华容三中
9	刘继文	男		本科	甘肃工业大学	1985 年 9 月	新疆
9	徐启兰	女		本科	甘肃工业大学	1985 年 9 月	新疆
1	刘雪情	女		本科	华南理工大学	1986 年 9 月	华南理工大学
5	徐远迪	男		专科	岳阳师范专科学校	1988 年 9 月	华容一职高
1	金利民	男		本科	湖北工业大学	1989 年 9 月	北京首钢
1	刘继洲	男		专科	湖南省化工学校	1989 年 9 月	华容氮肥厂
3	李战	男		本科	江西财经大学	1989 年 9 月	华容县农商行
3	汪聪颖	女		本科	湖南理工学院	1989 年 9 月	岳阳枫树新村
4	汪建国	男	党员	本科	荆州工业学校	1990 年 9 月	中祥县环保局

（续表）

组别	姓名	性别	政治面貌	学历	校名	入学时间	工作所在地
4	邹鲁桃	男	党员	本科	天津大学	1990 年 9 月	广东惠州液化天然气总公司
6	杨志军	男		本科	湖南师范大学	1990 年 9 月	岳阳十中
7	汪燎原	男		本科	湖南商学院	1990 年 9 月	华容县
8	赵连梅	女		本科	华中师范大学	1990 年 9 月	岳阳市
8	刘继念	男		本科	湖南中医药大学	1990 年 9 月	岳阳市
4	徐中军	男		本科	岳阳大学	1991 年 9 月	岳阳交通银行
4	徐中逵	男		本科	湖南城建职业技术学院	1991 年 9 月	长沙市
5	徐中康	男		本科	湘潭农机学校	1991 年 9 月	湖南钢球厂
8	朱国友	男		本科	北京印刷学院	1991 年 9 月	广西出版总社
4	杨明干	男		本科	岳阳大学	1992 年 9 月	顺星
5	金应萍	女		本科	岳阳大学	1992 年 9 月	岳阳市
8	姜昌华	男		本科	岳阳大学	1993 年 9 月	华容江洲中学
4	徐 芳	女		专科	湖南长岭石油学校	1994 年 9 月	临湘市税务部门
4	徐杏枝	女		本科	岳阳大学	1994 年 9 月	广州市
5	金应国	男		本科	湖南师范大学	1994 年 9 月	岳阳市
5	徐小梅	女		本科	湖南建材高等专科学校	1994 年 9 月	华容农商银行
10	黎电红	男		本科	武汉大学	1994 年 9 月	重庆市公安局
2	徐忠娟	女		专科	株洲师范高等专科学校	1996 年 9 月	深圳市
2	汪龙岩	男		本科	河南大学	1996 年 9 月	长沙市
4	杨少平	男		本科	湘潭大学	1996 年 9 月	省广播电台
7	徐远追	男		专科	黄石工业学院	1996 年 9 月	东山镇农技站
8	赵 芳	女	党员	本科	华中师范大学	1996 年 9 月	华容县委组织部
5	徐淑琴	女		专科	岳阳师范学院	1997 年 9 月	华容城关
8	刘继龙	男		本科	青岛化工学院	1997 年 9 月	山东青岛市
9	刘腾云	女		本科	湖南广电大学	1997 年 9 月	深圳亿正发公司
9	姜 琳	男		本科	华中师范大学	1997 年 9 月	华容城关
9	姜 洋	男		本科	湖南商学院	1998 年 9 月	华容城关
1	邹文娟	女		本科	湖南城建高等专科学校	1999 年 9 月	广州市
2	徐忠燕	女	党员	本科	解放军信息工程大学	1999 年 9 月	中国人民银行总行
5	徐忠艳	女		专科	岳阳师范学院	1999 年 9 月	华容城关
7	徐 芬	女	党员	本科	上海交通大学	1999 年 9 月	上海核工业设计院
9	刘腾飞	男		本科	华中科技大学	1999 年 9 月	深圳亿正发公司
2	徐勋明	男		本科	厦门大学	2000 年 9 月	厦门市
3	徐 帅	男		专科	长沙信息学院	2000 年 9 月	
3	李 响	男		专科	长沙粮食学院	2000 年 9 月	
9	姜 娜	男	党员	本科	陕西科技大学	2000 年 9 月	华容章华镇
9	刘继扬	男	党员	本科	湖南金融技术职工大学	2000 年 9 月	华容农商行

（续表）

组别	姓名	性别	政治面貌	学历	校名	入学时间	工作所在地
4	汪洁	女		本科	南华大学	2001年9月	岳阳爱尔眼科医院
6	邹颖	女		本科	江西青鸟学院	2001年9月	广州市
6	郝顺	男		本科	湖南大学	2001年9月	长沙市
6	谢玄	男		本科	屈原大学	2001年9月	
9	刘志远	女		本科	河北科技大学	2001年9月	河北石家庄
1	金文峰	男		专科	湖南公安专科学校	2002年9月	广州市
3	汪婉兰	女		专科	岳阳职业技术学院	2002年9月	岳阳枫树新村
6	何军	男		本科	中国人民大学	2002年9月	上海市
5	徐中爱	男		本科	武汉纺织大学	2002年9月	中山大学
7	徐辉	男	党员	本科	沈阳炮兵学院	2002年9月	南京军区
9	柴绪龙	男		本科	兰州理工大学	2002年9月	深圳市
9	姜西	男		本科	长沙经济管理学院	2002年9月	深圳市
10	黎荣	男		本科	重庆大学	2002年9月	重庆市公安局
2	徐伟	男		本科	湖南商学院	2003年9月	
2	黄百惠	女		本科	长沙理工大学	2003年9月	深圳市
3	邹小健	男		本科	湖南理工学院	2003年9月	娄底市
7	谢天	男		本科	黑龙江工业大学	2003年9月	
9	陈塘辉	男	党员	本科	中南大学	2003年9月	
9	柴茂	男		本科	湖南科技大学	2003年9月	深圳市
2	黄思奇	男		本科	长沙理工大学	2004年9月	江西省
5	徐淑君	女		本科	湖南师范大学	2004年9月	深圳市
9	柴翠霞	女		本科	北京林业大学	2004年9月	深圳市
9	姜琦	男		本科	中南林业科技大学	2004年9月	深圳市
6	邹毅	男		本科	湖南广播电视大学	2005年3月	岳阳市
1	金西林	男	党员	本科	湖南科技大学	2005年9月	北京首钢
1	金文静	女		本科	湖南科技大学	2005年9月	广西桂林
3	邹晗	男		本科	中南大学	2005年9月	广州市
6	谢豪	男		本科	南华大学	2005年9月	深圳市
5	徐忠诚	男		本科	武汉软件职业学院	2005年9月	深圳市
7	徐霞	女		本科	湖南师范大学	2005年9月	深圳市
7	肖必艳	女		本科	湖南第一师范学院	2005年9月	亿正发科技有限公司
8	朱本超	男		本科	湖南大众传媒职业技术学院	2005年9月	
9	刘海亮	男		本科	湖南计算机专科学校	2005年9月	深圳市
2	徐震	男		专科	江西青鸟学院	2006年9月	深圳市
3	邹恒	男		本科	湖南保险学院	2006年9月	长沙市
3	李幕蓉	女		本科	湖南师范大学	2006年9月	长沙市
6	何洋	男		专科	益阳职业技术学院	2006年9月	

（续表）

组别	姓名	性别	政治面貌	学历	校名	入学时间	工作所在地
5	赵 琼	女		本科	湖南财政经济学院	2006年9月	
10	黎文汉	男		本科	西安医科大学	2006年9月	
7	谢 地	男		本科	邵阳学院	2007年9月	
7	徐 明	男		本科	长沙理工大学	2008年5月	深圳市
2	汪黎花	女	党员	本科	湖南工业大学	2008年9月	
2	汪 鹏	男		本科	中南大学	2008年9月	长沙市
3	汪留苏	女		专科	岳阳职业技术学院	2008年9月	华容人民医院
4	汪佳妮	女		本科	澳门大学	2008年9月	深圳市
6	谢 晋	男		本科	长沙学院	2008年9月	
5	邹 傲	男		本科	湖南民族职业学院	2008年9月	深圳大湾区
5	徐 洲	男		专科	湖南涉外经济学院	2008年9月	长沙市
5	赵腊黎	女		本科	湖南保险职业学院	2008年9月	
7	李卓娅	女		专科	邵阳学院	2008年9月	
7	李 顺	男	党员	本科	衡阳师范学院	2008年9月	深圳市
9	刘晓庆	女		本科	湖南大众传媒职业技术学院	2008年9月	
10	黎立页	男		本科	中山大学	2008年9月	中山市
1	邹 豪	男		本科	湖南农业大学	2009年9月	广州市
3	汪腾解	男		本科	湖南大学	2009年9月	岳阳枫树新村
6	谢 露	女	党员	本科	华南理工大学	2009年9月	广州市
6	谢尧庆	男		本科	长沙理工大学	2009年9月	
5	徐 迪	男		本科	湖南工学院	2009年9月	
7	李 娜	女		本科	湖南民族职业技术学院	2009年9月	深圳市
7	刘伟地	男		本科	长沙机电学院	2009年9月	深圳市
7	谢 意	女		本科	湘潭大学	2009年9月	中央统战部
3	刘佳薇	女		本科	石河子大学	2010年9月	石河子
3	汪一帆	男		本科	湖南科技大学	2010年9月	深圳市
7	徐颖琳	女		本科	路易斯安娜州立大学	2010年9月	
8	朱梦琪	女		本科	广西民族大学	2010年9月	
9	张 巧	男		本科	武汉大学	2010年9月	广州市
9	姜 丰	男	党员	本科	湖南农业大学	2010年9月	华容章华镇
3	汪可贝	女		本科	湖南商学院	2011年9月	长沙市
6	徐中勃	男		本科	湖南理工职业技术学院	2011年9月	甘肃兰州
5	徐中林	男		本科	湘南学院	2011年9月	
7	谢 普	男		本科	天津职业技术师范大学	2011年9月	广州市
7	谢 宽	男		本科	湖南财政经济学院	2011年9月	广州市
8	金 蒙	女	党员	本科	武汉纺织大学	2011年9月	
10	黎 康	男		本科	湘南学院	2011年9月	

（续表）

组别	姓名	性别	政治面貌	学历	校名	入学时间	工作所在地
6	谢思怡	女		本科	湘潭理工学院	2012年9月	深圳市
6	赵加冕	男		本科	湖南工业大学	2012年9月	深圳市
6	谢爽	女		本科	湖南商学院	2012年9月	深圳市
5	赵诗艺	女		本科	湖南信息学院	2012年9月	
6	谢佳	男		专科	湖南化工机械学校	2012年9月	广州市
7	徐金鑫	男		本科	长江科学院	2012年9月	武汉长江科学院
10	黎梓如	男		本科	福建农林大学	2012年9月	厦门市
1	金韫妮	女		本科	湘潭大学	2013年9月	
6	谢挺	男	党员	本科	湖南成人大学	2013年9月	岳阳市
10	黎依云	男		本科	浙江大学	2013年9月	
10	黎飞	男		本科	东北石油大学	2013年9月	
4	邹诗婷	女		本科	湖南民族职业技术学院	2014年9月	杭州市
6	杨凌宇	男		本科	湖南外贸职业学院	2014年9月	深圳市
7	徐亚铃	女		本科	湖南城建职业技术学院	2014年9月	广州市
9	陈静	女		本科	湖南工业职业技术学院	2014年9月	
9	姜涛	男		专科	海南科技学院	2014年9月	深圳市
1	邹佳麒	男		本科	中国地质大学	2015年9月	深圳市
4	汪佳	女		本科	济南大学	2015年9月	东莞寮步镇
6	谢明	男		本科	天津职业技术师范大学	2015年9月	
6	谢冰	男		专科	湖南信息科学院	2015年9月	
7	李思校	女		专科	湖南化工职业技术学院	2015年9月	
8	刘嘉翰	男		本科	东北电力大学	2015年9月	岳阳市
10	黎禹	男		本科	湖南工业大学	2015年9月	
2	黄诗豪	男		本科	海南师范大学	2016年9月	深圳板桥中学
4	邹仓	男		本科	广东理工学院	2016年9月	惠州市
4	邹紫瑞	女		专科	湖南省交通职业技术学院	2016年9月	广州市
4	邹微	女		本科	湖南农业大学	2016年9月	深圳市
5	徐展	男		本科	怀化学院	2016年9月	深圳市
7	徐艺璇	女		本科	湖南中医药大学	2016年9月	岳阳妇幼保健院
7	李飘	女		本科	湖南涉外经济学院	2016年9月	
7	柴佳峰	男		本科	北京邮电大学	2016年9月	广州市
9	陈格	女	党员	本科	湖南工业大学	2016年9月	
9	刘宜昊	男		本科	中山大学	2016年9月	东京大学
10	黎明虎	男		本科	岳阳职业技术学院	2016年9月	
4	徐丹	女		本科	华中师范大学	2017年9月	
4	邹浩远	男		本科	怀化学院	2017年9月	广州市
10	黎扶民	男		本科	湖南铁道职业技术学院	2017年9月	

（续表）

组别	姓名	性别	政治面貌	学历	校名	入学时间	工作所在地
2	汪百乐	男		本科	哈尔滨工业大学	2018年9月	
2	徐 庶	男		本科	湖南信息学院	2018年9月	长沙市
6	徐易燕	女		本科	湖南人文科技职业学院	2018年9月	
8	徐丹怡	女		本科	中南林业科技大学	2018年9月	华容建设银行
9	陈 业	男		本科	湖南工业大学	2018年9月	
10	黎雨轩	男		本科	湖南警察学院	2018年9月	长沙市公安局
4	汪凯迪	女		本科	中南林业科技大学	2019年9月	
4	徐 飞	男		本科	吉林财经大学	2019年9月	
5	徐 琦	女		本科	南京大学	2019年9月	深圳市
8	朱本喆	男		本科	湖南铁道职业技术学院	2019年9月	
1	金 虎	男		本科	江西财经大学	2020年9月	
1	金如风	男		本科	湖南财政经济学院	2020年9月	
1	金超娣	女		本科	长沙理工大学	2020年9月	
2	汪柏川	男		本科	湖南邮电职业技术学院	2020年9月	
7	徐艺瑾	女		本科	邵阳学院	2020年9月	华容教育系统
8	徐江怡	女	党员	本科	中南大学	2020年9月	
6	徐中豪	男		本科	长沙外国语学院	2021年9月	
8	金 迪	男		本科	长沙商贸旅游职业技术学院	2021年9月	
9	陈唐聪	男		本科	长沙师范学院	2021年9月	
10	黎 广	男		本科	太原科技大学	2021年9月	
2	汪 欢	男		本科	吉首大学张家界学院	2022年9月	
4	汪天顺	男		本科	广州体育学院	2022年9月	
4	邹 广	男		本科	解放军陆军工程大学	2022年9月	
7	李飘洋	男		本科	湖南文理学院	2022年9月	
8	徐亦天	男		本科	长沙理工大学	2022年9月	
4	汪天羿	男		专科	湖南化工职业技术学院	2023年9月	
10	姜静怡	男		本科	汉森国际学院	2023年9月	
2	徐嘉泰	男		本科	湖南城市学院	2023年9月	
8	柴哲瀚	男		本科	合肥工业大学	2023年9月	
10	黎潇扬	男		本科	湖南文理学院	2023年9月	
6	赵韩芬	男		本科	吉首大学张家界学院	2023年9月	
10	黎诗好	男		本科	湖南交通工程学院	2023年9月	

▲20世纪60年代 顺兴小学操场

▲20世纪60年代 露天课堂

▲20世纪60年代 比赛观摩

▲20世纪70年代 等同学放学

▲20世纪70年代 活泼课堂

▲20世纪70年代 勤工俭学

▲20世纪70年代 少先队员

▲20世纪80年代 参加劳动

▲20世纪80年代　进入校园

▲20世纪80年代　珠算教学

▲20世纪80年代　课堂授课

▲20世纪80年代　课间休息

▲20世纪80年代　教室一角

▲顺星小学教学楼原貌

六、科研成果、著作、论文录

刘述梅　顺星一组人。

主要从事高分子的合成、高分子材料的功能化、高性能化和低成本化改性以及高分子助剂的制备与应用研究。其研究成果已在 *Chemical Engineering Journal*、*Advanced Materials* 等国外知名杂志上发表论文120多篇，中文期刊发表论文110余篇，申请发明专利78项，65项已获国家授权。

汪建凡　顺星四组人。

论文《准高速牵引线路棒形瓷绝缘子的研制》在《电瓷避雷器》2000 年第 5 期上刊登。

金支秋　清泥五组人。

论文《试论知识转化为能力提高——成人教育质量的中心课题》,1988 年刊登《中国铁道》上,获铁道部优秀科技论文二等奖。

徐　立　清泥三组人。

参加过《临床实用眼科学》(湖南科技出版社 1979 年 12 月出版)和《青光眼诊疗指南》(湖南科技出版社 1983 出版)两书的编写,并独立完成部分章节约九万字的写作。论文《临床分析及动物实验》在国内眼科界处于领先地位。

徐　平　顺星七组人。

先后主持完成大中型水利工程的科研课题数十项,参加并完成了多项国家科技攻关课题、科技支撑计划的研究工作,负责和参与完成了国家自然科学基金资助面上重点和重大项目、水利部创新项目多项。"水工岩石力学理论与工程实践"等 3 项成果分别获湖北省科技进步奖一、二、三等奖。在国内外学术刊物上发表了论文 50 余篇,合著出版国家自然科学出版基金资助专著《黏弹性理论与应用》等 3 部专著,参与编写了《水利水电工程岩石试验规程》。2011 年获长江科学院突出贡献奖。2021 年 7 月 1 日《人民日报》17 版"生态"刊登了他的《江河源头,是怎么确定的?》论文。2022 年 4 月 1 日《长江技术经济》刊载了他的长篇论文《适应"双碳"目标的绿色长江建设有关问题思考》。

徐孝德　清泥一组人。

曾获国家机械工业局科学技术进步奖三等奖,重庆市科学技术进步奖二等奖。

徐忠爱　顺星五组人。

主持国家社科基金重大招标项目子课题、基金面上项目各 1 项。在《财贸经济》《经济学家》等学术期刊发表论文 70 余篇。

徐剑雪　清泥十组人。

有论文 3 篇在湖南省获等级奖,其中《抓好"三要素"是县级公共图书馆自动化的必要前提与准备》获湖南省第五届图书馆学优秀成果二等奖。

谢先龙　顺星六组人。

其论文《75t/h 循环流化床燃煤锅炉改烧生物质的生产实践》在《造纸装备及材料》杂志 2018 年第 3 期发表。

黎执龙　清泥十一组人。

1996 年与人合著有文学作品集《野渡》(德宏民族出版社);作品《山韵》《湄》于 2014 年、2015 年先后两次在"中国散文年会"获二等奖。

第三节　医疗卫生

1949 年前，清泥湾村没有官办医疗机构，只有土郎中用土方法为村民治病。新中国成立后，党和政府十分关心人民群众的身体健康，将医疗资源逐渐下放到农村基层，现在清泥湾村基本达到了村民小病不出村的医疗水平。

一、草药郎中

1949 年前至 2004 年，民间郎中利用中草药、针灸等疗法，为村民治病，恢复健康，弥补当时医疗资源的不足。这些郎中简介如下：

李友杜，男，清泥二组人。其研制膏药治疗跌打损伤、痈肿或腮腺炎等症，极具疗效。

谢汉清，男，顺星七组人。擅长治腰肌劳损与恶疮，治疗手段为草药、针灸。自种多种草药，遇有草药不济时，趋百里外山野觅药。

刘纪中，男，顺星一组人。以中草药为主，专治蛇伤，疗方独特，疗效显著。所治愈蛇伤患者，数以百计。

刘纪武，男，顺星九组人。擅以草药治龙走疮（带状疱疹），治眼睑疔疖。

任章宏，华容城关人，华容县中医院主治医师。于 1968—1970 年下放顺兴六队务农期间，用其所学中医之长，以草药针灸等医术为社员义诊，治愈不少疑难杂症。曾有患者病急，他放下碗筷，火速奔赴，解救患者。

徐新时，男，清泥六组人。解放前曾任军医多年。退役后返乡务农、行医。懂妇产学，通中西医，擅长针灸。20 世纪 50 至 70 年代，于住宅开设诊所，服务乡民。时农村交通不畅，遇有产妇临盆，他携接生员老伴火速前往助产。

徐培宝，男，顺星八组人，祖籍湖北监利朱河。本地毒蛇咬伤，经他五至七天的草药治疗，即可痊愈。其三子徐成武得到了他的真传，父子治愈的患者不下五十人。

黎述炎，男，出生于 1952 年，住清泥十一组。喜好武术，热爱医药，擅长骨伤科。自种兼采集多种草药，配制成膏，专治跌打损伤，风湿关节痛，疗效显著。

以上草药医生皆淡泊名利，不计报酬，口碑很好。

二、血吸虫病防治

清泥湾属血吸虫疫区。1949 年前，血吸虫患者达 20% 左右，其中 5% 左右患者 30 岁左右即因此病死亡。至 20 世纪 50 年代末，血吸虫病患者仍居高不下。60 年代末，政府派遣血防医生驻清泥大队、顺兴大队为社员免费诊治血吸虫病，同时，大力组织血防力量灭螺（即钉螺，血吸虫的唯一中间宿主）。70 年代，生产队劳力在治疗血吸虫病期间，享受出集体工的工分待遇，并免费配有少量营养品。砖桥公社、塔市公社以及后来成立于 1980 年的江洲公社曾设专门的血防医院，诊治包括清泥、顺星的属区内血吸虫病患者。至 90 年代中期，清泥湾血吸虫基本上被消灭，没有发现一例年轻的血吸虫病患者。

三、公办诊所　大队卫生室

20 世纪 50 至 70 年代，塔市公社卫生院先后派遣一些医生在清泥湾村开设诊所。医生有熊治发、张冠武、何仲球、徐雪云（女）、陈守楫、陈守位等。他们属国家医务人员，有一定的理论功底和临床经验，为村民防疫治病提供了有力的保障。

1969 年 3 月，清泥大队率先办大队卫生室，培养赤脚医生金永清、徐树群。1969 年 9 月，全县掀起兴办合作医疗高潮，顺兴大队安排刘振明、黎国元两人参加培训并结业，顺兴大队始办大队合作医疗室。1973 年 8 月，顺兴又送谢姣兰到县培训学医，结业后在本大队医疗室任赤脚医生。大队社员就近就医，做到小病不出大队，大病出大队住院治疗的，凭住院发票到大队报销，社员实行免费医疗。

四、赤脚医生

赤脚医生，亦农亦医，农忙时务农，农闲时行医，二十四小时服务社员，没有固定工资，凭底分拿工分吃饭。清泥湾村从事赤脚医生的还有徐青姣、朱保华、汪菊香、徐贵珍等。这个时期各生产队妇女队长也参与到社员保健行列，用中草药煎水挨户分送，预防疾病。

五、私人诊所

改革开放后，国家允许医务人员开设私人诊所，赤脚医生纷纷开设诊所，大队卫生室关停。在此期间，清泥湾村共有 6 家私人诊所。1985 年 1 月 25 日，《人民日报》

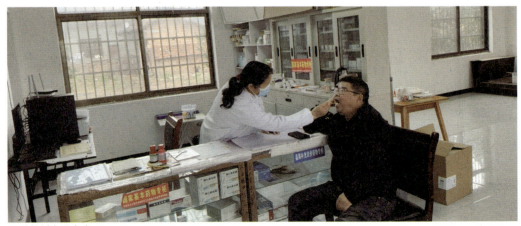

▲顺星村卫生室

发文《不再使用"赤脚医生"名称，巩固发展乡村医生队伍》，赤脚医生逐渐消失。

六、村卫生室

自 2004 年 1 月 1 日起，国家卫生行政管理部门要求医生行医须办行医执照及培训合格后，方可从医。村卫生室遂取代了私人诊所。

清泥湾村现有两家卫生室，分别是清泥片的刘东坡卫生室和顺星片的刘静红卫生室。医生均为执业助理医师，持有营业执照，合法行医。

七、新型合作医疗

2003 年实现新型农村合作医疗，参保人数 3000 余人，人均 10 元标准。2023 年人均标准 380 元，参保人数 2980 人。新型农村合作医疗的实行，为村民提供了基本的医疗保障，减轻了农民的经济负担。

八、健康护航活动

"健康护航"活动是 2024 年 3 月为感谢广大寓外乡友、乡贤对家乡的支持，由章华卫生院副院长金文辉先生发起组建的寓外乡友家属健康护航医疗小分队，对寓外乡友家属常年开展的义务上门健康问诊、医疗咨询、代买药品、定期不定期看望、护理、联络等活动。健康护航医疗小分队由顾问黎明、队长金文辉，成员徐树政、徐远庆、谢翠华、刘东坡、刘静红，乡村振兴促进会成员、全体村组干部、志愿服务队员等人员组成。

镇卫生院每年春季派员下村为村民义诊检查，为村民预防疾病提供了有力的保障。

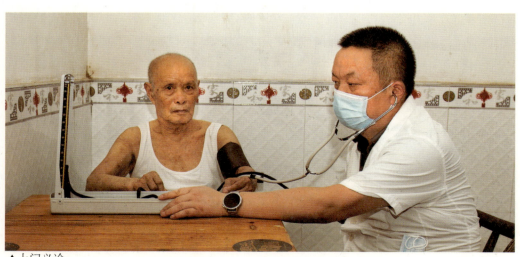

▲上门义诊

第七章 新农村建设

第一节　精准扶贫与脱贫攻坚

新中国成立以来,中国共产党带领人民持续向贫困宣战。特别是党的十八大以来,以习近平同志为核心的党中央把脱贫攻坚摆在治国理政的突出位置,把脱贫攻坚作为全面建成小康社会的底线任务,并在这个底线任务的基础上,开展新农村建设,以实现乡村经济、社会、文化的全面振兴。经过八年精准扶贫、精准脱贫的接续奋斗,全国七亿多贫困人口得以成功脱贫。清泥湾村就是其中之一。清泥湾村成功脱贫后,立即加入了乡村振兴的大潮之中。

一、精准扶贫与脱贫攻坚历程

2014 年 4 月 3 日,清泥村村委会向东山镇人民政府提交报告,申请成为贫困村。东山镇人民政府根据清泥村申请,于 4 月 20 日召开乡镇党政领导班子会议,按照贫困村识别标准,对比各村贫困状况,将清泥村上报为贫困村。清泥村有耕地面积 7026 亩,辖村民小组 13 个,共有农户 503 户 2006 人,其中贫困户 102 户 306 人。由于水利基础设施不完善,清泥村经济发展状况差,公共卫生设施缺乏,产业发展空间小,农户自身发展动力不足。

2016 年 6 月 14 日,清泥村与顺星村合并为清泥湾村。2016 年 11 月 20 日,华容县扶贫开发领导小组办公室发文《关于全县贫困村重新认定结果的通知》(华扶领办〔2016〕18 号),就全县贫困村重新认定:清泥村和顺星村合并后的清泥湾村,有人口 3732 人,贫困人口 413 人,贫困发生率 11.07%。清泥湾村经重新认定后成为全县 28 个贫困村之一。

在上级党委政府的正确领导和县司法局与老干部局组成扶贫工作队的帮扶下,在相关部门的大力支持下,全村党群上下一条心,经过三年多的努力,村级组织运转得到保障,建立了村综合服务平台,并且功能完善。全村主干道通畅,全村路面硬化达 20.89 公里,做到了家家都通水泥路。村里修了自来水厂并进行了改扩建,全村 100% 的农户解决了安全饮水问题。100% 的农户通了生活用电,并建了一个 1.5 亩光伏发电厂。建档立卡贫困户义务教育阶段学生没有一个因贫困辍学,全村 34 名建档立卡在校学生都得到了教育帮扶政策落实。100% 的建档立卡贫困户参加城乡居民基本医疗保险,全村有 49 名贫困人员得到健康扶贫政策落实。建档立卡贫困户住房问题全部解决,对 14 户 42 人实施易地扶贫搬迁。全面落实低保和特困人员供养政策,做到了应保尽保,应兜尽兜。为了贫困户稳定脱贫,村组织贫困户与永祥水稻种植合作社和云汉石榴种植合作社建立了利益联结机制。为了保障村集体经济收入,对自来水厂进行经营管理，村获得了 52000 元的经营收入。综上所述，清泥湾村各项脱贫指标符合贫困村退出要求。

2017 年 11 月 2 日，清泥湾村村委会向东山镇人民政府提交贫困村退出申请书。11 月 8 日，东山镇人民政府根据各行业部门提供的数据，以及对全镇贫困村的"一个确保，两个完善"的监测情况，确定清泥湾村为 2017 年度脱贫退出村。

二、精准扶贫与脱贫攻坚主要内容

（一）健康扶贫

为进一步落实好助困措施，彰显人间大爱，体现村级合力，让广大村民更切身感受到党的温暖和共享改革开放的成果，清泥湾村制定并实施了如下大病救助方案：

1. 符合救助的条件

（1）户口在本村且全家缴纳了城乡居民医保的。

（2）个人自付治疗费在 30000 元以上的。

2. 救助标准

（1）个人自付费 30000 元以上的救助 1000 元。

（2）个人自付费 50000 元以上的救助 2000 元。

（3）个人自付费 80000 元以上的救助 3000 元。

3. 其他情况的界定

（1）个人付费的计算不含检查费、门诊费、差旅费、生活费及自行购买药品的费用。

（2）自行购买的商业保险所报销的金额可计算在自付费用之列。

（3）年度内不重复救助。

（4）有责任方的意外伤害不实施救助。

（5）不遵守"村规民约"的不实施救助。

（6）救助期限以每年 1 月 1 日至 12 月 31 日为一个救助周期，以医保报销、大病救助后所自负费用为标准计算村级救助。

（二）教育帮扶

清泥湾村制定并实施了困难学生救助和应届优秀大学生奖励方案。

1. 困难学生救助

符合救助的条件：（1）学生的家庭成员因病因灾导致贫困的。（2）先天性残疾进特殊教育学校就读的。（3）学生父母有一方死亡导致学生就读困难的。（4）学生父母双方有严重残疾无正常劳动能力导致学生就读困难的。

不符合救助的情况：（1）除残疾儿童外，九年义务教育阶段不予救助。（2）学生父母因经营亏损、赌博等自身原因方面导致贫困的不予救助。（3）学生父母因离婚后

不履行抚养义务的不予救助。（4）近年来享受过扶贫政策的低保户不予救助。

救助标准：经理事会审核后，每个学生每期救助500元。

2. 应届优秀大学生奖励条件及标准

（1）必须是本村户口的学生方可奖励。

（2）奖励二本以上的优秀学生。具体标准为：考上普通一本高等院校的奖励1000元；考上985、211高等院校或考上研究生的奖励2000元；考上博士研究生的奖励3000元。

（3）由学生及其家长主动申报，经理事会审核后按村组织公开授奖的程序执行。

（三）产业扶贫

2000年产业扶贫60万元，共299人。

（四）就业交通补贴

贫困劳动力交通补贴26300元，共93人。

（五）公益性项目

路桥涵闸建设141万元，共10处。

（六）易地搬迁

分散安置房建设134.4万元，共14户。

（七）危房改造

2016—2020年危房改建30.4万元，共14户。

（八）雨露计划

2017年职业中专学生补助费3000元，共2人。

2018年职业中专学生补助费13500元，共9人。

2019年职业中专学生补助费22500元，共14人。

2020年职业中专学生补助费31500元，共19人。

2021年职业中专学生补助费33000元，共22人。

2022年职业中专学生补助费54000元，共23人。

2023年职业中专学生补助费28500元，共11人。

小计：186000元，共100人次

第三至第八项总计：387.03万元

（九）金融扶贫

金融扶贫贷款对象36户，授信户均50000元，共授信贷180万元。

▲部分高考受奖学子

三、精准扶贫与脱贫攻坚帮扶力量

2016—2024 年清泥湾村驻村工作队花名册

年度	驻村帮扶单位	工作队长及队员姓名	备注
2016	司法局	丁光辉	第一书记、队长
2016	司法局	蔡正红	组长
2016	老干部局	臧金星	队员
2017	司法局	陈　勇	工作队长
2017	县老干部局	汤志安	队员
2018	司法局	黎锡清	工作队长
2018	司法局	徐勋志	队员
2018	司法局	高　杨	队员
2019	司法局	黎锡清	工作队长
2019	司法局	徐勋志	队员
2019	司法局	高　杨	队员
2020	司法局	黎锡清	工作队长
2020	司法局	徐勋志	队员
2020	司法局	高　扬	队员
2021	统计局	魏建国	工作队长
2021	电信公司	夏志辉	队员
2021	中国银行	乐青松	队员
2022	职业中专	王　超	工作队长
2022	县小集成洪泛区	李谦辉	队员
2022	工商银行	熊正杰	队员
2023	职业中专	王　超	工作队长
2023	县小集成洪泛区	李谦辉	队员
2023	信访局	包逸凡	队员
2024	职业中专	王　超　黎万发	工作队长
2024	县小集成洪泛区	李谦辉	队员
2024	信访局	包逸凡	队员

第二节　乡村振兴

《中共中央　国务院关于实施乡村振兴战略的意见》提出："实施乡村振兴战略，是解决人民日益增长的美好生活需要和不平衡不充分的发展之间矛盾的必然要求，是实现'两个一百年'奋斗目标的必然要求，是实现全体人民共同富裕的必然要求。"清泥湾在打赢脱贫攻坚战后，响应党中央、国务院的号召，切实巩固拓展脱贫攻坚成果，村两委带领全村群众以更大的决心、更明确的目标、更有力的举措，推动农业全面升级、农村全面进步、农民全面发展，在实施乡村振兴战略中，从产业、人才、文化、生态、组织五个战略中，以实招、硬招、高招，来谱写新时代清泥湾村全面振兴新篇章。

一、产业振兴

乡村振兴，关键是振兴产业。清泥湾村在依托资源禀赋、因地制宜巩固提升传统农业的同时，用实招发展新型特色农业，打造乡村富民产业，增强产业配套工程建设，促进农业增效和农民增收。

（一）农业生产方面

1. 注重品种改良

清泥湾村历史遗留下来的自留种子如小麦、黄豆、棉花、稻谷、南瓜等作物，种子纯度不够，发芽率70%左右，传统的手工撒播不规范，导致打药治虫困难，产量低下。如小麦亩产300斤左右、黄豆亩产150斤左右（重阳豆）、棉花籽棉亩产300～500斤、稻谷亩产500～700斤、南瓜亩产3000～4000斤。在村乡村振兴具体措施的带动下，农户淘汰自留种子，购买国审的优选种子，如小麦西高9924、轮选22、漯麦47等，黄豆翠扇01-15，中豆63、64系列等。

2. 种植方式改变

清泥湾村大部分农户已经实行机械种植。

3. 收割方式改变

由人工刀割变机械收割。

4. 治虫打药方式改变

清泥湾目前60%的农户都在用中小型遥控飞机操作。

选用优质种子，机械化种植、施药、收割，虽然提高了成本，但减轻了大量劳动力的负担，提高了单位面积产量。小麦亩产达700～1000斤，黄豆亩产达300～500斤，稻谷产量达1000斤左右，棉花由原来的亩产300～500斤提高到700～900斤。

（二）市场变化

由零星上门收购变为集中点收购，收购点实行现代化烘干、除杂筛选、打包上车一条龙服务。收购场地规范，安全措施得力，仓库吞吐量大，不拥堵，农户按先后顺序依次排队将货物上地磅计重。收购商按质论价，不欺行霸市，当场付现，不拖欠老百姓货款。

目前清泥湾村从事收购、供销的经营户有六家，他们是易晖、邹鲁新、金永锋、徐建红、邓业文、李仁球。他们主要收购小麦、黄豆、籽棉、南瓜、稻谷等。他们都有自己的场地，无缝钢管搭建的拱棚，高大宽敞，通风干燥，扎实、安全。除了易晖租用的原华生轧花厂外，其他厂址都选在原江洲油厂围墙边。

（三）特色养殖——稻虾立体养殖

2018年春，全村83个农户自发地组织起来，支、村委做后盾，为他们排忧解难，改造稻虾立体养殖1797亩，立体养殖总收入205万元。其中最大养殖户当数徐勋祥，年收入35万元。

由支、村委牵头协调解决他们遇到的困难，保证他们的沟渠畅通。他们自购种苗、自配电机、电线，自己灌溉。村委会根据实际供水条件，负责51%以上的种养户需水100%的供应，种养户按30元/亩支付抽水费、机械磨损费、电费。收、支情况通过村财务监督委员会审核，年底张榜公布、广播公布。

（四）大力发展村专业合作社、农场主、家庭农场、农业服务机构

清泥湾村积极支持村民开发新型业态，在乡村振兴过程中，产生了一批具有一定规模且合法注册的村专业合作社、农场主、家庭农场。概况如下：

1. 华容县永祥水稻种植专业合作社

法人代表：邹力；成员5人。水稻种植面积1000亩。注册资金：200万元。

2. 华容县云汉石榴种植专业合作社

法人代表：金永爱；成员5人。石榴种植面积：1000亩。注册资金：200万元。

3. 华容县顺兴农业发展有限公司

法定代表人：邹鲁桥。业务：蔬菜批发。

4. 华容县汪记农资经营部

法定代表人：汪国华。业务：农药批发。

5. 华容县汪记生态种养农场

法定代表人：汪新龙。业务：稻谷种植。

6. 华容县顺新种植农场（个人）

法定代表人：赵国兵。业务：其他饮料、作物种植。

7. 华容县刘力武种植农场（个人）

法定代表人：刘力武。业务：稻谷种植。

8.华容县黎哥种植农场（个人）

法定代表人：黎敬华。业务：其他饮料、作物种植。

9.华容县祥和水稻种植专业合作社

法定代表人：徐勋祥。业务：农业技术推广服务。

10.华容县四博水稻种植专业合作社

法定代表人：刘四海。业务：农业技术推广服务。

11.华容县腾云农机服务专业合作社

法定代表人：李云球。业务：旋耕收割服务。

12.华容县鑫永蔬菜种植农民专业合作社

法定代表人：金永丰。业务：蔬菜批发。

13.华容县清泥湾村经济合作社

法定代表人：徐云汉。业务：集体资产经营与管理。

（五）实施旱改水工程

清泥村争取到县首批国土项目，2014年8月施工，2015年6月30日竣工，受益面积2600亩，利民渠硬化2725米。

（六）引进光伏发电站

清泥湾村光伏发电站于2017年构建，项目实际投入60万元，责任人徐云汉，属集体资产的经营性资产，年发电收入40000元。监管单位县乡村振兴局。

（七）建设村抗旱机埠

2022年12月，为轨道式抗旱机埠配套安装两台75千瓦电机，造价13.5万元。机埠为全村10000亩水旱田、龙虾池供水抗旱，保障了全村农业生产的用水之需。

（八）改造自来水厂

清泥村2009年4月12日，总投资100万元（其中农户集资25万元），开始新建自来水厂，解决了全村饮用水困难、水质低劣的重大问题。2016年6月14日合村后，先后多次改造供水设施设备和管道，目前供应全村3760多人的饮用水，一切运转正常。

（九）硬化公路和渠道

截至2023年9月，清泥湾村公路硬化21.65公里，解决了村民原来出行"下雨一团糟、天晴一把刀"的困难。为乡村的交通运输提供了极大的方便，也为耕种、收割的车辆解决了难题。利民渠2725米的硬化，解决了土渠容易淤堵的问题，为排渍、抗旱起到巨大的作用。

（十）实施亮化工程

道路硬化后，2015年11月，清泥村安装路灯137盏，全村通电亮化。2019年7—8月，为顺星片安装路灯151盏，全村亮化。2023年年底，村再施方案，亮化不留死角。

由乡贤邹武志捐赠路灯材料48盏，村负责安装。至此，全村人民都享受到了光亮工程的福利，晚饭后出门散步、小跑、唱歌、跳广场舞都有灯光照明，受到群众称赞。

二、人才振兴

清泥湾村支、村委把培养人才、尊重人才放在重要战略位置。在一些重要场合、会议上，村主要负责人经常要先讲清泥湾村干部年龄老化、村级发展缺乏后备力量的问题。人才问题是关系到一个家庭、一个组织、一个地方兴衰的问题。因此，支、村委在2021年3月23日的村党员、干部、村民代表大会上，大胆提出成立帮困奖学理事会、公益事业理事会。为了多出人才，扶持人才，帮困奖学理事会决定每年都对考上大学的本科生、研究生、博士生，实行不同层次的奖励。其主要目的，就是为清泥湾培养人才和后备力量，待他们走入社会后，为家乡的富强和美丽添砖加瓦。

清泥湾村有很多在外闯出了一片天地的乡友乡贤，他们是清泥湾村既有的人才。清泥湾村高度重视发挥乡友、乡贤等人才的作用。支、村两委定期不定期地与在外工作的领导、教授、博士生、公司董事长、老板、知名寓外乡友、乡贤取得联系，向他们汇报工作，反映困难，发动他们竭尽所能为家乡争项、引资、帮困助学。乡友、乡贤们也乐意为家乡的发展和进步勉力而为，为清泥湾村的公路硬化、农电改造、文化体育、医疗卫生发展作出了不可磨灭的贡献。

据不完全统计，2007年来清泥湾村的乡友乡贤为村里捐款捐物和办实事如下：

2007—2020年为清泥、顺星两村捐款修路和其他建设共计59.4万元。

2021—2024年1月，帮困、助学认捐37人，累计144.5万元；直捐36人，直捐单位1个，累计66900元；奖励大学生40人，奖金累计59500元；大病救助26人，累计42500元。

2022年下学期至2024年上学期，在外创业的爱心人士向清泥湾村中、小学生隐名捐赠生活费共计97.3万元，受惠学生达766人。

岳阳市爱卫办原主任黎明乡贤，1997年4月，为顺星村血防灭螺、平整土地，通过岳阳市血防办引资51000美金；2007年3月，为顺星村改厕引资80000元，改厕200个。

中山市远东照明科技有限公司董事长邹武志乡贤，任乡村振兴促进会清泥湾村工作站站长。2023年10月，为村新增路灯48盏，折合人民币18万元。

华容县城管局干部丁华堂乡贤，为清泥湾村解决2辆自装自卸自压缩电动环卫车。

个体商业户谭劲松乡贤，独资为清泥湾村硬化公路800米，折合人民币20万元；2023年又为村赠送自装自卸自压缩环卫车1辆。

东莞美锦电子材料有限公司董事长汪建文乡贤，为一次盛会慷慨解囊，耗资颇巨。2023年11月19日，乡村振兴促进会清泥湾村工作站在东莞市寮步镇财富大楼

召开大会,研究如何助力清泥湾村新农村建设问题,与会人员 70 多人。会议历时 3 天,汪建文承担了从筹备、会务安排、租用办公楼到生活、住宿、开会的全部费用。

深圳市闪电万昇科技有限公司董事长黄紫电乡贤,于 2020 年疫情期间,为清泥湾村捐赠口罩 10000 个,体温测量仪 20 个,按时价折合人民币 30000 元。

荆州市电力局电力调度处处长金永善乡贤,为清泥湾村农电网改作出了巨大贡献。捐赠设备有:村级用电、组级用电、农户用电(含生产、照明)线路、电杆、变压器增容、瓷瓶、拉线等,其中低压杆 360 根,高压杆 21 根,变压器 6 台,低压电线 87660 米,高压电线 6300 米。

华容县农电管理公司副经理曾佑民乡贤,为顺星村农电网改工作想方设法争取项目。2011 年 4 月顺星农电网改正式启动,历时 5 个月,村、组两级生产、照明用电全部升级改造,更换低压电杆 156 根、低压电线 37440 米,新增变压器 2 台、高压电杆 8 根、高压电线 2400 米。

广东省能源集团有限公司下属能源集团广东惠州液化天然气有限公司综合部部长邹海峰乡贤,在 2023 年 11 月 19 日,乡村振兴促进会清泥湾村工作站成立之日,主动提出为清泥湾村增加光伏产业,村负责提供土地面积,上报审批、立项成功后,由能源集团公司负责安装,为村创造财富。

三、文化振兴

文化导向既是乡村振兴的重要组成部分,也是实现乡村全面振兴的"活力之源"。近年来,清泥湾村坚持以满足群众需求为出发点,以乡村文化建设为抓手,着力突出地方特色,强化文化传承,创新方式方法,从而营造出一种积极、清新、纯正的社会风气。通过思想发动、阵地拉动、典型带动,全面激发乡村文化活力,激活文化引领"密码",全力推进乡村振兴。

(一)文化思想发动

思想是行动的先导。清泥湾村把文化思想教育摆在首要位置,经常开展群众文化思想的教育引导。2015 年 6 月 12 日,邀请省直机关党委副书记、组织部部长张勤伟同志,到清泥村就"思想道德建设、公共文化建设"给清泥村全体党员、干部上了一堂生动的党课。从怎样加强两个文明建设,培育文明乡风、良好家风、淳朴民风,到怎样提升农民精神风貌、提高乡村社会文明程度、焕发乡村文明气象,以及做人的基本准则、思想品德的培养等方面展开讲述,讲得形象生动,极具教育感染力。

(二)文化阵地拉动

2015 年 12 月,在省直机关工委的帮助下,清泥村建立文化广场、群众大舞台,安装各种健身器材,增设室内棋牌室、图书阅览室(有各类图书 2000 余册)、老年人

▲重阳节文艺演出

活动室等。2022 年 2 月—6 月 14 日，改建装修原顺星小学教学楼为老年人活动中心，总投资 37.5 万元，设有棋牌室、顺星片党支部活动室、办公室、医疗室、图书阅览室、健身操场、广场舞广场。还有历史文化展览图片，反映了文化、教育的发展进程。

（三）典型文化带动

清泥湾村把"孝"文化、"廉"文化、"移风易俗"文化、农村实用科学知识普及等文化培育作为文化振兴的引擎，村成立了公益事业理事会、清廉村居建设领导小组、服务老年人志愿者队、红白喜事理事会、除治陋习劝导队等组织机构，带动了乡村文化振兴。张贴宣传标语，倡导拒办升学宴、喜事新办、丧葬从简、其他不办。现任村党总支书记在"廉"文化方面以身作则，身体力行，并撰写了《村级干部清廉"八戒"》，对"清廉村居"建设和村组干部的清廉行为，起到示范带头作用。支村两委还广泛动员乡友为村级文化振兴献计出力。乡贤吴烁是深圳市昌卓科技有限公司董事长，2021—2022 年为清泥湾村老年协会捐资 20000 元，给老年人送来了温暖，献上了爱心。2023 年重阳节，清泥湾村在村部文化广场举行了"庆丰收、促和美、敬老人"联谊活动和文艺演出；黄紫电、吴烁、汪亚东、李彬 4 位乡贤捐资 50000 元，给 299 位 70 岁以上老人送寒被 1 件，85 岁以上老人发慰问金每人 380 元，体现了"你在外创业、我替你敬老"的"孝"文化共享心愿。

▲老年活动中心

四、生态振兴

清泥湾村把优化生态、强化宜居作为乡村振兴的支撑点，坚持绿色发展理念，推动生产、生活、生态协调发展，从增强村民环保和健康卫生意识入手，采取综合措施，不断改善本村生态环境，不断加强生态环境保护和农业污染防治，使本村的生态环境水平显著提升，助推乡村振兴的合力明显增强，使美丽清泥湾底色更加浓郁。

（一）治理沙地

清泥湾村村民有在房前屋后种植花木的传统，支村两委加以利用，在全村主干道种植了风景花木，尤其是对荒田隙地进行"见缝插针"的植树绿化。为防止水土流失和沙尘污染，2017年冬，村委将沿长江大堤南沙基地410亩，发包给刘继扬、易旭辉两人，要求该地块只能种植绿色环保的作物，不能种植对农作物有害的东西。刘、易二人按村要求种植了科学改良的绿色环保新型意大利杨两百余亩，中药材枳壳树一百余亩。八年来，这些树木长势旺盛，犹如一片绿色的海洋。

（二）改造厕所

向上申请，争取主动，一改往日的露天厕所为水冲式厕所。2007年至今，全村共改造露天厕所779个。

改造年度数据：2007年200个，2018年200个，2019年365个，2022年3个，

▲拆除空心房

2023 年 11 个。合计 779 个。

（三）拆除空心房

共拆除多年无人居住的空心房、危房 298 户，其建筑面积 20090.65 平方米；深埋建筑垃圾，复垦空心房、危房所占地面积，变废为宝，种植绿色环保的作物，增加了部分农户的收入。

（四）整治人居环境

2019 年起，全村开展实施人居环境整治。具体是：对农舍"穿衣戴帽"打造亮点；整治垃圾场所；无人居住、无户口的房子一律拆除。顺星片区为打造重点，一组、十组的农户房子，全部按吊檐、红瓦、墙壁刮白方案实施，标准高，远望红瓦、白墙，光彩夺目，一片和美景象；新修花园一个，主公路两边铺上绿色草皮，植上红叶石楠、含笑、紫薇、茶花树、大叶樟、八月桂花树等；路边沟渠除杂、清淤，清理水面浮萍、白色垃圾，真正做到了面貌一新，举目远眺，景色宜人。

（五）清运垃圾

村拥有垃圾清运车 4 辆，其中 3 辆为自装自卸自压缩。清运车交由保洁员清运垃圾、负责保管维修。环卫治理方面，村委会与保洁员签订保洁合同书，按村环卫治理

▲农家别墅

制度实施。村树立了 3 个环卫检查结果公示牌,实行一月一督查、一月一公示,按奖惩制度落实。

(六)建设公墓

2018 年新建村级公益性公墓一处,占地 50 亩,2022 年 4 月公墓又进行了升级改造,解决了乱挖乱葬的传统习惯,基本农田也得到了有效保护。在治理豪华墓、活人墓时,把不合规定的乱葬墓绝大部分迁进了公墓基地。

(七)地标立碑

村里设立了石碑地名标示牌,如"清泥湾""顺星洲""潭子拐"等。待立的标示牌石碑还有:顺心尖、龟洲埂码头、上直堤、下直堤、大码口、敖五郎等。

(八)提高饮水质量

2011 年,清泥村新建了一个取长江水为水源的自来水厂。有工作人员住房、厨房、机房、会议室共 6 间,设沉淀池、过滤池、供水塔 1 座。供水线路长 17800 米,解决了清泥、顺星 3700 多人的饮用水困难、水质低劣等问题,也彻底告别了"猪屎台子牛屎路,露天茅厕鸡屎屋"的丑陋现状。该厂的建成,也为老百姓远离血吸虫病打下了良好的基础。村民们用上了清澈见底、甘甜可口符合国家标准的饮用水。

(九)常年健康检查

1. 由乡镇卫生院组成的医疗队,每年下乡一次免费为 65 周岁以上的老人进行身体全面检查。

▲倡导全民公益座谈会

2. 由县级医院组成的医疗队免费下乡进行专项检查。妇女两癌常规筛查，还有眼科、心电图、透视检查。

3. 由清泥湾村乡友章华镇卫生院副院长金文辉及夫人谢翠华、塔市卫生院副院长徐远庆、清泥卫生室医生刘东坡、顺星卫生室医生刘静红组成的医疗队，原市爱卫办主任黎明（顺星下放知青）任顾问，为寓外乡友、乡贤的家属进行免费全面检查。

五、组织振兴

振兴乡村，无疑需要强有力的组织领导和制度规范。近几年来，清泥湾村在镇党委、政府的领导下，结合本村实际，不断探索村级治理的方式方法，把村级管理更加细致化、条块化、制度化。他们健全各种组织和规章制度，用组织管人，用制度管事，充分发挥其带头作用和导向作用，从而全方位有力推进清泥湾村的振兴工作。

（一）支部带村，让基层组织更"硬"

强村先强支部，村务工作执行是否得力，取决于村级党建是否得力。清泥湾村持续加强支部建设，以党建为引领，增强支部的向心力，形成"群众围着党员转，党员围着支部转，支部围绕服务群众转"的良性循环，切实做到"聚民力、化民怨、办民事、解民愁"，夯实村民自治基础。探索党建的高效落实，组织开展多样化接地气的党员集中教育活动，不断提高基层党员的先进性和执行力，充分发挥党员先锋在村级治理中的模范作用。着力打造服务意识强的党员队伍，巩固流动党员管理成效，优化党员积分制考核细则，切实提升基层党员政治觉悟和自治意识。

（二）民主管村，让村民自治更"实"

以群众自治为基础，坚持法治与德治相结合，形成一套因地制宜、奖惩合宜的奖惩激励机制，完善制订出有针对性、实效性的村规民约，进一步在群众中树立"能做什么，不做什么"的自律意识。发挥村民议事会和理事会的作用，将传统文化与地方民俗相结合，建立"四公约"，即管理公约、卫生公约、平安公约、文明公约，潜移默化地推动移风易俗。不断加强村规民约的执行力度，对正面典型进行精神和物质上的奖励，对反面典型坚决进行说服教育，确保乡村治理的路上一个都不掉队，全面弘扬社会良好风气。

（三）协会强村，让社会事业更"活"

村成立了公益事业理事会、帮困奖学理事会、老年人协会等。这些公益组织拓宽思路，集思广益，多种方式激发群众活力，依靠群众力量，解决群众所盼。以村筹村奖的形式开展公益事业，切实化解群众在生产、生活中产生的矛盾和困难；以"援外活内"的形式引领群众投身社会事业，让困难群众、优秀学子受到鼓舞回报社会；以"互助敬老"的形式开展"你在外创业、我替你敬老"的老年人慰问活动，持续发动周边热心群众为年迈者在家中做些力所能及的好事、小事，让老有所依、老有所乐、老有所为。

通过上述几项工作的实施，清泥湾村的风土人情、乡村气息、村民自治、民治共享、社会风尚得到了大大提高和加强。垃圾入桶、鸡犬相闻、道不拾遗、空气净化、环境优美、交通便利、人人遵规、个个守章、邻里和谐，清泥湾村已初具和美村庄气象。

附：2018—2023年清泥湾村公众安全感测评成绩单

年度（年）	得分	镇排名	县排名
2018	93.03	10	121
2019	79.67	17	127
2020	84.80	6	69
2021	99.88	1	3
2022	92.40	6	56
2023	82.60	14	69

注：全县155个村，48个社区，合计203个村、社区。

东山镇乡村振兴促进会清泥湾村工作站组织机构

（2024 年 3 月 7 日村民代表大会通过）

主　　　任：徐云汉

副 主 任：徐　干　丁金堂

委　　　员：易锦富　邹东祥　刘继扬　罗珍炎

秘 书 长：刘继扬（兼）

帮困奖学：徐树汉　易锦富　邹东祥

敬　　　老：徐　干　丁金堂　罗珍炎

村志修编：刘继扬　徐树汉　丁金堂　邹东祥

志愿服务考核组：徐　凯　徐　干　邹东祥　罗珍炎

分会组织结构

顾　　　问：谢先龙　邹鲁文

会　　　长：邹武志

执行会长：吴　烁　汪建文　李　军　季中志

副 会 长：徐树汉　徐　干　丁金堂　刘继扬

秘 书 长：汪亚东

工作任务：坚持乡村振兴战略打响清泥湾村帮困、助学、敬老、奖优的新品牌，倡导积极向上的精神风貌，从而实现广大村民凝心、聚力谋发展的局面。

▲召开屋场民主议事会，就村级管理、生产自救、产业发展等工作面对面宣讲、讨论、安排

▲ 乡村振兴促进会清泥湾村分会筹备会（东莞）合影

第八章　人物

第一节　革命烈士

（以姓氏笔画为序）

朱生广

男，1889年2月出生于清泥湾。1931年5月加入中国共产党，同年8月在塔市驿被杀害，牺牲时任华容县一区七乡苏维埃政府经济委员。

刘纪春

男，1908年5月出生于清泥湾。1930年9月参加革命，1931年3月在湖北省潜江县竹根滩作战牺牲，牺牲时任红二军团六军十六师四十七团班长。

刘丙兰

男，1881年出生于塔市驿老垱村上堤边。1931年8月在江洲被杀害，牺牲时任华容县五区六乡苏维埃政府土地委员。

刘育干

男，1913年4月出生于清泥湾潭子拐。1930年参加革命，1931年在清泥湾金家门被杀害，牺牲时任华容县清泥乡青年团支部书记。

刘焕清

男，1902年出生于顺兴乌龟洲。1930年8月参加革命，1931年3月加入中国共产党，同年10月在湖北省天门县作战牺牲，牺牲时为红三军九师二十六团三营战士。

刘福林

男，1901年4月出生于清泥湾。1930年6月参加革命，1931年3月在湖北省监利县朱河烂泥沟作战牺牲，牺牲时为湘鄂西江南游击队八大队战士。

江民主

男，1898年3月出生于清泥湾。1929年参加革命，1931年10月在湖北省洪湖作战负伤后牺牲，牺牲时任湘鄂西江南游击大队三分队长。

孙瑞育

男，1912年8月出生于清泥湾。1931年5月入团，1931年8月在塔市驿财神庙被杀害，牺牲时任华容县一区七乡共青团支部书记。

孙志炎

男，1898年10月出生于清泥湾。1929年参加革命，1930年加入中国共产党，1931年9月在湖北省荆门县沙阳镇作战牺牲，牺牲时任红三军九师排长。

孙亚东

男，1906年出生于清泥湾。1930年8月参加革命，1931年加入中国共产党，同年10月在湖北省陶家市因事故牺牲，牺牲时任湘鄂西江南游击队八大队二中队排长。

花瑞章

男，1902年11月出生于塔市驿长江村南岭子。1930年参加革命，同年加入中国共产党，1931年8月在清泥湾被杀害，牺牲时任华容县八区六乡赤卫队指导员。

李汉清

又名远汉，男，1910年2月15日出生于龟洲垸（今顺星三组）。中共党员。1928年加入塔市驿赤卫队。1930年9月9日，被国民党保安团杀害于塔市驿排头山。牺牲前系塔市驿赤卫队队长。现葬于塔市驿村八组四屋场李家祖坟山。

吴友林

男，1899年12月出生于清泥湾。1926年在砖桥被杀害，牺牲时任华容县东山区砖桥乡农民协会副委员长。

吴华山

男，1908年6月出生于清泥湾。1929年2月参加革命，1930年加入中国共产党，同年8月在江洲顺兴矶被杀害，牺牲时任华容县八区六乡苏维埃政府主席。

汪幺二

男，1894年2月出生于清泥湾。1931年8月在清泥湾被杀害，牺牲时任华容县八区六乡赤卫队分队长。

汪中汉

男，1907年4月出生于清泥湾。1929年参加革命，1930年加入中国共产党，1931年8月在清泥湾被杀害，牺牲时任华容县赤教军教练员。

汪运贵

女，1884年2月出生于塔市驿高桥村下狮垅。1931年参加革命，同年8月在清泥湾被杀害，牺牲时任华容县一区三乡苏维埃政府妇女联合会宣传委员。

汪松桥

男，1896年5月出生于清泥湾。1926年8月参加革命，1928年7月在湖北省监利县南门堤上被杀害，牺牲时任华容县三区四乡农民协会执行委员。

汪德怀

男，1887年6月出生于清泥湾。1930年3月参加革命，1931年8月在塔市驿被杀害，牺牲时任华容县八区六乡赤卫队中队长。

金玉顶

男，1907年2月出生于清泥湾。1930年参加革命，同年10月在津市作战牺牲，牺牲时为红二军团六军十七师战士。

周承汉

实姓邹，即邹承汉，部队改姓周，男，1925年12月27日出生于顺兴乌龟洲（此烈士详情录在人物传略）。

郝先玉

男，1906年5月出生于湖北省监利县，后迁入顺兴乌龟洲。1931年8月在塔市驿被杀害，牺牲时为华容县八区六乡赤卫队队员。

姜荣敦

男，1910年出生于顺兴乌龟洲。1930年10月在津市作战牺牲，牺牲时为红二军团六军十七师四十九团战士。

柴继望

男，1908年出生于顺兴乌龟洲。1930年参加革命，同年9月在新沙洲作战牺牲，牺牲时为华容县八区六乡赤卫队队员。

徐丹锦

男，1909年11月出生于清泥湾。1930年9月参加革命，同年加入中国共产党，同年在澧县作战牺牲，牺牲时任红二军十七师四十九团二营五连排长。

徐四保

男，1913 年 3 月出生于顺兴乌龟洲。1931 年入团，同年 11 月在塔市驿被杀害，牺牲时任华容县八区六乡苏维埃政府通信员。

徐　行

男，1893 年 6 月出生于清泥湾。1926 年参加革命，1928 年在江西省井冈山作战牺牲，牺牲时任红四军学生连副连长。

徐国栋

男，1911 年出生于顺兴乌龟洲。1929 年 8 月参加革命，1930 年 4 月在湖北省监利县朱河烂泥沟作战牺牲，牺牲时为湘鄂西江南游击队八大队战士。

徐泽仁

男，1926 年 12 月出生于清泥湾。1943 年参加革命，同年加入中国共产党，同年七月在华容县城被杀害，牺牲时为华容县地下党组织工作人员。

徐泽恩

男，1911 年 3 月出生于清泥湾。1929 年加入中国共产党，1931 年 8 月在塔市驿被杀害，牺牲时为华容县八区六乡赤卫队员。

徐泽瑞

男，1889 年 1 月出生于清泥湾。1930 年 8 月加入中国共产党，1931 年 8 月在清泥湾大码口被杀害，牺牲时任华容县八区六乡赤卫队分队长。

徐泽锦

男，1924 年 6 月出生于清泥湾。1942 年 2 月加入中国共产党，1945 年在湖北省石首县城被杀害，牺牲时为新四军石公华支队战士。

徐哲二

女，生于 1908 年。1928 年 5 月参加革命，任横岭党支部交通员，1928 年 6 月加入中国共产党。1929 年 6 月打入新时"铲共团"搞武器弹药被抓捕，在湖北省监利县新洲（大马洲）草成湾被杀害。其子刘振新，1965 年移居清泥十组。

徐爱松

男，1910 年 8 月出生于清泥湾。1931 年加入中国共产党，同年 8 月在江洲顺兴矶被杀害，牺牲时任华容县一区五乡党支部宣传委员。

徐　庶

男，1896 年出生于清泥湾。1926 年参加革命，1928 年在江西省井冈山作战牺牲，牺牲时任红四军学生连连长。

彭楚万

男，1903 年 2 月出生于清泥潭子拐大码口。1930 年 8 月参加革命，同年 12 月在津市作战牺牲，牺牲时为红二军团六军十六师四十七团战士。

傅书林

男，1906 年 1 月出生于塔市驿芦花村杨树垱。1928 年参加革命，1931 年在清泥湾作战牺牲，牺牲时任华容县五区六乡赤卫队中队长。

蔡汉斌

男，1911 年 8 月出生于塔市驿老垱村上堤边。1931 年 8 月在清泥湾被杀害，牺牲时为华容县五区六乡赤卫队队员。

谭友香

男，1906 年 4 月出生于清泥湾。1930 年 8 月在江洲八十三丈被杀害，牺牲时为华容县八区六乡赤卫队队员。

谭孝云

男，1876 年 12 月出生于清泥湾。1930 年 8 月在江洲八十三丈被杀害，牺牲时任华容县八区六乡农民协会户籍组长。

谭孝胜

男，1881 年 6 月出生于清泥湾。1930 年加入中国共产党，1931 年在清泥湾被杀害，牺牲时任华容县五区六乡苏维埃政府土地委员。

黎大友

男，1891 年 4 月出生于清泥湾。1931 年 8 月在塔市驿被杀害，牺牲时任华容县八区六乡农民协会委员。

黎大本

男，1913年3月出生于清泥潭子拐大码口。1930年8月参加革命，同年8月加入中国共产党，1931年1月在湖北省监利县龙兰司作战牺牲，牺牲时为红二军团六军十六师四十七团战士。

黎大金

男，1902年7月出生于清泥潭子拐大码口。1931年8月在塔市驿被杀害，牺牲时任华容县五区六乡苏维埃政府经济委员。

黎中望

男，1913年4月出生于清泥湾。1930年6月加入中国共产党，1932年在湖北省天门县瓦庙基作战牺牲，牺牲时为红三军二十五团战士。

黎昌为

男，1893年3月出生于清泥潭子拐大码口。1929年加入中国共产党，1931年8月在塔市驿芝湖窑口被杀害，牺牲时任华容县八区苏维埃政府秘书。

黎家真

男，1910年6月出生于清泥潭子拐大码口。1930年8月参加革命，1931年9月在湖北省沔阳县作战牺牲，牺牲时为红三军八师二十三团战士。

魏步林

男，1905年7月出生于清泥湾。1929年参加革命，同年加入中国共产党。1931年9月在清泥湾被杀害，牺牲时任华容县塔市乡共青团支部书记。

王必用、许运生、蔡大和（历史档案遗失）。

第二节　革命军人

革命军人是人民军队的军人,无论抗日战争、解放战争,还是和平时期抗击疫情、抗洪救灾等,都离不开革命军人。

清泥湾村有记录的革命军人共160人。1949前年入伍63人,1949年后入伍97人。参加中原突围4人,参加抗美援朝9人,参加对越自卫反击战3人。

中原突围

罗秋香,男,1918年出生于华容县塔市驿镇蓝家村,1944年6月加入新四军江南挺进支队,活动于湖南、江南、湖北监利等地作战,因病返家。

李金湘,男,1919年3月出生于华容县塔市驿镇清泥湾村。1943年7月在高家湾参加江南支队一连二排五班,活动于桃花山一带。1944年古腊月三十参加邹山庙、佛寺坳、三封寺、广兴洲等地作战,腿部受伤。1945年8月,日本投降,随军进入根据地转移北上,因腿受伤和长疗子退役回家。

谢湘池,男,1924年12月出生于华容县塔市驿镇顺星乌龟洲。1944年5月在老垱堤加入新四军江南挺进支队第五师四十五团三营,活动于湖北京山、应城、天门、云梦等地,后进驻大吾山,因患痢疾而返乡。

黎中元,男,1927年8月出生于华容县塔市驿镇清泥湾。1944年10月在东山曾家屋场编入新四军四十五团,二营五连三排八班。1945年9月在湖北监利、麻城等地作战,因打摆子不能随部队行军作战,在熊口医院被送回家。

抗美援朝

1951年12月,为响应毛泽东主席提出的"抗美援朝,保家卫国"号召,清泥村李春发、李春华、徐君爱赴朝参战;清泥村胡金尧、金支宜、黎朝准、季伯香、汪必金,顺星村程斌,继参加解放战争之后又欣然赴朝参战。

自卫反击战

1979年2月27日,清泥大队朱三保、王中南及顺星大队黄旅风参加对越自卫反击战。

一、现役军人名录

徐　卓,男,2011年12月1日入伍,中共党员,士官。

邹　广,男,2020年9月1日入伍,中共党员,士官。

刘诗逸,男,2020年9月1日入伍,中共党员,士官。

▲两次获三等军功者、清泥九组朱三保（右），1979 年与战友刘继和（原集成乡人）在中越边境自卫反击战的广西宁明边防作战

　　黎　凯，男，2023 年 3 月 1 日入伍，士兵。

　　谭　顺，男，2023 年 3 月 1 日入伍，士兵。

　　丁辰宇，男，2024 年 9 月 1 日入伍，士兵。

二、退伍军人名录

清泥退伍军人名录

姓名	类别	性别	政治面貌	时间		军龄
				入伍	退伍	
谭年山	军转干部	男	党员	1969 年	1974 年	5
马元德	士兵	男	党员	1970 年 1 月 1 日	1979 年 3 月 7 日	9
丁南科	带病回乡	男	党员	1970 年 12 月 2 日	1974 年 4 月 20 日	4
郑继全	参战	男		1970 年 12 月 9 日	1975 年 5 月 15 日	5
徐树新	参战	男	党员	1976 年 12 月 1 日	1981 年 1 月 1 日	4
金永克	参战	男	党员	1976 年 12 月 1 日	1981 年 1 月 1 日	4
张海清	参战	男	党员	1976 年 12 月 20 日	1984 年 1 月 1 日	7
刘德银	参战	男		1977 年 1 月 1 日	1979 年 10 月 28 日	3
刘书良	军转干部	男	党员	1977 年 12 月	1989 年 12 月	12
朱三保	军转干部	男	党员	1978 年 12 月	1990 年 12 月	12
彭成香	参战	男		1979 年 1 月 1 日	1982 年 1 月 1 日	3

（续表）

| 姓名 | 类别 | 性别 | 政治面貌 | 时间 | | 军龄 |
				入伍	退伍	
彭新春	参战	男	党员	1980 年 1 月 1 日	1984 年 1 月 1 日	4
杨少才	士兵	男		1980 年 1 月 1 日	1984 年 1 月 1 日	4
欧阳超群	士兵	男		1981 年 10 月 28 日	1986 年 1 月 1 日	5
徐树鸿	军转干部	男	党员	1981 年 12 月	1991 年 12 月	10
徐勋祥	军转干部	男	党员	1981 年 12 月	1985 年 12 月	4
刘继清	参战	男	党员	1982 年 10 月 20 日	1986 年 1 月 7 日	3
郑继春	参战	男	党员	1982 年 10 月 20 日	1986 年 1 月 7 日	3
汪必新	参战	男	党员	1983 年 10 月 13 日	1992 年 1 月 30 日	9
徐远法	参战	男	党员	1984 年 11 月 1 日	1988 年 1 月 1 日	3
徐中祥	参战	男	党员	1986 年 11 月 1 日	1990 年 3 月 1 日	3
徐树春	士兵	男		1990 年 3 月 17 日	1992 年 11 月 30 日	3
李长顺	士兵	男	党员	1990 年 12 月 30 日	1993 年 11 月 28 日	3
丁华堂	军转干部	男	党员	2001 年 12 月	2014 年 12 月	13
丁明松	带病回乡	男	党员	2002 年 12 月 1 日	2004 年 12 月 1 日	2
罗 磊	士兵	男	党员	2002 年 12 月 1 日	2004 年 12 月 1 日	2
马烂杰	士兵	男		2003 年 12 月 1 日	2005 年 12 月 1 日	2
彭 伟	军转干部	男	党员	2005 年 12 月	2017 年 12 月	12
胡 威	士兵	男		2007 年 12 月 1 日	2012 年 11 月 25 日	5
朱 洲	退役士兵	男		2007 年 12 月 1 日	2009 年 11 月 25 日	2
欧阳前进	退役士兵	男		2007 年 12 月 1 日	2012 年 12 月 1 日	5
朱鑫海	退役士兵	男		2008 年 12 月 1 日	2013 年 12 月 1 日	3
李 坤	退役士兵	男		2009 年 12 月 1 日	2011 年 12 月 1 日	2
徐纯夫	退役士兵	男	党员	2010 年 12 月 1 日	2012 年 12 月 1 日	2
金 荣	退役士兵	男		2010 年 12 月 1 日	2012 年 12 月 1 日	2
金 霜	退役士兵	男		2011 年 12 月 1 日	2013 年 12 月 1 日	2
徐 遇	退役士兵	男		2013 年 9 月 1 日	2015 年 9 月 1 日	2
朱思广	退役士兵	男		2013 年 12 月 1 日	2016 年 9 月 1 日	3
徐 玄	退役士兵	男		2015 年 9 月 1 日	2017 年 9 月 1 日	2
徐 浩	退役士兵	男		2020 年 9 月 1 日	2022 年 9 月 1 日	2
刘继军	转为士官	男	党员			
徐小明	转为士官	男	党员			
戴肖圆		女		2021 年 9 月 1 日	2023 年 9 月 1 日	2
聂 帆		男		2022 年 9 月 1 日	2024 年 9 月 1 日	2
清泥村合计 43 人						

顺星退伍军人名录

姓名	类别	性别	政治面貌	时间		
				入伍	退伍	军龄
徐金海	带病回乡	男	党员	1968 年 8 月	1973 年 1 月	4
徐致信	退役士兵	男	党员	1969 年冬	1975 年冬	6
徐勋法	带病回乡	男		1974 年冬	1978 年冬	4
曾佑民	转为士官	男	党员	1975 年冬	1978 年冬	3
刘振咸	参战	男	党员	1979 年 1 月	1982 年 1 月	3
易 剑	退役士兵	男	党员	1979 年冬	1984 年冬	5
邹东楷	转为士官	男	党员	1979 年冬	1983 年冬	4
刘继清	参战	男	党员	1982 年 10 月 25 日	1986 年 1 月 1 日	3
汪双桃	退役士兵	男		1983 年 1 月	1987 年 1 月	4
陈卫星	退役士兵	男	党员	1990 年春	1994 年 1 月	4
刘继尧	退役士兵	男	党员	1990 年冬	1993 年冬	3
汪永红	转为士官	男	党员	1991 年冬	1994 年冬	3
徐忠益	转为士官	男	党员	1991 年冬	1994 年冬	3
邹鲁新	退役士兵	男	党员	1993 年冬	1996 年冬	3
胡道成	退役士兵	男		1996 年 12 月 1 日	2008 年 12 月 1 日	12
彭 星	退役士兵	男		1998 年 12 月 1 日	2000 年 12 月 1 日	2
李贻鹏	退役士兵	男		1999 年 12 月 1 日	2001 年 12 月 1 日	2
彭 峰	退役士兵	男		2000 年 12 月 1 日	2002 年 12 月 1 日	2
姜 收	退役士兵	男		2001 年冬	2003 年冬	2
汪 磊	退役士兵	男		2001 年 12 月	2003 年 12 月	2
金昌洋	退役士兵	男	党员	2001 年 12 月	2003 年 12 月	2
徐安乐	退役士兵	男		2001 年 12 月 1 日	2003 年 12 月 1 日	2
邹 毅	退役士兵	男		2002 年冬	2004 年冬	2
黎 磊	退役士兵	男		2004 年 12 月	2006 年 12 月	2
金天宇	退役士兵	男		2005 年冬	2007 年冬	2
黄一帆	退役士兵	男		2007 年 12 月	2009 年 12 月	2
金登台	转为士官	男		2008 年 12 月	2013 年 12 月	5
汪 猛	退役士兵	男		2008 年 12 月	2010 年 12 月	2
李游其	退役士兵	男		2008 年 12 月 1 日	2010 年 12 月 1 日	2
李 进	转为士官	男	党员	2009 年 12 月	2017 年 3 月	8
金 硕	退役士兵	男		2009 年 12 月 1 日	2011 年 12 月 1 日	2
李禹宸	退役士兵	男		2016 年 9 月	2018 年 9 月	2
刘雨轩	退役士兵	男		2018 年冬	2010 年冬	2
徐 欢	转为士官	男	党员	2019 年 12 月	2024 年	5
黎 猛	退役士兵	男				
顺星村合计 35 人						

三、已卒军人名录

姓名	入伍时间（年）	参战类别	政治面貌
高凤真	1939	抗日战争	
李金香	1943	中原突围	
金支宜	1944	抗美援朝	党员
黎朝准	1944	抗美援朝	
汪必金	1944	抗美援朝	
罗秋香	1944	中原突围	
黎中元	1944	中原突围	
谢湘池	1944	中原突围	
王新均	1945	抗日战争	党员
赵学诗	1948	解放战争	党员
邹承汉	1945	解放战争	党员
程 斌	1949	抗美援朝	党员
胡金尧	1950	抗美援朝	
徐君爱	1951	抗美援朝	
季伯香	1951	抗美援朝	党员
刘正东	1951	抗美援朝	
金永华	1952	抗美援朝	党员
徐长生	1953	抗美援朝	党员
谭灯华	1955		
李克成	1957		党员
黎中容	1957		党员
汪全和	1957		党员
姜尚全	1960		党员
欧桃书	1961		党员
徐泽润	1948	解放战争	党员
金如庆	1962	陆军	党员
杨清泉	1963	陆军	
徐金波	1969	陆军	党员
徐成志	1970	陆军	党员
姜昌伟	1972	陆军	党员
黄镇香	1975	陆军	党员
黄旅凤	1977	陆军	
黎湘莲	1977	陆军	
王中兰	1977	陆军	
刘 军	1978	陆军	
刘盛明	2001	陆军	党员
合计	36 人		

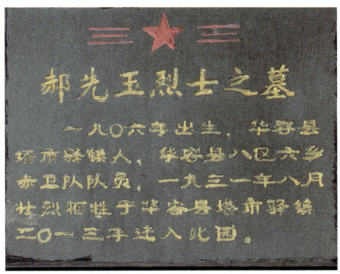

▲郝先玉烈士之墓（位于华容烈士陵园）

▲徐爱松烈士之墓（位于明碧山革命烈士纪念设施群）

第三节　传　略

（以卒年为序）

徐永锡（1745—1823 年）

字超五，一字汇侗，别号莰洲，清泥一组徐树信第十五世祖。从小读书聪敏勤奋，十岁出外求师学习，十九岁进学（考上秀才）。乾隆五十四年（1789）恩科举人。又于庚戌（1790）、乙卯（1795）、辛酉（1801）年三次上京会试，未中。于嘉庆六年（1801）由吏部挑选，分发到四川任知县，候补两年，嘉庆八年（1803）59 岁时才上任。曾先后任四川射洪（嘉庆八年 1803）、纳溪（嘉庆九年 1804）、高县（嘉庆十一十一年，1805—1806）三县知县，为时四年。任职期间，谨遵职分，不妄受一文，无滥刑一杖，做到"清、慎、勤"三字问心无愧。嘉庆十一年冬（1806）乃致仕归田，时年 62 岁。晚年，含饴弄孙，优游林下。道光三年（1823）去世，享年 79 岁。光绪八年版《华容县志》"人物志"有传。

徐毅候（1901 年 6 月—1948 年 4 月）

派名树鸿，常用名瑞斌，男，顺星四组人。幼时入私塾学习多年。1926 年考入黄埔军校武汉分校，学期未满之时，受孙中山先生进步思想影响，参加国民革命军，讨伐反动军阀，不久部队编入国民党中央军某部。抗日战争中，骁勇善战，屡立战功。1940 年任国民党军某团副团长。1948 年任国民党军某师副师长，部队驻扎南县、沅江、益阳等地。曾多次拒绝参加内战。1948 年 4 月去世。

金声震（1896—1954 年）

谱名其伟，字应志，别号寿峰，男，清泥五组人。毕业于湖南公立法政专门学校，在家设馆授徒。1935 年任东山区区长，在职二年。其间，因长江大水，万家垸、白洋垸、长宁垸先后溃决，田禾尽淹，垸民损失惨重。国民政府拨款救灾，但被县警察局吞没。金声震拍案而起，亲撰讼词，状告警察局长徐上达。经据理力争，救灾款终于到达灾民手中，金声震的"好官"名声由此传开。卸职后，一直在清泥湾坐馆教读乡亲子弟，同时行医救人。1952年，因曾任国民政府乡长之事被审查4个月，后继续教书，直至1954年去世。金声震学识渊博，执教终身，且为人正直，乐于为乡亲解困纾难，受到乡人的尊重，中年之后，无人直呼其名，皆尊称"金先生"。

▲邹承汉

邹承汉（1925年12月27日—1956年6月1日）

部队改姓周，男，顺星六组人，中共党员。自幼聪慧过人，喜好读书。1943年9月，考入李先念创办的抗日军政系列——洪工学校，其性质为工人农民抗日军校，校址设今洪湖市。学友有陈树荣、杨秋厚。在校期间，学习刻苦，成绩优秀。1945年10月在安徽省阜阳军分区工作，1947年3月任连长，参加巫山巴东剿匪受伤后返回原部驻地，因部队换防重新入伍。1948年11月加入中国共产党。1949年参加解放战争（部队属陈粟大军），在解放隆华区时被手榴弹炸伤八处。曾获8枚解放纪念勋章。

1952年，任阜阳军分区政工干事、团党委、政工科长。1954年，调任第六步兵预备学校指导员。在任期间，工作扎实，成绩显著，待人诚恳，友爱战友，赢得战友们的一致好评，多次受到上级表彰。1956年6月1日，因患何杰金氏病（青年人中一种常见的恶性肿瘤之一，以颈部淋巴结和锁骨上淋巴结最为常见），加之旧伤病复发，在南京大军区总医院病故，年仅31岁。

▲黎作楷

黎作楷（1922年12月—1989年1月）

男，出生地为塔市驿烟灯村，中共党员。1963年年初举家迁居顺兴大队第五生产队（今顺星十组）。

1948年加入中共华容县东山地下党支部。中共东山地下党支部是解放战争时期华容县最早的两个地下党支部之一。面对困难和挫折，他们从未退缩，战胜了一个又一个困难，为解放华容全境打下了坚实的组织基础和思想基础，作出了重要贡献。

1950年，任华容县土改工作队队长，成为全县土改工作的骨干成员。

1951 年，受党组织派遣到武汉华中师范学院脱产学习两年。

1953 年，学习期满回华容，任华容县文教科代理科长。

1957 年，被错划为"右派"，开除党籍，下放到农村劳动教养。

1978 年党的十一届三中全会后，落实干部政策，中共华容县委决定恢复其党籍，落实待遇，安排到华容县砖桥乡初级中学任教。

1979 年，恢复原职级，任塔市林场副场长（正科级）。

1982 年，离职休养，享受副县级待遇。

1989 年 1 月去世，享年 68 岁。

黄启洪（1956 年 6 月—1989 年 6 月）

笔名黄金果，顺星二组人。

他在中学时代就热爱文学，无书不读，手不释卷，写下了大量的诗歌、散文习作，是学校墙报、黑板报的主要编撰者，深得老师、同学好评。

他热爱书法，1970 年暑假，在家临帖，学写大字，墨汁用了十几斤，毛笔字大有长进。自此，一直练习书法不辍。

1974 年，从塔市中学高中毕业回乡务农，耕作之余，读书、写作不误，当年，《洞庭文艺》即发表他旧体诗多首。

1975 年 2 月，他到顺兴小学任教。曾谱曲填词，为学校创作校歌，在学生中传唱。

1979 年元月，进华容一中 52 班复读。在半年的时间里，经过强化训练，终于克服了学科的严重不平衡，大幅度地提高了数学、英语成绩，于当年考入湖南师范学院（现湖南师范大学）中文系。

1983 年 6 月毕业，分配到华容一中从事语文教学工作。因为底蕴雄厚、方法灵活、为人亲和、工作负责，教学效果显著。

工作期间，他努力撰写教学论文，在多家专业刊物发表。这时，散文创作已经成为他的主攻方向。他努力向国内外散文大家学习，逐步形成了自己的散文特色，语言清新优雅，富有思辨精神，形象生动可感。几年时间里，他的创作硕果累累，当时的名刊如湖南的《年轻人》、辽宁的《辽宁青年》等，卷首语经常采用他文质兼美的作品，并在广大读者中形成了一定的影响。如《麓山的笑》一文，被许多文学爱好者抄录，作为范文诵读。他去世前发表的《走出小屋》《奔向帆樯驶来的地方》等，获得了读者的热烈反响。

他收到过几所大学的商调函，均因故未能成行。

黄启洪英年早逝，其文学才华没有得到充分展示，令人遗憾。

华容县第五届政协副主席、华容资深语文教师王爱民先生是他生前同事与好友，曾挥泪为其写下挽联：

用心启迪洪蒙，十载辛勤育桃李；

如愿走出小屋，一生执着奔帆樯。

杨为友（1936年10月—1993年8月）

▲杨为友

男，出生于湖北省监利县城关镇，中共党员。1940年迁居龟洲垸（今顺星），1955年定居清泥七组。

20世纪50年代初期任清泥乡秘书、中岭高级农业社会计。"大跃进"期间任东山公社长江大队试验站站长（农技推广），清泥大队大队长。"四清"运动期间，曾参加县委社教工作队。1965年任华容县农代会副主任。1968任华容县革委、塔市公社党委秘书、塔市人民公社革委会委员、清泥大队革委会副主任。1972—1984年，任清泥大队党支部书记。后调任江洲乡养殖公司经理、江洲油脂化工厂厂长、江洲乡党委秘书等职。

任职期间，作风朴素，带头苦干，组织村民做了五项标志性工作。

一是兴水利、抓命脉。20世纪70年代组织全体群众，开挖抗旱直渠、清泥与长江分界直渠、排灌"四渠五路"、利民渠、利民路、利群路、光明路，渠路总长度30720米，移动土方15.6万方。新建了清泥闸、二线大堤闸、利民渠多处桥闸。1979年在长江边上建造了55千瓦的抗旱机埠一座，从此基本解决全大队的抗旱问题。

二是兴教育、办实事。1973年修建清泥小学，1983年

修建清泥小学教学楼，解决了清泥大队学生就地读书难的问题；建立电影队、露天电影院，活跃和丰富群众文化生活。

三是兴企业、创增收。20世纪70年代大队创办综合厂，包括油脂加工、食品加工、锯板加工、打米加工、铁器加工；成立木工、瓦工、缝纫、理发组；组建水运船队（2艘机帆船，2只木帆船）；购置2台拖拉机。这些措施为集体和个人增加收入。

四是兴科技、调结构。1977年大队常规稻改杂交稻1000亩；1978年种植杂交高粱1500亩；1979年种植杂交玉米1500亩。结构的调整使大队粮食增产100多万斤。

五是兴示范、比奉献。1977年在团洲月牙湖工程三个月的战斗中，身先士卒，同群众同吃、同住、同劳动。在他的带领下，工地上欢声笑语、你追我赶、热火朝天，胜利地完成任务，得到县级领导的表扬和表彰。

汪树辉（1923—1995年）

男，清泥四组人。1948年加入中国共产党，为中共老垱堤地下党支部委员（黎作善任党支部书记，党支部后更名为中共东山地下党支部）。1949年后在长沙市商贸工作至退休。

谢守忠（1944—1998年）

男，顺星七组人，中共党员。1960年监利县红城中学毕业。1961—1974年，历任生产队会计、指导员、队长。1975—1978年，任顺兴大队会计、管委会副主任。1979—1989年，任顺星大队党支部书记，其间，任县党代表两届、县人大代表一届。1990—1992年调任江洲乡汽渡所所长、党支部书记。1993年调任江洲乡畜牧站长、党支部书记，1998年退休。

汪祯福（1906年1月23日—2001年9月14日）

别号洪，男，清泥三组人。毕业于黄埔军校一总队十期和中央训练团一总队十期。曾任国民党军陆军步兵上校团长。1984年任华容县政协委员。

李远怀（1926 年 1 月—2001 年 12 月）

字铭恩，男，清泥二组人，中共党员。

1942 年加入新四军（李先念部）抗日。在 1945 年攻打新沙洲战斗中，英勇顽强，拼死作战，受到新四军某部首长赏识，并安排其身边喂马。随后一直随部队转战南北，直至 1949 年全国解放。

中华人民共和国成立后，历任班长、排长、连长等职。1954 年复员转地方工作。1955 年调任华容县第五区（东山片区）区委书记，三个月后转华容县生资公司工作。1972 年调任塔市公社革委会主任（未上任），后一直在华容县生资公司工作至退休。

▲邹启湘

邹启湘（1938 年 12 月 15 日—2004 年 8 月 7 日）

男，顺星一组人。大学文化，中级兽医师。1960 年考入湖北省畜牧兽医专科学校。1963 年大学毕业，因家庭出身原因，没有被安排工作。曾先后在胜峰公社、砖桥公社、塔市公社（平顶大队、清泥大队）任代课老师。其间利用闲时向木匠、瓦匠、裁缝等学习手艺。因悟性高、肯钻研，技术学得不错。曾多年义务为乡邻修理农具，建造猪屋、牛栏屋等。

1973 年被安排到乡村做兽医，后转至乡畜牧站负责财务工作，直至退休。其间除做好本职工作外，还将家畜防疫、阉割知识无偿传授他人。财务工作一丝不苟，清清楚楚。1998 年退休。

曾先后当选政协华容县第四届、第五届、第六届委员会委员。

▲徐勋郎

徐勋郎（1935—2007 年）

女，顺星三组人，中共党员。1955 年毕业于湖南常德师范后，分配到华容县东山完小任教。1957 年调任三封完全小学校长。任校长期间，同其他老师一样教学，所教班级的学习成绩居全县前列，关心爱护每一个学生，深受学生爱戴。20 世纪 50 年代末被誉为华容教育系统的楷模，当时全县教师中流传着这样的话："学徐勋郎、赶徐勋郎、要和徐勋郎一个样！"1959年获湖南省"劳动模范"称号。1960—1964年任华容二中办公室主任。1964—1969年任华容县电影院副经理。1969—1972年任华容县文工团副指导员。1972—1975年任华容县文化馆馆长。1975—1990年任华容县招待所所长。曾多次被评为优秀党员、先进工作者。

李遵福（1933年9月29日—2011年2月26日）

男，清泥十组人，出生地为湖北省监利县容城镇三间村五组，1938年落户清泥湾。从未上学，靠自学识文断字。

1951年参加农村工作，1952年7月加入中国共产党，1955年任中岭初级农业合作社主任，1956年任中岭高级农业合作社主任。

1954年9月带队到益阳沅江治湖，工程历时七个月。因表现突出，参加湖南省劳模大会，获"特等劳模"称号。

▲李遵福

1958年任东山人民公社长江大队党总支委员、丰收党支部书记，发展蚕桑面积280亩，户户养蚕，社员收入提高。公共食堂管理有序。带领社员加修外洲幸福巴围大堤的南直堤2200米，移动土方21000方。开挖垸内跃进渠1500米，移动土方16000方。

1961年，清泥大队被评为养猪先进单位，参加湖南省劳模大会并领奖。

1957—1972年春任清泥大队党支部书记。带领群众开荒扩种，增加耕地面积420亩，积极开展生产自救，大力发展集体经济，建油榨，设代销店，购机帆船1只、木帆船2只，用于长江摆渡。大队办打米、轧花加工厂等等。大队粮食增产，副业创收。建医疗室办合作医疗，为全大队社员免费治病，修草舍大队部、大礼堂，队队都新建学习室。

1968年，带领全大队社员参加长江改道，工程历时六十多天，与社员"三同一片"，因成绩显著，参加县积极分子代表大会并获奖。

1971年，县办东山水库工程，全大队率先出色完成任务。

任职期间，开挖引水渠8条，长1600米，移动土方17000方。抗旱灌渠8条，长1300米，移动土方23000方。

四清渠 1500 米长，移动土方 13000 方。

1972 年春，调任塔市人民公社工交党支部书记，后任石英窑厂厂长、塔市公社岩石厂厂长、江洲公社岩石厂厂长等职。在此期间，多次被公社评为优秀共产党员、模范标兵。

1985 年退休。1998—2002 年任清泥村村民议事会主任。

徐立（1930 年 4 月—2012 年 8 月）

▲徐立

男，清泥二组人。1952 年 9 月就读于湖南医学院。1957 年 7 月毕业后留校，在湘雅二医院眼科工作。1978 年晋升为主治医师，1985 年晋升为副教授、副主任医师。1990 年 11 月退休。2012 年 8 月 23 日，徐立因病医治无效，在长沙逝世。

徐立长期从事眼科的医疗、教学、科研工作，具有扎实的眼科学理论知识和丰富的临床经验，一生诊治病人无数。他不但协助历任科室主任抓医疗卫生制度的落实，更为学科建设和人才培养提出了许多合理化的建议。在他和其他老专家的传、帮、带下，湘雅二医院眼科得以发扬光大、后继有人，目前已发展成为湖南省重点学科和国家临床重点专科。

1973—1976 年，受国家卫生部派遣，他作为医疗专家赴塞拉利昂参加援外。

徐立生活俭朴，将省下来的每一分钱都捐给需要帮助的人。当医生时，如果病人看病时带的钱不够，他会毫不犹豫地给予帮助。他几十年如一日，每年资助好几位贫困学生求学；他积极参加赈灾捐款，2008 年冰灾、汶川大地震时都慷慨解囊；他还分别给医院团委、工会、离退休办捐款，作为活动经费和年轻人的教育经费。

徐立始终在自己的岗位上默默耕耘和无私奉献。退休后，他坚持给离退休老同志送书报、信件、工资条；他坚持每天在医院"巡视"，发现问题及时登记，并向院领导反映。徐立生前立下遗嘱，一是捐献遗体，二是捐献自己珍藏的医学书籍，同时还动员妻子一起签下遗体捐献申请书。

徐立逝世后，他的事迹引起了媒体的广泛关注。经

《人民日报》、新华社、《光明日报》《健康报》《湖南日报》、湖南卫视等媒体深入报道后，在全社会引起了强烈反响。2013年9月，中南大学湘雅二医院党委作出关于向徐立学习的决定，并组织了多个层面的学习座谈会、先进事迹报告会。中南大学追授其"中南大学先进教育工作者"荣誉称号。时任省委书记、省人大常委会主任周强等领导作出重要批示，要求以多种形式大力宣传徐立感人事迹。同年年底，徐立被评选为"中国网事·感动2012"第四季度感动人物。湖南省委宣传部将徐立树为全省重大典型。

（本文根据中南大学出版社出版的《大爱医者
徐立》序言整理）

李克城（1942—2013年）

男，清泥一组人，中共党员。

1960年，参加中国人民解放军。从军8年，多次受到军区嘉奖并提至连级。1968年转业，直接分配到交通部四航局三公司船舶旅工处驻湛江办事处工作。1969年，受国家委派到老挝、越南、柬埔寨等参加援外工作，三年后回国，担任湛江办事处办公室主任至退休。

金继炎（1938年8月27日—2013年12月）

男，清泥五组人，中共党员。监利一中高中毕业，在校加入中国共产主义青年团。1960年6月至1970年1月，在湖北省监利县人民武装部工作，任政工干事，其间入党。1970年1月至1971年2月调湖北省石首县绣林镇任干部。1971年2月至1974年7月，调湖北省石首县文工团工作，任党支部书记兼政治指导员。1974年7月至1978年7月，调到湖北省石首市第一中学工作，任革委会副主任兼党支部副书记。1978年7月至1979年3月，调到湖北省石首县绣林镇中学工作，任副校长兼党支部副书记。1979年3月至1979年6月，调到湖北省石首县绣林工商所工作，任副所长。1979年6月至1998年8月，调到湖北省石首县人民法院工作，任刑事庭庭长，正科级审判长至退休。

▲徐郁勋

徐郁勋（1932年9月—2013年12月）

男，顺星五组人，中共党员。1950年参加工作，1954—1956年任顺兴社主任，1957—1979年任顺兴大队党支部书记。

1954年9月，带队参加益阳沅江省级治湖工程，至1955年3月结束，历时7个月，被评为省级特等劳模。

1957年，组织全村男女劳力，用一个冬天新修了幸福堤，并加高、加宽、加固了上下直堤、龟洲垸南挡水堤及长江大堤。

1958年，带队完成治理南洞庭工程后，又组织全大队劳力修建大队部，于次年底竣工。

1975年，组织修建带有舞台、广播室、办公楼的新大队部。

1976年，除完成秋冬修任务外，组织全大队劳动力开挖了顺心渠等5条渠道，同时修了5条傍渠路，总投工3240个，总修建渠、路3500米，移动土方23400方。垸内路面宽坦，出行方便；渠道畅通，旱涝缓解。

1978年，组织劳力于正月十五动工，新修长3100米、宽7米的顺民路，把原主路南移60米，完成土方19000方。同时开工修建顺兴排灌闸，调动劳力5000多人次，耗费材料黄土40方、水泥40吨、石灰20吨、平板石16方、碎石40吨、混凝土30吨、条石17方、启闭闸1台。排灌闸的修建，基本解决了顺兴农田抗旱问题。

汪全银（1933年2月23日—2016年8月17日）

字蕃春，男，清泥五组人。中共党员。青少年时期在监利县（现监利市，下同）求学，毕业后一直在监利县工作。曾任县委办主任、县广播局局长、县委党校校长、镇党委书记等职，于监利县政协秘书长任上退休。

姜昌伟（1950—2021年）

男，顺星九组人，中共党员。

1971年参军，1973年年底退伍。1974年经大队推荐为社来社去培养对象，进入华容县师训班学习两年。曾任华容县第三中学高中数学教师，华容县第二中学高中物理教师、教导干事、后勤主任，华容县第一中学高中历史教师，教学仪器厂厂长等职。国家恢复高考制度后，他追求进步，乐于助人，除本人完成大学本科、研究生学历外，还专心引导、辅导、帮扶家乡农民子弟多人进入高中学习，让一些学子能有机会考入高校深造。2011年退休。

▲金支秋

金支秋（1932年11月—2022年1月）

男，清泥五组人，中共党员，大学文化。

1950年加入中国新民主主义青年团。1951年在监利简易师范学校参军参干，曾先后在西安预总、第九航校学习。毕业后被分配到北京空军司令部情报处，后被编入空军独立师团参加抗美援朝。在部队期间，荣立二等功一次。1953年，加入中国共产党。后因父亲历史问题被取消党籍，复员回华容被安排到县粮食局，未就职。

1957年在监利一中高中部考入湖北师范学院。1959年秋获国家体委颁发的"国家三级运动员"称号。1961年，大学毕业后，先后在黄冈路口中学、迴龙山中学、嘉鱼牌州中学任教八年，曾被评为"红旗教师"。1969年，调入铁道部武昌车辆厂子弟小学和子弟中学任教。先后任班主任、教导主任、副校长、校长等职，历年被评为先进工作者。后调任武昌车辆厂职工学校校长，多次被铁道部铁路工业总公司评为教育战线优秀干部，并受到嘉奖。曾发表论文《试论知识转化为能力提高——成人教育质量的中心课题》，获铁道部优秀科技论文二等奖。1984年，因父亲问题得到平反，恢复党籍。1994年12月1日退休。

鄢秋生

男，生卒年不详，原华容县新河公社（现新河乡）水产场职工。1962—1967年，全家五口来清泥大队舒家直路搭建茅屋三间定居，在长江边以捕捞鱼苗为业。他除了不定期将多类鱼苗运回新河乡水产场放养外，同时也为清泥大队及其邻近大队的许多生产队、养鱼户提供了多种鱼苗，一定程度上改善了原江洲乡范围内农民的膳食结构。此前，清泥、顺兴垸内池塘鱼类品种单调，且数量有限。

第四节 其他人物

（以姓氏笔画为序）

邓 威

男，1985年12月出生，清泥十组人。2003年9月至2007年6月，在湖南师范大学化学化工学院化学专业学习毕业，获理学学士学位。2007年6月至2008年9月，在湖南博瑞新特药有限公司工作。2008年9月至2011年6月，在中国人民大学理学院化学系无机化学专业学习，获理学硕士学位。2011年9月至2018年12月，在中国人民大学理学院化学系化学专业学习，获理学博士学位。2019年2月至今在北京工业大学，从事博士后研究工作。在博士和博士后期间主要从事氮基配体与钯、铂金属矢量配位的超分子及功能研究。

刘述梅

女，1969年出生，顺星五组人，华南理工大学材料科学与工程学院教授、博士生导师。

1990年毕业于湘潭大学化学专业，获理学学士学位。1990年7月至2000年6月在湖南省岳阳市氮肥厂从事技术管理工作。2003年毕业于湘潭大学分析化学专业，获理学硕士学位。2006年毕业于华南理工大学材料学专业，获工学博士学位。后一直在华南理工大学（地处广州市）材料科学与工程学院从事教学和科研工作至今。

2015年晋升为教授，2016年被批准为博士生导师，至今已指导博士研究生8人，硕士研究生22人。

她先后主讲本科生课程"高分子化学""高分子设计"以及参与设计性实验的教学工作。主要从事高分子的合成、高分子材料的功能化、高性能化和低成本化改性以及高分子助剂的制备与应用研究。先后主持国家自然科学基金项目、广州市科技攻关项目等；与广东省内企业合作完成了广东省重点领域研发计划项目、广东省战略性新兴产业核心技术攻关项目、广州市产学研协同创新重大专项等。同时还与多个企业合作开展了应用项目开发，取得了良好的社会经济效益。作为第二完成人获得2014年度广东省科学技术奖二等奖。至今研究成果已在 *Chemical Engineering Journal*，*Advanced Materials* 等国外知名刊物上发表论文120多篇，中文期刊发表论文110余篇，申请发明专利78项，65项已获国家授权。

江锡海

男，1954年农历十二月四日出生，清泥八组人，中共党员。1973年元月华容县第三中学高中毕业。1973年9月至1976年2月在清泥小学任教。1976年2月至1976年9月，任清泥大队党支部副书记兼治安主任。1976年10月经清泥大队党支部推荐，上级组织部门考察，招录为国家干部。1976年10月至1988年先后在塔市、东山、江洲公社工作。1988年调到华容县财政局洪山芦苇场工作。1989年下半年调华容县财政局芦苇股，后到湖洲管理站、湖洲管理局工作。1999年调华容县科技局至2007年任主任科员离线退岗。2014年年底退休。

邹海峰

男，1970年10月出生，顺星四组人，中共党员，高级工程师。1990年9月考入天津大学计算机科学与工程系学习。1994年7月毕业分配到广东韶关发电厂工作，先后担任信息中心主任、文秘分部主任及综合部副部长职务。2019年1月调广东省能源集团有限公司下属广东惠州液化天然气有限公司工作。现任该公司总经理。

邹鲁文

男，1964年10月2日出生，顺星一组人，中共党员，西南政法大学硕士研究生毕业。1983年10月入伍，服役广州军区53203部队，任副班长、班长。1987年11月调任广州南区后勤部机关任车队队长。1994年11月专业士官转业地方某银行，先后任办公室主任、车队队长、总务室主任、总经理助理、行长助理等职。

汪建凡

男，1964年3月26日出生，顺星四组人。中共党员，本科学历，工学学士。1986年6月毕业于湖南大学化工系电瓷材料专业。同年7月分配到湖南省醴陵电瓷厂工作，从事电瓷产品设计和销售工作。先后担任技术员、销售业务员、设计处副处长、技术处处长、高瓷分厂厂长、副总工程师、湖南醴陵火炬高瓷有限公司总经理等职。2009年公司改制，先后任华联火炬电瓷电器有限公司高瓷分厂厂长、总工程师。2018年从华联火炬离职。现从事电瓷产业咨询及电瓷产品销售的相关工作。

汪　翱

男，1982年12月出生，清泥二组人。中共党员，研究生学历，讲师职称。2001年9月至2008年6月在湘潭大学学习，分别于2005年6月、2008年6月获得学士、硕士学位。2008年7月进入湖南工业大学工作。现任湖南工业大学科技学院党委委员、党政办主任。

金利民

男，1969年1月28日出生，顺星一组人，中共党员。1989年9月至1993年7月，就读湖北工业大学机电一体化专业，结业。1993年7月至2008年7月，在北京首钢公司工作，搬迁期间任集团职能负责人。2008年7月至2009年9月，在清华大学经济管理专业学习，结业。2009年9月至今，在首钢集团工作。现任子公司执行董事。

金 宏

男，1966年5月出生，顺星三组人，中共党员，本科学历。曾先后在团州乡人民政府、三封寺镇人民政府、华容县委党校工作，历任团州乡纪检干事，水产场支部书记，三封寺镇人大主席团副主席、党委组织委员，县委党校社会培训科科长、后勤科科长、工会主席等职，一级主任科员、四级调研员。曾先后3次获华容县人民政府记功表彰。

金 玲

女，1964年6月出生，顺星三组人，本科学历，中学高级教师。1980年8月参加教育工作，从事英语教学二十余年，任班主任十多年。曾先后获岳阳市"优秀教师"、华容县"素质教育'十百千万'竞赛活动优秀教师"、"优秀班主任"、华容一中"三八红旗手"、"优秀教育工作者"等荣誉称号。

徐 平

曾用名徐远来，男，1965年1月出生，顺星七组人，中共党员。本科毕业于山东海洋学院（今中国海洋大学），华中科技大学工学博士，二级正高级工程师，国家注册咨询工程师（投资）。

1987年7月至今在水利部长江水利委员会长江科学院工作，历任长江科学院岩基所工程设计与计算室副主任、科技教育处副处长、科研计划处副处长、副总工程师，2007—2008年中组部、团中央第八批博士服务团成员挂职西安市水务局副局长。现任长江科学院总工程师，兼任长江科学院研究生部副主任、《长江科学院院报》主编、水利部长江江源区水生态系统野外科学观测研究站站长、湖北省力学学会副理事长、长江治理与保护科技创新联盟副秘书长。

主要从事水利水电工程、岩土工程科研与咨询工作。主持完成三峡、隔河岩、水布垭、构皮滩等大中型水利水电工程的科研课题多项，先后参加或主持完成三峡、水布垭等大型水利水电工程可行性研究、初步设计及专题研究多项。主持和参与完成国家自然科学基金和水利部各类科技计划项目多项。获湖北省科技进步奖3项，发表学术论文数十篇，出版《黏弹性理论与应用》等专著3部。

徐兰丁

女，曾用名徐姣娥，1967年7月出生，清泥一组人。中共党员，本科学历，工程师、高级业务师。1988年7月于湖北省邮电学校毕业后，一直供职于中国电信。曾先后在岳阳市邮电局、省微波局、邵阳市微波局、怀化市微波局、长沙市无线通信局及长沙电信公司等多个单位，分别从事通信技术和经营管理工作。1991年以全省名列前茅的英语和专业成绩选拔赴法国学习考察。2005年《湖南邮电报》曾头版整版刊登其《housewife支前日记》。多次荣获先进工作者、标兵、芙蓉百岗明星、优秀共产党员等荣誉。相继晋升技术经理、高级技术经理、部门主任、分局副局长及局长等职务。

徐孝德

男，1963年7月出生，清泥二组人，研究生学历，硕士学位。1983年毕业于华中工学院（今华中科技大学）后，分配到四川重庆（时重庆没有划为直辖市）仪表一厂工作。相继任车间主任、副厂长、厂总工程师、四川仪器仪表集团首席工程师。曾获数项国家发明专利、国家机械工业局科学技术进步奖三等奖、重庆市科学技术进步奖二等奖等殊荣。通晓英语、日语，在多次出国学习考察中兼任随行翻译，在专业领域直接对话世界顶尖技术专家。先后创建了上海集强机和上海磐苇精密机械有限公司。

徐昌富

男，1976年12月3日出生，清泥十一组人。1996年9月至2000年6月，鞍山钢铁学院，金属压力加工学士。2000年9月至2003年9月，长春工业大学，材料学硕士。2003年7月至2006年12月，湘潭大学，材料与光电物理学院助教。2007年9月至2011年12月，湘潭大学材料物理与化学博士。2007年1月至2011年11月，湘潭大学材料与光电物理学院讲师。2011年12月至今，湘潭大学材料科学与工程学院副教授。曾与他人合著论文多篇。

徐忠爱

男，1968年10月出生，顺星五组人。2006年6月毕业于南京大学政治经济学专业，获经济学博士学位。曾任教于广东商学院。现任广东财经大学经济学院副院长、教授、硕士生导师、经济学学科带头人、民进广东财经大学委员会副主任委员。长期坚持在教育第一线，为本科生和研究生讲授"社会主义经济理论""西方经济学""产业经济学""制度经济学""企业理论与公司治理"等多门课程，主要从事企业理论与农业经济组织方面的研究，先后主持了国家社科基金重大招标项目子课题、国家社科基金面上项目、省部级科研项目等。所撰写的咨询报告，被中央部委采用，主持广东省多个地市的"十三五"发展规划纲要等社会服务项目。在《财贸经济》《经济学家》

等国内学术期刊发表论文 70 余篇，出版《公司和农户契约选择与履约机制研究》等个人专著，参编著作 8 部。

徐忠燕

女，1981 年 11 月 14 日出生，顺星二组人。中共党员，研究生学历，硕士学位。2000 年 7 月考入解放军信息工程大学，至 2006 年毕业。同年分配到火箭军（原二炮司令部）测绘大队从事科研工作。2017 年转业（副处级）到中国农业银行总行工作，负责中后台业务。

徐树鸿

男，1962 年 12 月出生，清泥十二组人。中共党员，大专学历。1981 年 10 月入伍，在中国人民解放军广州军区守备十一师五团历任战士、军械员兼文书。1983 年在中国人民武装警察部队珠海边防五支队服役，历任大队部书记、政治处干事、中队副政治指导员、轮训队政治指导员、后勤处战勤参谋等职。1995 年转业到中国工商银行珠海分行工作，历任支行办公室主任、分行策划部经理等职。2005 年任中国石化珠海分公司办公室主任。2009 年调香洲区政府事业单位人力资源中心工作，历任办公室主任、大学生创业孵化基地负责人至退休。

徐勋涛

男，1965 年 2 月出生，清泥二组人，中共党员，本科学历，工学学士。1978 年 9 月至 1980 年 7 月就读于华容县一中；1980 年 9 月至 1984 年 7 月就读于石家庄高级陆军学校。1984 年 8 月至 2004 年先后服役于武汉军区空军高炮 19 师、广州军区空军随州军械雷达厂、济南军区空军济南军械雷达厂、广州军区空军武汉直属库、广州军区空军武汉基地，历任雷达工程师、计划科长、教导员、处长、总工程师，空军上校军衔。2004 年从军队转业到地方工作。

徐剑雪

女，1972 年 11 月 15 日出生，清泥十组人。1987 年初中毕业考入湖南图书馆情报学校图书情报专业。1990 年 7 月毕业后分配到华容县图书馆工作，历任图书管理员、副馆长、馆长。2002—2007 年被选为华容县第十四届人大代表。2012 年 9 月调任华容县文体广电新闻出版局副局长。2012—2021 年兼任华容县政协第七届、第八届常委。现任华容县人大常委会教科文卫委副主任委员。曾发表论文多篇并获奖，其中《抓好"三要素"是县级公共图书馆自动化的必要前提与准备》一文，获湖南省第五届图书馆学优秀成果二等奖。

彭子能

男，1964 年 12 月 15 日出生，清泥三组人。中共党员，大学文化。1972—1980 年清泥学校读书。1980—1983 年华容三中读书。1983—1986 年在湖南省城建职业学院读书。1986—今在华容县自然资源局工作。2007 年起担任副局长。2016 年前后为清泥村争取的旱改水等项目，给清泥湾村的生产生活等基础设施带来较大的提升。

谢先龙

男，1969 年 8 月出生，顺星六组人。中共党员，本科学历，高级工程师。曾任岳阳林纸股份有限公司热电事业部经理、生物能源事业部总经理、总经理助理。湖南骏泰新材料科技有限责任公司党委书记、执行董事、总经理。湖南骏泰生物质发电有限责任公司执行董事。泰格林纸集团股份有限公司副总经理。广东冠豪高新技术股份有限公司总经理。现任广东冠豪高新技术股份有限公司党委书记、董事长，广东冠豪新材料研发有限公司董事长、总经理，珠海红塔仁恒包装股份有限公司董事长。曾任湖南省第十三届人大代表。

黎咸兴

男，1964 年 3 月出生于清泥十二组。中共党员，研究生学历，理学硕士，高级工程师。1959 年其父、母、大姐、长兄一家四口迁居清泥大码口，至 1974 年举家七人（包括黎咸兴在内家庭新增三人）返原住地塔市公社烟灯大队（今东山镇烟灯村）。在清泥期间，全家先后于潭子拐外洲垦荒造地约七十亩，为当地农业生产发展作出了积极的贡献，多次受到大队干部、公社领导的表扬。2012 年 12 月，任湖南省人民政府研究室副主任、办公厅党组成员。2017 年 4 月至 2023 年 9 月任湖南省人民政府副秘书长、办公厅党组成员。曾任湖南省人民政府办公厅一级巡视员。

黎鹏飞

男，1964 年 8 月出生，顺星十组人，中共党员，本科学历。

1980 年华容县第三中学高中毕业后考入中国人民解放军第三炮兵学院。1983 年毕业分配在解放军 51414 部队任排长、连长、团参谋。1994 年 9 月转业到岳阳市司法局工作，历任市公证处主任、市强制戒毒所政委、市司法局政治部主任（正处级）。2024 年 8 月退休。

第九章 民 俗

第一节　婚　俗

一、婚俗流程

清泥湾村青年男女的婚姻，在 20 世纪 60 年代之前，基本遵循"父母之命、媒妁之言"的旧俗。

订婚。一般来说，男孩幼时，父母即委托媒人（一般为媒婆）为其说亲。媒人将男孩与所物色的女孩进行比对（媒量），看二者是否八字相配，是否门当户对，认为合适则予以撮合。继而确定吉日在男方家行订婚礼，摆酒请客，双方互换庚帖（内容有男孩、女孩出生年、月、日、时八字等，故订婚又称"发八字"），各自保存。男方给女方送礼（鲤鱼、猪肉、干黄花、干笋子、白酒和布料）。

走丈母。到一定年龄（一般十四五岁），男方逢年过节到女方走动（表示启动了这门亲事），本地称走丈母。有些人家自定亲后双方就一直有来往。

启媒。男女双方达到婚龄，男方准备迎娶的时候，须先年腊月请原有媒人到女方家提亲，并送给媒人酒、糖、鸡（20 世纪 90 年代后还有烟、皮鞋）等，媒人遵嘱行事。

吃肯饭。媒人根据男方迎娶的意思，商量女方征得同意后，则在次年正月十五前选定一吉日，男方郑重其事地邀请女方父亲吃饭，即所谓"吃肯饭"，媒人一并参加。吃肯饭主要是确定婚期、商定聘礼及结婚的其他相关事宜。双方达成共识后，男方给女方呈上期单（即写明某年某月某日迎娶的红纸条），并按期作准备，在婚前一个月请裁缝师傅到家里为男女双方制作新婚衣服，俗称"开剪"。

过礼。婚期的前一天，媒人引领男方安排的若干名"来亲"，将鲤鱼、猪肉、笋子、黄花等四个菜、四包糖果、八对流糖饼及酒、新娘子衣服、首饰和聘礼等送到女方家。来亲在女方家吃过中饭后，将部分嫁妆如桌、椅、柜等运送到男方家。当晚，男方坐十弟兄，女方坐十姊妹。

迎娶。婚期这天，男方安排迎亲队伍，有吹鼓手、唢呐、大鼓锣钹师傅等 8 人，有 1 名十四岁左右搬罩子（蚊帐，内有喜钱，一般 4 毛，后增至 1 元 2 角）的男童，有几名接亲的男家姑、舅、姨未婚女老表，有 2 名去女家挑运被褥、琉璃货（镜、瓷坛、茶杯、茶壶、花瓶等）的来亲，1 名放报信铳的等。男方请轿夫（4 人或 8 人）用花轿抬新娘。女方送亲的有 2 个老亲家（一般为新娘的叔、伯），2 个少亲家（一般为新娘的哥、弟），伴娘等，媒人一并参与其中。婚床在新娘进洞房时铺好，一般由新郎姑母铺床，并可得喜钱。新娘下轿进洞房时，脚不能踩踏房门槛，要跨过去。此时，鞭炮齐鸣，糖粒子满天抛撒，新娘伴娘也撒红包。知客先生双手平捧折叠好的红毯，躬身相迎，把老、少亲家和媒人引领到隔壁人家喝茶休息。相陪者为舅父、姑父、姨父及男家有面子的亲友。

婚宴。迎娶婚宴设为晚餐。知客先生根据坐席礼仪安排宾客入席。老亲家为尊，坐上席。舅父、姑父、姨父、媒人、壶手一起作陪。下菜上桌时，每碗菜先放在老亲家面前再移动。开席不久，知客先生手捧红毯到进门两步处，面向亲家及百客"恭席"：招待不周，酒食不好，多有得罪，敬请担待，并请大家把喜酒喝好。下菜至第六碗扣肉时，递菜师傅作扑茶盘欲盖住扣肉状，老亲家拿出预先封好的红包给递菜师傅。就餐完毕，媒人引领老亲家到隔壁喝茶休息娱乐，仍舅父、姑父、姨父等作陪。

闹房。大多为年轻的平辈亲戚、朋友，在新房要喝抬茶（新婚夫妇两人一起托着茶盘敬的糖茶）、吃喜糖，要新娘亲手点烟，等等。虽本地有"新房里三天无老少"的说法，但年长或辈分高的大多不进新房。闹房时间一般在晚上十一二点就结束。

喝"纠脑壳茶"。次日清晨，新郎新娘端糖茶首先孝敬祖父母和父母。此时父母尚未起床，需在被窝里"纠"（抬）起脑壳（头）来喝糖茶，故俗称喝"纠脑壳茶"。然后端茶给老亲家（叔、伯岳父）及舅父母、姑父母、姨父母及其他亲朋好友。茶毕，摆席吃早饭，谓之"打复席"，亲家、媒人、舅父母、姑父母、姨父母、壶手一桌，新郎、新娘斟酒。

告祖拜堂。饭后，在堂屋摆好两张方桌拼成的礼案，铺上红毯，礼生站在礼案东西两端（本地民居基本坐南朝向），为主的礼生站东端。东曰："设香案！"帮忙的把香炉摆上，香、烛点燃。西遂曰："已设香案！"东曰："奏乐！"吹鼓手吹打开始。结束后，西曰："已奏乐！"东曰："设果品！"帮忙的把糖果盘端上。西曰："果品已设！"……接着，读告祖文，然后进入拜堂程序。媒婆或姑母等女性长辈从新房中牵出身着凤冠霞帔的新娘，新郎随后，来到案前，在礼生的指挥下，四跪八拜，拜祖宗，拜父母，夫妻对拜。礼毕，媒婆牵新娘与新郎一起回新房。此时，众多儿童一拥而上，将盘中糖果一抢而光。

回和席。婚期第三天新郎携新娘带上礼品到女方家拜望岳父母，吃中饭后返家。婚期一星期后，有的岳父母还送梳头油到女婿家。

20世纪70年代，发八字、娃娃亲少见。80年代，已无八字一说，由媒人牵线成婚。90年代崇尚自由恋爱结婚。

二、嫁、娶坐席礼仪

旧时清泥湾村的嫁娶礼俗，十分讲究坐席礼仪。本地民居基本坐北朝南，一般以堂屋南北向中心线为界线留出过道，分东、西两边摆席。所摆之席有朝席和官席之分，摆席的桌面为方形，由几块（3～4块）木板拼接而成，故桌面留有缝线，缝线（有的桌面油漆做得好的，看不清缝，须看桌面的反背）对着南北向摆的席称为朝席，对着东西向的称为官席。

过礼日坐席。当晚,男方家坐十弟兄和女方家坐十姊妹摆的席皆为官席,一般两桌合并,摆在堂屋上方(北方)正中央,新郎、新娘为大,坐上方正中间,左右分别由姑舅(指新郎或新娘的姑父舅父,下同)男女老表作陪,本族兄弟姐妹分坐东、西两边,南方的回席由姨表兄弟姐妹分别作陪,西方坐席下位(南)安排壶手。其余桌席按朝席安排,靠壁(墙壁)为大。男方家姑父、舅父等一桌,坐东上(北)方席,大舅父坐上位,姑父作陪,对面为小舅、姨父。女方家为陪媒酒,东上(北)方席由大舅陪媒人,媒人坐尊位(北)。

婚期坐席。这天,女方家的出阁席(中餐)和男方家的娶亲席(晚宴)均按官席安排。娶亲宴的上席为靠近坐墙的东、西两桌,东席上(北)方大舅陪年长的老亲家,老亲家座位临过道,即龙口,俗话说"龙口为大",两旁为新郎长辈的表兄弟,下方位(南)姑父、姨父打回席,西方下位安排本族兄弟作壶手。西席上方位媒人陪年轻的老亲家(座位临过道),其他亲戚的坐席和东席一样。紧邻上席的桌席,两个少亲家按年龄大小分别坐于东、西两席尊位,新郎的舅表兄弟作陪,新郎的兄弟为壶手。其余席位不编,按辈分高低、年龄大小择主次位入座。过去的老礼性,最后一席靠过道的左侧下位安排总陪,敬宾客十杯酒。新郎新娘坐洞房摆的席,两位新人按男左女右坐上席,接亲的女来亲和送亲的伴娘作陪。

送亲家坐席。婚期次日,老亲家返家,早餐招待老亲家摆的席,称之为"打复席",坐席安排同娶亲席的一致。

第二节 丧 俗

清泥湾人称丧事为"白喜事",但它不指未成年人或者青壮年罹难之"惨事",白喜事的丧者,特指年满 60 岁以上的老人。

一般来说,年满 60 岁以上的老人或其后人就开始筹备老人的后事。一是棺木(也称万年屋、寿枋等)。20 世纪 70 年代前,除殷实人家用山杉外,多数人家以杂树为料制作棺木。

自 90 年代始,大多数棺木以杉木为料。树筒以粗大为好,以此做起又高又大、筒数又少的有看相的棺材。二是衣衾。包括上下内外单夹衣、裤子、帽子、鞋、袜、兜尸片、盖尸被等。三是遗照。70 年代前无遗照,70 年代末至 80 年代为灵前请人画像或对照平时生活照片画像,90 年代后通常是在老人离世之前拍摄好。

老人病重病危期间,后人须床前悉心照料,晚上称为"守夜"。要备好落气钱纸(即凿了外圆内方印痕的纸钱,非所谓"冥国银行"冥币),一般是三斤六两(多则九斤六两)。老人断气时,子孙跪着,用旧盆焚烧"落气纸",并将所烧钱纸灰用白纸包好备用。亡者用的蚊帐和被褥要立即清除。随即与亡者沐浴(用湿毛巾擦拭身体,俗称抹汗),须按"前三后四"或"前七后八"的规矩。更换"终衣"(暂不要多),放置床上(热天可放地上),床头明灯点香。孝家在亡者入殓前要商定好丧事的一切事务,包括定都管先生,接八大金刚,请阴阳先生寻地穴和确定上祭落葬日期,向亲朋好友发送讣告,安排厨房膳食,请和尚道士做斋,布置灵堂等。

丧事期间,须有亲人守候在亡者身旁,晚上称"坐夜"。同时,清理好亡者遗物,把珍贵的留下作纪念。入殓前再次为亡者穿好衣服,上身与下身的衣服数不一定相等,但必须是单数。如上五套下三套、上七套下五套,最少三套。穿寿鞋时鞋底要点墨,穿好后从鞋底到脚背系腰线一束,按 1 岁 1 根数,代替鞋绊子。然后将亡者从床上抬至地上(地上可垫仍什物,头枕三片瓦)称为"下榻",稍停即移尸出房放进冷藏棺(未有冷藏棺的 80 年代前,常将遗体置于用木凳搭建的门板上)。主孝(一般是长子)必须把三片瓦一脚踩碎,把垫的什物扔掉,把亡者的床铺移出门外。入殓时,棺材底垫钱纸,亡者置棺椁正中位置,双脚下放土砖一块(脚踏砖平面),头要安枕,两边用亡者曾穿过的半旧衣服塞好,亡者的手中握手帕和标有自己姓名、出生和死亡年月日时的"路条",口中放数片茶叶(当然富裕人家可放入金银珠宝),手边放落气钱纸灰包,然后盖上"盖尸被"(五尺九寸最少一床,有几个女儿盖几被,没有限制)。主孝的"成服头"(成服即孝服,穿上孝服时剃的头)剃下的头发用白纸包好也放入棺内。然后合棺,但不封梓口(即棺材上下接口)。入殓后,和尚道士进门。灵堂已布置妥当,

▲村公益性公墓

开始升棺（放入堂屋正中两张方桌上），设立灵牌。即动响器做斋（六七十年代一度禁做斋法事）或做其他"坐夜"活动。如三棒鼓、哭丧鼓等。亡者死后到送葬一般在家停留三天，如请人择期（避开重丧日），则因故多二三天。丧礼有大封丧和小封丧之分，大封丧即上午十点前启斋，亲朋戚友即可前来祭奠，备正中餐；小封丧中饭后启斋，下午接纳亲朋戚友吊唁，备正晚餐。做斋度亡的和尚或道士三至五人或五至七人（打锣的在外），最少一人（只鸣路），一天一夜、两天两夜或三天三夜，时间不等，由孝家确定。灵牌按"生老病死苦"五个字推算，最后一个字要落在"生"字上，所以写 11 个字或 16 个字为好。做斋的内容及其规模，根据时间长短、亡者性别等由和尚道士来确定，但有些专有名称和程序不变。如男亡者称"十王道场"，必破"地狱"；女亡者称"血湖道场"，必破"血盆"。其程序是静坛起请各方神祇、通报牒文、开通冥路、告答五方、表进十殿阎王、诵经、跑花、破地狱血盆、解结、奠酒等，然后开棺让亲人再见一面，向遗体作最后的告别，最后封牢梓口。这一切均须在送葬日的天明前完成。清晨移灵柩出灵堂至堂门前禾场，称为"出殡"。随即清除灵堂的一切布置，略加收扫。和尚随后举行"清房"，接着烧"灵屋"，伴棺化财。

　　早餐后，敬茶、赞柩。亡者的儿子双膝跪地，双手托茶盘置头顶上，为八大金刚敬茶两杯，先一杯糖茶，后一杯清茶。孝男孝女跪于地上，一手将衣襟扯起形成小兜。赞柩先生于灵柩旁一高桌上站立，左手持一装有大米的茶盘，口中每唱一句赞柩词时，右手就向空中抛撒大米，点点米粒落在孝子衣兜和身上，孝子即回应一声"有"。赞词唱完，大米撒尽。当唱到"龙虎之脉长发其祥"时，鞭炮震天响起。早已候在灵枢一旁的八大金刚弯腰抬杠，即刻踢倒放置灵枢的板凳，捽碎"灵饭碗"，抱起亡者的孙子或重孙子骑棺飞奔墓地方向，送亡人上山。孝男孝女、亲朋戚友等随其后列队送别。行至半里路左右，大女儿捧灵牌，避开原路返至家中"回灵"。沿途有路祭者，孝子须跪拜还礼并赠孝巾。灵枢抬到墓地后，开土和棺椁落井时，讲究的人家请阴阳先生唱开土赞词和落井赞词。主孝到坟场"开金"，跪着在东、南、西、北、中方位上各挖一锄后扔掉锄头，金刚才能动土。墓穴不得超过八尺长三尺宽，深度适宜，或遵阴阳先生所嘱。坟做起后，八大金刚返孝家吃"回丧饭"（中餐）。孝家当晚要送"烟把火"到新坟地，烟把用稻草扎成辫条形。其圈数为年龄数（也有的按一圈为3岁推算扎制）。

　　丧葬礼俗还需提及的有：一是丧事以八大金刚为尊（坐上席），父逝以外侄为尊（有发言权），母逝以舅侄为尊（有发言权）。二是哭丧棒（朴马棍），男逝竹子用红、白、绿等颜色纸缠绕，主孝棒要粗大；女逝除用竹子之外，主孝的一根须用桐子树木棍。三是上祭者除带花圈、鞭炮、香蜡钱纸等外，还可请龙队、乐队；孝家须备坐堂响器一套。四是孝家处在生离死别无限悲痛之时，专心于披麻戴孝，守候灵堂，不必过多顾虑来宾的食宿；但在上祭当日，须向餐桌上的来宾行跪拜礼。五是除自亡者安葬之后的第三天到坟山去"封山"外，还要在从亡者断气之日算起，每七天烧一次"七纸"，头七七包，二七十四包，以此类推至五七则三十五包。五七这天还须安排酒饭款待亲友。亡者百日称"小祥"，一周年谓"大祥"（不同地方习俗略有不同，有的称周年为小祥，二周年为大祥）。大祥日，须烧钱化纸，也安排酒饭招待亲友。对于父母去世的要守孝三年。亡者的次年春节"拜新灵"最为重视，亲友备三牲祭拜于新灵位前，主人家盛情款待。新亡之人供灵位（现用照片代替，女者两年半、男者三年即除）写一红纸条贴入神堂，称为"升堂"。以后换贴家神时，不需再写纸条，因已纳入"历代先人"之列。

　　上述是旧俗丧葬礼仪。现在政府提倡移风易俗，丧事简办，所以许多旧俗已渐渐淡出了生活。

第三节 喜 庆

一、生子

旧时清泥湾村小孩出生后，做母亲的在家坐月子，做父亲的则挑着喜酒和一只大公鸡上小孩的外婆家放鞭炮报喜，并请外婆拟定"送祝米"的日子。进门时公鸡上前表示生的男孩，喜酒上前则表示生的女孩，所以女孩又被称为"一坛酒"。

小孩出生的第三天上午，用一大瓦盆装入五月初五的干艾蒿煮开后的温热水，并在盆内放进秤砣、手钏、铜锁之类的器物和两个艾蒿水煮熟的鸡蛋。在小孩身体上，边用艾蒿水擦洗边用鸡蛋全身滚动以除污垢；这是让小孩人生第一次接触金木水火土，谓之"洗三"。

小孩出生十天左右，摆酒席庆贺，谓之"送祝米"，也称"接家家（gā gā）"，迎接小孩的外婆、亲戚朋友等喝喜酒。这天的宾客中外婆为尊，须坐面子（首席）。外婆家来的礼物（摇窝、枷椅、被褥、衣服、糯米、糖果、鸡、蛋、现金等）最多。到来的宾客都要打发他们几个红蛋。等到小孩一周岁时，再办酒席为他做第一个生日，谓之"抓周"。外婆和亲朋又登门庆贺，座席仍以外婆为尊；外婆给小孩再备丰厚的礼物，包括项圈、手圈、脚圈、银牌和衣服等。开席前，举行"抓周"活动，在桌上摆好文房四宝和其他物品，如书本、算盘、钱币、糖果。小孩第一下手抓什么，即预示未来的兴趣和职业，以便家庭为他们提供更好的教育和培养。其实"抓周"也就一个游戏而已。孩子在周岁时理发称为剃胎头，剃头佬要收喜钱，把剃下的头发提捏成一团给小孩父母，放在家中神堂香碗内。

二、做生

旧时清泥湾村人做生有三条原则：一是父母在不做生；二是男做虚（如做六十岁，则在五十九周岁那天），女做实（如做六十岁，则在六十周岁那天）；三是生日日期不能变，月份可以提前，但不可挪后。

做生以寿星为尊，酒席上坐上首，同辈分至亲相陪。饮食讲究"寿糕""寿面"，喻寿高寿长。来庆贺的宾客所带礼物多为糕、面之类。主人家备丰盛的酒宴款待亲朋。做生讲的是热闹，不在乎得失，有时也会亏"本"。本地俗话说："行时的祝米背时的生。"

自1980年以来，做生打破常规，有做十岁的、十二岁的、三十岁的，特别是做三十六岁者居多。其他如五十、六十以上的整十生日尤为盛行。

三、入宅

旧时清泥湾村人把新屋落成后设宴庆贺叫入宅，现称贺新。有的在拖脚的当天，亲戚朋友送来礼物，如鸡、鱼、肉、笋等菜肴和烟酒，以助新居顺利竣工。还有的在上梁之日，亲朋戚友送来礼物。现多为新居竣工后摆酒请客。酒席上木匠、瓦匠等手艺人坐上席，舅父姑父姨父等作陪。

贺新较为讲究的有对联，如"华构落成，栋宇维新，莺迁乔木、紫燕高迁"等。当然，建筑动土惊动五方天帝，自然也会写上他们的牌位：中央黄帝神位、东方青帝神位、南方赤帝神位、西方白帝神位、北方黑帝神位。

第四节　节　日

一、四大传统节日

春节

清泥湾村春节传统习俗浓郁醇厚。进入腊月，户户便开始筹备过年的物资，称办年货。打糍粑、做印粑子、煎豆筋、熬麦芽糖、压爆茶糖、切芝麻糖块、打豆腐、杀鸡、宰鹅、杀年猪等，忙得不亦乐乎。进入腊月二十以后，过年氛围更浓，孩子们特别高兴（小孩盼过年）。有首童谣生动形象地描述人们迎春节置办年货的忙碌情形。歌谣曰："二十一买纸笔，二十二写对儿（对联），二十三熬麻糖，二十四扫扬尘，二十五打豆腐，二十六煮猪粥（此后数日锅火无空），二十七杀阉鸡，二十八杀年鸭，二十九到了手，三十中界喝甜酒。"

腊月初八（也有的十八或二十八）去祖坟山培坟，腊月二十四打扫扬尘灰，除夕上午挑屋台子、植树苗。

年三十（月小为廿九，有三十也过年），户户张灯结彩，挂门神，贴对联。贴对联处包括大门（如书"天增岁月人增寿，春满乾坤福满门"）、牛栏屋（如书"水草长生"）、鸡鸭笼（如书"鸡鸭成群"）、猪栏屋（如书"六畜兴旺"）、火炉房（如书"童言无忌，百无禁忌"）等。团年饭定为中餐，所做之菜多为双数，八碗、十碗、十二碗。菜肴中多为整鸡、整鱼、整肘。碗筷、杯盏多摆放些，所备菜肴都是上品（三十中午吃年饭，赶好的搬）。饭菜一餐吃不完，意指有吃有剩，年年有余。饭备足至正月初三，其间不煮饭。吃团年饭时紧关大门，称"关财门"，燃放鞭炮，消灾祈福。

团年饭后，全家人洗澡穿新衣，围火炉聚欢。火要烧旺，越旺越好（三十的火），大人给小孩封压岁钱（以免小孩过年讨钱）。成人守岁达旦，农历新旧年交替时刻，鞭炮齐鸣，礼花满天，辞旧岁迎新春庆祝活动达到高潮。大年初一清晨设香案，敬天地，敬祖先，打开"财门"，燃放鞭炮"出行"。晚辈给长辈拜年送祝福，邻居互相向长辈拜年。大年初二，准女婿、年轻夫妻到丈母家拜年，即俗语所云"初一拜父母，初二拜丈母"。初三至初六日，亲戚朋友相互走动，互致新春祝贺，轮流请客吃酒。初九日即上九日，人们抬土地爷爷出行，燃放鞭炮，祈望土地爷保佑今年风调雨顺、五谷丰登。自上九日起，农人们开始谋划本年农业生产事宜（沿袭旧时长工、掌勺师傅需上工之习俗）。正月十五元宵节，吃糯米团子，晚上户户亮灯达旦（十五的灯），这天也叫"割年尾巴"。过完元宵节，春节就算彻底过完。

春节，禁忌讲究也多。如腊月二十八的杀年猪的位置不正对着堂门，以免刀子对着家神；须将猪捉牢抓紧，忌被杀之猪当时未死且逃脱，不吉利。从除夕至正月初二的三天内，忌外出挑水、扫地、向外倒灰、泼水、扔物，否则，担心扔掉全年财喜。

▲家神（摄于刘继扬家）

确需扫地，也只能从门口朝室内扫，意为扫"财"进室，所扫垃圾暂置于门旮旯里，所用扫帚要用高粱做的，忌用铁扫帚。洗脸水、洗澡水，一并装入桶内。到初三日，将桶内洗漱水、垃圾一并倒出门外。正月初一，去给上年亡者拜新灵时，所带香烛钱纸、鞭炮等忌直接带进家里，暂置于门外。过年期间忌言鬼神之不吉利话语。小孩打破碗碟，不责骂，说一声"岁岁平安"等。

　　上述春节习俗多为传统旧俗，有的带封建迷信色彩。1949年新中国成立以后，迷信习俗渐被革除，祭祖（腊八培坟）、扫扬尘灰、贴春联、吃团年饭、走亲访友等习俗仍存。

清明节

　　在清泥湾村，称清明扫墓祭祖为插清明，即是将清明旗或清明球插于坟顶。插清明的日期一般选在清明节的前十天或后四天，忌在正清明节（本地习俗）。一般来说，齐服的族人聚集在一起，上午到祖坟山祭扫。插清明前，要将墓地周围的杂草、杂物清理干净（在村民的信仰里，祖先的坟墓和子孙后代的兴衰有莫大的关系）。坟墓清扫后，将清明旗或清明球挂于坟顶，在坟前点燃三炷香焚烧冥钱，燃放鞭炮，叩头祭拜。

　　清明节在"文革"期间曾被搁置。那时破"四旧"反封建迷信，清明节家祭几乎没有。1980年，插清明开始恢复，2000年后开始盛行。

　　近年来，政府提倡清明祭扫以文明、环保、绿色为主题。即为逝去的亲人在墓前献一束花，或是在遗像前供一炷香，捧上一杯酒，然后家人围聚一起鞠个躬，默默追忆，让这些祭祀方式使清明节更为清明。清泥湾村远在外地的乡友、乡贤纷纷响应政府的倡导。

端午节

在清泥湾村，人们过端午节的习俗有挂艾草、菖蒲，熏雄黄，吃粽子。

挂艾草、菖蒲。把端午节早晨割回的艾草、菖蒲，挂在大门两侧，以期辟邪驱瘟。

熏雄黄。端午日，蛇虫繁殖，毒疫易生。用雄黄在屋内点燃，喷出烟雾，以求达到驱蛇杀虫的效果。

包粽子。端午节包粽子是中国人共有的习俗，但包粽子的粽叶却不尽相同，村民大多选芦苇叶为粽叶。用芦苇叶包的粽子，环保健康，个头不大，容易入味，清香软糯，味道鲜美。

中秋节

清泥湾村人庆贺中秋，除吃月饼外，吃芡子成为过节的一大特色。

芡子是本地的方言。其制法是：将蒸熟的糯米放入碓窝子或厚实的木盆内，用木棍反复不断地杵捣糯米，使糯米变烂变稠，然后用手将其捏成一个个小孩拳头大小般的砣子，即芡子。它闻起来香喷喷的，摸起来软柔柔的，吃起来滑腻腻的。中秋节，村民们一般会在早晨做芡子当早餐。吃芡子时，蘸着炒熟捣碎的芝麻，并和着红糖或白糖，吃起来香而不腻。清泥湾村是一个盛产糯米的地方，做芡子所需的糯米都会在上年备好。倘若遇到有闰月的年份至中秋时，新糯谷登场，则选用新糯米做芡子，不但有新鲜美味感，更兼有当年农业喜获丰收的成就感。

除吃芡子外，吃月饼也是必不可少的。亲友们互赠月饼。年轻夫妻去丈母家带上丰厚的礼物，送上美好的祝福。

二、其他传统节日

元宵节

元宵节的习俗有吃黏米团子，燃放烟花鞭炮，田间地头烧草靶子赶毛狗及亮灯达旦（十五的灯）。

土地神生日

清泥湾村人认同农历二月初二为土地公的生日，农历八月初二为土地婆的生日。

土地神生日，本土地上的人摆酒席聚饮，燃放鞭炮庆贺，祈盼土地神保佑风调雨顺、五谷丰登。家有增添子孙的，或考录大学、研究生、博士生的，则宴请本土地人吃免费酒，称"做红会"，以酬谢土地神的护佑之恩。

上巳节

农历三月三为上巳节。清泥湾习俗为地米菜（荠菜）煮鸡蛋，此食物有清热解毒、滋补身体等作用。同时荠菜谐音为"聚财"，寓意吉祥。

七夕节

农历七月初七为七夕节，习俗有"穿针乞巧"。这天晚上牛郎织女鹊桥相会，民间鹊鸟少见。据说，晚间蹲到葡萄架下，静时可听到牛郎织女的谈话声音。也有人把这天称为中国的情人节，现清泥湾村民多择此日为儿女订婚日。

中元节

中元节又称"七月半"，为祭祀先祖之日。清泥湾村人祭祖的方式是为已故的亲人和先祖烧袱包。袱包是将钱纸封成包，包右书"中元化财信伏钱 × 包上荐"，中书收"钱"人名讳，左书寄件人辈分名字，反背勒口书大"封"字。还有的备袱包时，添加有灵屋、冥鞋、冥衣等。包封除准备"寄"给已故亲人的外，也要给车夫备些，否则没人运送钱物。给车夫的包封上书"车夫力资"或"车夫利市"等，还要给无人侍奉的孤魂野鬼备些，怕他们"胡来"。所烧物件，一定要在专门的押牒上详细载明，以显示其领取"合法性"。烧包的日期，一般选在中元节前七天内的某一天，忌在正节日或推迟日子。烧包前，备上丰盛的酒席，一般为晚餐。讲究的人家还摆放些供果，尽可能多摆放些杯碗筷。餐桌前装三炷香，燃放鞭炮，行跪拜礼，恭请列祖列宗前来享用。断黑时分，开始烧包，地点选在安全防火之地。备足干柴，待干柴燃烧后，将所烧之物件整齐有序地堆放火上，押牒置于顶上。袱包尽可能一次烧完，忌用棍子挑拨（据说怕钱物受损）。烧包时，焚香明烛，燃放鞭炮，行跪拜礼，并心里默念祈求祖先保佑健康平安、财源广进。袱包烧完后，灰烬不即刻清除，过三天后打扫干净。

近年来，政府提倡中元节祭祀以"文明、节俭、平安"为主题，村民杜绝了燃放鞭炮之陋习，远在异乡的游子开始了网上祭祀。虽不能回家，但敬祖尽孝，永存心中。

重阳节

农历九月初九是中国传统的重阳节日，现设为老年节。清泥湾村党总支和村委会通过向寓外乡友、乡贤募集资金，设立专项敬老助老基金，并成立老年人协会，帮助村老年人解决生活中遇到的困难。2022年和2023年的重阳节，村两委均以不同形式慰问老人。

腊八节

腊八节为农历腊月初八。清泥湾村腊八节习俗为在先辈安息之地，清除墓地杂草，填充坟堆洞穴，挖一块长满青草的泥土，移置于坟墓的顶端。此种形式，本地人称为培坟。

小年

清泥湾村人认同腊月二十四为小年，俗称为打扫扬尘灰日，即搞卫生日，包括掸拂尘垢丝网、清洗各种器具、拆洗被褥窗帘、疏浚明渠暗沟、打扫房前屋后等，将一切晦气、穷运扫地出门。

第五节　衣食住行

一、衣饰

民国时期

村民多以自纺白土家布为主，自染颜色，灰、黑、红、蓝为主色，用此布料做成长袍。

20 世纪 50 年代

人们很少穿长袍，男子大多穿中式的对襟短衣、长裤，老年男子的裤子一般为腰身肥硕的大裆裤，用布带子紧身；妇女穿右开襟的短衫、长裤。布料多为土家布，颜色以白、黑、灰、蓝为主，上衣钉的是布扣子。戴竹斗笠穿蓑衣遮阳挡雨。晴天穿草鞋、自制的油布鞋、棉鞋，雨天穿木屐。老年人以黑长手巾绾住头部过冬。

▲木屐

20 世纪 60 年代

购买布料凭布票。耐磨耐脏的布料成为村民做衣的选择。衣饰款式、颜色等基本沿袭 20 世纪 50 年代的。穿拆改衣服的人普遍，衣服是破了补、补了破，补丁叠补丁，可谓是"新三年，旧三年，缝缝补补又三年"。1966 年"文革"开始后，军装、军帽、军挎包成为时尚。既有青年男女，又有一些老年人，但总人数并不多。

20 世纪 70 年代

耐用且光鲜的的确良开始出现，的确良是一种化纤布料，常用来做衬衫、短袖，但穿的人并不多。除的确良外，有一种进口化肥包装用的袋子，由纤维布做成，薄而柔软，用来做衬衫穿起来舒适透气，不过当时数量少。中山装、军装、雷锋帽大为盛行。灯草绒衣服成为时尚，以其匀称保型的特性改善了传统棉制服装的拱膝、拱肘现象。棉袄用多排线缝制，做成打棉袄，兼具传统棉袄的保暖性而又消除了其臃肿、肥厚的缺点。后期，草帽代替竹斗笠，油纸伞、洋布伞、油布伞代替蓑衣，胶雨鞋代替木屐，解放鞋代替草鞋。

20 世纪 80 年代

健美裤、喇叭裤、牛仔裤、连衣裙开始流行。年轻人穿喇叭裤成为时尚,它低腰、短裆,紧裹臀部,裤腿上窄下宽,自膝盖以下逐渐张开,裤口尺寸明显大于膝盖,形成喇叭状,与传统保守的直筒裤形成鲜明的对比。年轻女孩穿连衣裙成为时尚,一改往昔长衣长裤的封闭式装束。

20 世纪 90 年代

舒适、环保、美观、时尚成为人们衣着选择的标准。的确良成为淘汰品,代之以涤棉、牛津、丝绸、绒布格等布料。西装、呢大衣、羊毛衫、健美裤、夹克衫、运动装、牛仔服成为主流。衣服颜色多样化,赤橙黄绿青蓝紫,应有尽有,五光十色,色彩斑斓。老年人也开始对衣服花色品种逐渐消除禁忌。

21 世纪

服装的款式,五花八门,面料环保舒适,色彩多种多样。村民穿着与县城里的没有多大差异。穿衣彰显个性,自成一格,有的在牛仔裤腿上刻意剪个洞什么的。西装、夹克衫、运动装、牛仔服、丝绸制品、羽绒服较 20 世纪 90 年代在颜色面料方面进行了革新。

二、饮食

主食

过去清泥湾人习惯一日三餐为稻米。但那时稻田少,水灾频仍,又补种粟、荞,吃粟米、荞粑子来裹肚腹。20 世纪 60 年代三年困难时期后,米菜相和煮粥,间杂以南瓜、豌豆。1977 年旱改水工程后,粮食过关,大米充足有余,主食无忧。现在,村民早餐常以面条代替米饭。

副食

四时八节差不多都有应节食品。冬腊月煎豆筋、打糍粑、做印粑子(20 世纪 80 年代前)。正月十五做黏米团子。二至三月,存有上年腊月未吃完的糍粑。五月端阳包粽子,擀麦面做懒粑。"双抢"时节煮绿豆粥,用新稻米做发粑子。中秋时节杵芡子,推澄浆做汤圆子。这些副食制作简单,食用方便,味道可口,成本低廉。

传统茶食有花根、雪枣、芝麻果、糯米果、枕头酥、炒花生、桃酥、炒南瓜子、荷包蛋、打糖、麻花、油条、酒糟。

菜肴类

1.卤品:卤小肠、卤牛肉、卤猪肉、卤猪尾巴、卤猪耳朵、卤豆腐、卤千张、卤鸡、卤鹅。

2. 蒸品：蒸鱼、蒸肉、粉蒸鸡、粉蒸排骨、蒸萝卜、蒸茼蒿、蒸藕。

3. 坛子菜：霉梗菜、酱豉豆、酱萝卜、泡萝卜。

4. 汤类：清炖鸡汤、霉豆渣汤。霉豆渣汤颇具特色，把用石磨磨浆打豆腐的渣，捏成霉渣砣子，霉好后切成小条块，晒至干枯，用火锅做成汤汁，闻之令人垂涎，食之回味无穷。

5. 常见酒席菜谱。传统类十碗菜(多用芦碗装)：粉蒸鸡、煎鱼、蒸鱼、扣肉、炒肉片、耳子、笋子、胡萝卜丝、豆腐丸子、银鱼汤或墨鱼汤。现代类十二碗菜：头菜、整鸡火锅、甲鱼火锅、鳝鱼火锅、蒸鱼、煎鱼、扣肉、粉蒸排骨、卤肠肚、木耳、笋子、银鱼汤。

三、居住

清泥片区村民居住概况

清泥片区村民大都沿二线大堤而居。1975年，由于人口的增长，加之水利田园工程的变化，将利民渠以北，八、九、十、十一、十二队所在利民渠南规划为宅基地。1986年，经县乡人民政府批准，将利群路北规划为村民宅基地，即一组至五组徐树龙直路，六组傍套尾渠北至十组邓建明家所在地为宅基地。1988年10月，集成移民来村落户，修建移民路，并规划移民路北一组至三组为宅基地。

顺星片区村民居住概况

顺星片区居住情况复杂。

1. 最初搬来开荒打草的农民，自发组织围挽龟洲垸后，确定南面挡水堤处（即浃北）可依堤加固，挑台子建茅屋。这一线长2100米，到20世纪60年代中期，住户已基本布满。

2. 龟洲垸码头建成后，陆续住了一百多户人家，60年代中期到70年代中期，因长江崩岸、塌方，这些住户先后又搬至垸内及其他地方。

3. 九、十组住户一线长约1000米，基本与长江干堤接壤，搬来时间比最早来的要迟40年左右。

4. 20世纪60年代初期，人口增长较快，需分家居住，新增居住地于浃南一线，建房全面启动，几十年时间，2400米长的地方，基本上布满住户。

5. 三、四组居住地紧缺，又在浃北一线住户后面增加9个住户，十组原靠大堤居住的农户搬迁，新增两段居住地。

民居变化

1. 茅棚、茅屋

茅棚以茅草、芦篾、竹篾等编织成一长方体状覆盖物，将中间对折的两边立起落地而成。多为民国年间来清泥湾开荒打草者所居，后时建时拆，至20世纪50年代基

▲宁波床、宁波柜

本不存。茅屋以芦为芯绞草把夹壁（也有土砖为墙），壁上糊稀泥抹平，杂树为檩椽，茅草盖顶，为家贫者所居。茅屋居住止于60年代末，1961—1969年的几次大火，清泥大队和顺兴大队不少茅屋化为灰烬。

2. 青砖燕子瓦屋

家境稍优者住青砖燕子瓦屋。它以青砖砌墙（也有的以青砖打墙脚，土砖砌墙），杂木为檩椽，燕子瓦盖顶。此类屋大多建于茅屋被烧毁的60年代末，居住止于80年代中期。

3. 木架子瓦屋

家境殷实者住木架子瓦屋。木架子瓦屋用杉木串成屋架，一般"五柱落脚"，"三排抻一蓦角"，周围砌青砖墙，中间镶以鼓皮（木板）。多建于40年代，特别是顺兴一带，临长江，水灾频发，居此屋可防水患，居住止于80年代中期。

4. 天井白瓦屋

家境富裕者住天井白瓦屋。天井白瓦屋指带有天井，外墙粉饰白石灰，屋顶盖燕子瓦的房屋；还有的在外墙上绘彩画，五颜六色，故又称之为"花屋"。其构成一般为三进。一进是通道，两边是厢房。二进是天井，正方形，两边是进入房间或第三进

▲燕子瓦屋

▲架子瓦屋

▲机瓦屋

的通道。三进相当于一栋瓦房。总而言之，天井白瓦屋是由厅堂、天井及若干房间组成生活小单元，并逐渐形成聚族而居的庞大场所。所用木料为杉木或松木。室内木制品均为杉木，大多雕刻有双龙戏珠、朱雀玄武或尉迟恭、秦叔宝。雕刻工艺栩栩如生。清泥湾村住天井白瓦屋的有清泥片的汪焕秋、徐树义、金支洲、徐荣球、徐伟勋、汪文等，顺星片的徐干。这类屋多建于清末民初。1949年解放后，有的被政府没收后分给贫雇农。居住止于80年代末。

5. 红色机制砖瓦房、钢筋水泥的两层楼房

1980年到1995年，茅屋全被拆除，青砖燕子瓦房逐渐被淘汰，红色机制砖瓦房成规模新建。红色机制砖瓦房以机制红砖砌墙，杉木为檩椽挂瓦条，机瓦盖顶；地基用钢筋、黄砂、卵石、水泥混凝土浇灌；外墙面抹水泥搓沙，内墙面抹水泥面墙群；窗户为杉木框钢筋柱的四六页窗；朝楼为预制板，上面抹水泥砂浆。其间还建了一部分钢筋水泥的两层楼房。至1995年年底，红砖机瓦房占全村住户的90%以上。

6. 装修改造的红砖瓦房

1995—2010年，室内外改造盛行。四六页杉木窗更换为铝合金窗，并装上防盗网；木门换不锈钢门或铁门；室内外旧墙面重粉水泥后刮"308""904"，刷上白漆；贴墙面砖、地板砖；新建厨房、浴室、厕所；厨房改用烧液化气，装上抽油烟机；浴室装浴霸、花洒等；厕所安蹲便器、坐便器。装修升级的红砖瓦房可与县城住房条件媲美。

7. 风格各异的别墅

2011年至现在，整个清泥湾村进入新修欧式、西式别墅的时期。这些房子外观精美绝伦，古典与现代完美结合，内部装潢别具一格，常用设施一应俱全。清泥湾村共计新建28栋别墅。

清泥湾村窑类

20世纪六七十年代，清泥湾村共建有拱窑21门，箍窑13处，用以解决村民修屋建房所需的砖瓦。拱窑烧制砖瓦，以杂柴为燃料。一般一门拱窑一次能烧砖坯6000～10000块，装多装少，视其容积大小而定。窑装好后，点火烧窑。先烧小火，再烧猛火，燃烧时间长达4～7天。熄火后，浇水3天左右降温，冷却后出窑。箍窑则是根据所做砖坯多少来箍筑大小不同的窑，以煤为燃料。

20世纪80年代初，随着塔市轮窑厂的兴建，村民所需砖瓦，都到轮窑厂订购，拱窑、箍窑成为历史。

清泥湾村窑类分布情况一览表

序号	组别	地点	窑类	筑建年代	燃料
1	1	汪全洪屋附近	拱窑		杂柴
2	2	李云梦屋附近	拱窑		杂柴
3	3	刘四海屋附近	拱窑		杂柴
4	4	利群路北	拱窑		杂柴
5	5	利群路北	拱窑		杂柴
6	6	利群路北	拱窑	1964 年前后	杂柴
7	7	利群路北	拱窑		杂柴
8	8	利群路北	拱窑		杂柴
9	9	利群路北	拱窑		杂柴
10	10	利群路北	拱窑		杂柴
11	11	徐美成屋东	拱窑		杂柴
12	12	蒋建强屋西	拱窑		杂柴
13	1-2	徐树新屋后	箍窑	1972 年	煤
14	6-7	汪美发台子	箍窑	1973 年	煤
15	9	丁金堂屋前	箍窑	1972 年	煤
16	1	金支炎屋后堤外	拱窑	1964 年	杂柴
17	2	汪咏先屋东	拱窑	1965 年	杂柴
18	2	原长江大堤南	拱窑	1964 年	杂柴
19	2	汪咏先屋南	箍窑	1971 年	煤
20	3	徐远胜屋附近	箍窑	1972 年	煤
21	4	原江边刘月成屋附近	拱窑	1965 年	杂柴
22	4	四组禾场	箍窑	1973 年	煤
23	4	杨少军屋后	箍窑	1974 年	煤
24	5	谢先怀屋后	箍窑	1973 年	煤
25	6	徐迈进屋后	拱窑	1967 年	杂柴
26	6	徐习勋屋后	箍窑	1975 年	煤
27	7	谢先进屋前	箍窑	1974 年	煤
28	8	赵锦桃屋西	拱窑（2门）	1963 年 1972 年	杂柴
29	8	赵锦桃屋西	箍窑	1974 年	煤
30	7	徐前进屋后	箍窑	1975 年	煤
31	9	姜太尚屋前	箍窑	1975 年	煤
32	10	黎继东屋后	拱窑（2门）	1963 年	杂柴

▲20 世纪 70 年代末清泥三队仓库

▲牛栏屋

四、出行

民国年间，路多为羊肠泥土路，贫者步行，富者骑马或坐轿。

20 世纪 50 年代至 60 年代末，初为泥土路，窄而坎，后加修变宽，晴天尘土飞扬，雨天泥泞溜滑。出行多靠双腿，行走不便之人，坐牛拉的拖子、人推的鸡公车或骑牛出行。轿子被取消（不含新娘的坐轿），富者骑马。

70 年代，土路渐宽而平，后又砂石硬化。自行车渐渐兴起，年代末，清泥大队、顺兴大队共有自行车 300 余辆，自行车开始成为人们出行的主要工具。

80 年代至 90 年代，主干路宽阔平坦，基本砂石硬化，摩托车走进部分家庭，自行车普及。

2000—2020 年，主干公路、组级公路全部水泥硬化，连户道路 90% 以上水泥硬化。公路两旁装上太阳能路灯。自行车逐渐被淘汰，至 2020 年，清泥湾村仅存 50 余辆，摩托车（轻骑、载重）增多，小汽车走进 20% 的家庭，学生上下学有校车接送。

2020 年至今，部分主干公路铺油黑化。轻骑、小三轮普及，家用小汽车户数占比 25% 以上。去华容、岳阳、长沙的客运车开到家门口，网约车联系也较为方便。

顺星渡口历史悠久，自民国至 20 世纪 70 年代，摆渡长江两岸用木帆船。70 年代初，用机动船载客、运货，淘汰木帆船。同时，又购进一艘钢质客渡船摆渡载客，止于 90 年代。

清泥湾村村民代步交通工具录：

自行车：55 辆　摩托车：390 辆　三轮摩托车：204 辆　小汽车：272 辆

五、生产生活用品

清泥湾村村民常用各类生活用品大体分录如下：

1. 篾货类

晒簟、凉席、送饭篓、背篓、摇窝、竹扒、箩筐、高篮、箩篮、斗笠、竹床、睡椅、竹板凳、竹筒、浇筒、甑箅子、竹扁担、筲箕、簸箕、团窝、筛子、箩筛、格筛、抬筛、连场、筝爪、虾扒、鱼罩、筅箕、子篾、千篾、吊桶、吹火筒、竹扫把、筷子、箸篓子、刷把、花眼篮、竹梯子、撮箕。

▲花篮

▲花篮子

▲箩筐

▲蒸格

▲瓜瓢

▲晒花帘子

▲团窝

▲饭架子

2. 木具类

脚盆、水桶、潲桶、饭盆、饭桶、黄桶、谷仓、站桶、站车、水车、手车、坐车、牛车、犁、耙、戕、门、框、方桌、圆桌、火桌、冬瓜椅、高凳、板凳、蒲礅、洋架车、叉子、木甑、勺耙、木锹、木耙、窗户、腰盆、砍凳、拖子、抽屉、书案、床、柜、踏板、踏柜、饭架、梯子、筷子。

▲脚盆

▲黄桶

▲竹吊子

▲木泥锹

▲洗衣槌

▲冲担

3. 铁器类

挖锄、薅锄、铁锨、铁锹、洋镐、鹅颈锄、勾锄、铁铲、瓦刀、菜刀、剪刀、斧子、锯子、钻花、劈斧、铁钎、刨子、凿子、錾子、解锯、铁耙。

▲铁舂

▲揪靶筒

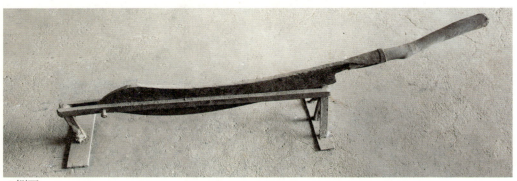

▲铡刀

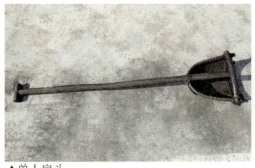

▲单人戽斗

▲铁叉

▲双人犀斗　　　　　　　　　　　▲连场

4. 伞类

油纸伞、油布伞、遮阳伞、洋布伞、自动伞。

5. 帽类

布帽、棉帽、绒帽、毛线帽、草帽、鸭舌帽、旅游帽。

6. 金银首饰类

项链、戒指、耳环、手圈、颈圈、脚圈、脚铃、手镯。

7. 鞋类

绣花布鞋、布鞋、棉鞋、皮鞋、草鞋、木屐、雨鞋、解放鞋、皮靴、凉鞋。

8. 锅类

生铁锅、耳锅、便锅、把锅、钢筋锅、高压锅。

9. 其他用品类

涎兜、肚兜、围腰、磨子、石碾子、碓窝子、石臼、推磨担子。

第六节　方　言

清泥湾人所说方言为"华容话"。因为华容古属郢楚，与四川、重庆、贵州、云南、湖北、湖南同处中国西南部，所以华容话也与上述地区一样同属北方语系西南官话。

华容话主要分布在华容北部。因为华容县南部的几个乡镇，有很多人是从南方的附近县市移民而来，而他们所说方言属于湘方言，所以，在华容县域，除了"华容话"，还有一种被华容土著所称的"南边话"。而华容北部毗邻湖北几个县市，受他们不同程度的影响，华容话又有所差异。

有研究者把华容话分为三个片区。以县城为中心为中区，中区华容话最为纯正；而东山镇全境为华容话东区，因与湖北监利只有一江之隔，且历史上两地往来频繁，甚至塔市驿集镇曾一度商贾云集、监利华容两地居民杂居，所以东区华容话受监利话影响明显。而监利属于赣方言区，因此东区华容话也具有赣方言的某些特点。

清泥湾人所说的华容话，就是具有赣方言某些特点的东区华容话，与县城中心区华容话，以鲇鱼须、梅田湖为代表的西区华容话相较，其语音有一定的差异。

最为明显的是清泥湾人把"牛"说成"yóng"，把"下"说成"hā"，把"狗"说成"giəu"，把"打雷"说成"打lí"，等等。

清泥湾人所说华容话，主要有以下特点：

与普通话相较，有些声母之间，往往化此为彼。如：化 b 为 p，如把"人民币（bì）"说成"人民 pi"，把"想 bàn 法"说成"想 pān 法"，把"捕（bǔ）鱼"说成"pū鱼"；又如：化 ch 为 s 或 q，如把"尝（cháng）味"说成"sáng 味"，把"吃（chī）饭"说成"qī 饭"；再如：化 j 为 g 或 q，如把"奸（jiān）臣"说成"gān 臣"，把"疾（jí）病"说成"qī 病"。

与普通话相较，有些韵母之间，往往化此为彼。如：化 e 为 ā，如把"野（yě）"说成"yǎ"。还有诸如化 e 为 o、化 u 为 ou、化 uo 为 o、化 ie 为 iā 的等。如著名古诗句"远上寒山石径斜"的"斜"，普通话读为"xié"，清泥湾人读为"xiá"。也只有读 xiá，在这首诗里才是押韵的。由此可见，清泥湾人所说的华容话，作为西南官话的一支，源远流长。

与普通话相比，韵母 iao 发音很特别，无法用现代汉语拼音来呈现。其特别之处在于 iao 里面的的发音。在普通话里，这个 a 发音张口很大很圆，但在华容话里，a 的发音基本上不张开口，舌面紧贴上颚，大致可以用英语音标 ə 来记录。由此，iao大致可以说成 iəu。清泥湾人所说的华容话里，ou 也是发 iəu 这个音的，如"狗"读"giəu"，"巧"读"qiəu"，"鸟"读"niəu"。

清泥湾人所说的华容话还有一些其他特点，如 en、eng 同音为 en，in、ing 同音为 in，也就是在华容话里，有些后鼻音音节是不发后鼻音的。又如 zh、ch、sh 发音为 z、c、s，也就是说华容话没有卷舌音。再如给零声母字加上后鼻音 ng 作声母，如"矮"，普通话读"ɑǐ"，华容话则读"ngɑǐ"，"昂"普通话读"ɑ́ng"，华容话则读"ngɑ́ng"。华容话共有 6 个声调，其中有"入声"这个古声调。这些也都是清泥湾方言的共同特点。

清泥湾方言兼收并蓄，因而词汇丰富，形象生动，幽默诙谐，富有极强的表现力，保存着很多古汉语的成分，是古汉语的遗存，犹如语言的活化石，承载着厚重的历史文化和民俗风情内容。

改革开放后，由于教育水平的提高、电视的普及、外出务工人员的增多，普通话越来越显示出其优越地位，所以，清泥湾人所说方言，也日渐显露出与普通话同化的趋势。

一、词汇

1. 天文地理类

麻雾子——很细密的小雨

雪沫子——夹有雪屑的小雨

凌片——冰块

凳坡——陡坡

石巴——石头、石块

垡子——锄或梨翻转的土地

掩塍——防田埂渗漏的泥塍

2. 时间类

机儿——今天

咩儿——明天

中界——中午

麻丝亮——黎明时候

接盖时间——上午十点左右、下午四点左右

断黑——傍晚

夜噶——夜晚

恰恰、将将——刚刚

焖久——很久

3. 人称词类

男汉——丈夫

姑娘——妻子、已婚妇女

儿子伢（儿种伢儿）——男孩

丫头——女儿
女丫子——未婚女青年、女孩
牵长、月老先生——媒人
懒生——懒汉
荷宝、憨巴、蠢宝——蠢傻呆笨之人
爷（yá）——父亲
牙牙（yá）——比父母年纪轻的男性、女性

4. 亲属称词类

姆妈——母亲
爹爹——祖父
妣妣——祖母
丈母——岳母
丈老——岳父
妹子——妹妹
姐（jiǎ）子——姐姐
家家（gāgā）——外婆
舅佬——妻子的兄弟
婆娘、屋里——妻子
爹（diā）儿、劳力——丈夫

5. 人体称词类

颈干——颈部
肩包——肩
背心——背部
倒拐子——肘骨
膝里拐——膝盖骨
螺蛳拐——踝骨
胯（ká）巴——胯下
夹（gá）窝——腋窝

6. 动物类

丫鹊子——喜鹊
燕毛老鼠——蝙蝠
雀蜢子——蝗虫
种鸡——公鸡

线鸡——阉鸡

脚猪——种公猪

抱鸡母——孵蛋母鸡

咳马——青蛙

灶鸡子——蟑螂

推屎架——屎壳郎

饭蚊子——苍蝇

绿蚊——绿头苍蝇

夜蚊子——蚊子

叉片——即菲牛蛭，比蚂蟥大很多，吸人、动物之血。

7. 植物类

御包——玉米

麦豌子——小而圆的豌豆

饭肥——红薯

洋芋头——马铃薯

鼻球、慈米——荸荠

芜子——泛称草本植物的茎叶，也喻指人的身高

8. 房屋器具类

箸篓子——筷篮

芦碗——粗糙而容量大的碗

鱼刀——菜刀

刷箸——刷把

9. 服饰类

胎风裸子——穿在里面的上衣

捆身子——棉上衣

抱肚——小孩的兜肚

10. 婚生病死类

过喜会——男子结婚

下堂——女人再嫁

上门——男到女家入赘

有喜——怀孕

不好、打快、不新鲜——精神或身体欠佳、生病

享福哒、登哒仙、过哒、老哒人、放哒寿——讳称老人辞世

11. 饮食类

过早——早餐

宵夜——睡前小吃

吃祝米——贺生育筵席

吃烂肉——赴吊唁筵席

摸脑壳酒——谑称无故请客收礼的酒席

乏倒哒——中暑

12. 方位数量形体类

高火——上面

脚火——下面

一拃——拇指中指张开的长度

一庹——两臂左右平伸的长度

亘——整数：亘天、亘个儿

一炮个——十个，只限称一十个

脚子——批量物的残余部分

末子——物品的残碎部分

13. 生活起居交际类

洗汗——洗澡

歇火——休息

呼烟——吸烟

向火——烤火

困瞌许——睡觉

斯礼——讲客套

讲礼行——讲礼节

14. 动词类

瓦——招手

扐——绞：洗衣扐干水

扤（wù）——手掌用力横着抽人：扤他几耳巴

睩——对人瞪目以示不满，或稍微看了一下

打叮叮跛——单腿跳跃

15. 形容词类

聊敢——聪明能干

索里——干净、漂亮、整齐

抻敨——利索，有条理

舍福——肯卖力

疵奸——耍滑头，做事不卖力

恶人——温度很高、烫人

袭人——离火太近的炽热感

奥人——温度很低的冰凉感

16. 副词类

蛮——很

希乎——几乎

到只——才、仅：我到只一块钱

光只——仅、只：你光只会说

先过——刚才

落巴——落在最后的人

通行——从来：他通行不喝酒

三不知儿——偶尔

左嘛——已经、干脆：我老命一条，左嘛和你拼了。也有喊"左己"的

17. 介词类

紧——让：紧老人先上车。"等"的变音

驾（gā）——用：驾脚踢

把得——被、给：把得狗咬哒；钱把得他

18. 连词类

叫不说——虽说：叫不说你有钱，你也没有坐过飞机

不光只——不仅

19. 代词类

格马里——自己

别个——旁称

么子——什么

注：词汇部分，部分词语仅取其音，非其词典读音与意义。

二、俗话、谚语、歇后语

1. 俗语

日里跑四方，夜里补裤裆

华容弯到塔市驿（喻人走了弯路）

石巴不转磨子转（喻事不能做绝，或办事要动脑筋）

剥眼屎肉吃（喻人喜欢贪便宜，再小的利益也不放过）

捏到鼻子哄眼睛（喻自欺欺人）

逼哒牯牛下儿（喻强迫别人做达不到的事）

高来高打发，低来低看承（喻善于应酬）

蚊子飞过身能认公母（喻为人精明，带贬义）

衣裳笑破不笑补

平时不烧香，急时喊老张（张天师）

秧好一半谷，妻好一半福

早睡早起，富贵到底；早睡迟起，拖棍讨米

久住人也贱，频来亲也疏

不喝辰时的酒，不训酉时的妻

亲戚不共财，共财断往来

出门看天色，进门观脸色

不做中人不做保，一生一世无烦恼

话多不如话少，话少不如话好

借钱是朋友，讨债成冤家

能屈能伸是条龙，只大不小是条虫

男人心软一生穷，女人心软裤带松

吃尽味道盐好，走遍天下娘好

斗米养恩，担米养仇

三担牛屎六篼箕

话说得好，狗肉敬得神

2. 谚语

生活类：

为人不做亏心事，半夜不怕鬼敲门

家有千金，不如薄艺随身

狗不嫌家贫，儿不嫌母丑

吃不穷，穿不穷，划算不来一世穷

除了栗柴无好火，除了郎舅无好亲

屋檐水儿点点滴，点点滴在旧窝里

男的在外面走，看的女人的手

甘蔗冇得两头甜

有钱的吃挺糕，冇钱的看到挺

小时偷针，长大偷金

猪养的怕剐，人养的怕打

字要写，拳要打

天干三年，太阳是宝

笑人前，落人后

种田怕打草，读书怕过考

人要人抬举，树要土壅根

生肉贵，熟肉贱

粑子好吃，磨子难推

扁担杵糍粑，伢儿说实话

人挪穷，火挪熄

人要实心，火要空心

外面有个好虾扒，屋里有个好鳖篓

饱汉不知饿汉饥，骑马不知步行难

不到江边不脱鞋，不到火候不揭盖

农业生产类：

三分种，七分管，十分收成才保险

有秧不栽一把，无秧不插一根

立夏不下，犁耙高挂

生根的要肥，长口的要吃

人误地一时，地误人一年

扫帚响，粪堆涨

会种田的种一丘，不会种田的种一洲

春插一日，夏插一时

穷人不听富人哄，楝树打苞就泡种

清明泡种，谷雨下秧

秧儿插得正，等于淋了粪

天气类：

二月二十，凌断树枝

三月三的风雨，冻死回娘家的闺女

雷打冬，十个牛栏九个空

四月八，冻死鸭

月月不离初四雨，一月只有九天晴

吃了五月粽，寒衣不可送

人是无毛虫，只怕六月天的老北风

春打六九头，雨水贵如油

三月三，九月九，无事不到江边走

过了惊蛰节，亲家有话田坡上说

过了七月半，看牛伢儿往堤坡里钻

天上起了鲤鱼斑，明日晒谷不用翻

夏无三天雨，春无三天晴

水缸湿，盐缸潮，不久就有大雨到

六月的雨隔田坡

热在三伏，冷在三九

十年难逢金满斗，百年难遇首日春

立春不逢九，五谷般般有

土地爷爷打伞，棉花荞麦一个光杆

惊蛰不动风，冷到五月中

三月三，冻死老单身；五月五，冻死老寡妇

清明怕雨，谷雨怕风

五月一个鬼，不是天干就是水

老人长到五十五，很少见到晴端午

五月十三磨刀雨，五月廿八洗街雨

五月十三磨刀水，你不给我磨刀水，我不准你洗龙袍

四月芒种不忙种，五月芒种忙忙种

长齐夏至，短齐冬至

六月怕干，九月怕淹

小暑不热，五谷不结

小暑南阳十八天

七月秋老虎，四十五日秋老虎

八月不沾天，来年不种田

一场秋雨一场凉，一场白露一场霜

三月三，蛇出张；九月九，蛇归土

十月十六不刮风，寒婆打柴过双冬

春罩雨，夏罩晴，冬天罩子晒死人

冬至无雨一冬晴，冬至有雨连九天

数九歌：

一九二九，哈气吹手

三九四九，凌破碓臼

五九四十五，冻死老母狗

六九五十四，春风如柞刺

七九六十三，行人脱衣衫

八九七十二，好汉拿扇儿

九九八十一，黄狗寻阴地

农谚类：

禾踩三到米无糠，棉锄三到白如霜

种上一年豆，三年田不瘦

蛤蟆叫得欢，虫子少一半

蛤蟆打更，五谷丰登

家有千棵树，不愁吃穿住

东扯（扯闪）日头西扯雨，南扯干旱北扯水

天上起哒鲤鱼鳞，洞庭湖里汶（淹）死人

马霓（虹）挂东，有雨不凶；马霓挂西，就穿蓑衣

3. 歇后语

瘫子赶强盗——光坐哒喊

菩萨吃稀饭——神吃（气）粥（足）

懒生木匠的锯子——不锉（错）

瞎子挂清明（扫墓）——估堆堆儿

钟馗开饭铺——鬼都不上门

蚊子咬菩萨——没人味或找错了对象

芦席滚到地上——高一篾片

脑壳顶上插菜花——黄上顶哒（无知、狂妄、乱来）

三个人顶芦席——没人承肩（负责）

华容下雨——巴陵不得（迫切希望得到）

坐飞机呼（吸）纸烟——云天雾地

屋檐脚火（下面）挂抬桶（粪桶）——臭名在外

棺材上面放镜子——照（躁）死人

屋脊顶上开门——没人往来

袖子里捧菩萨——玩鬼

水里看宝塔——倒（到）了顶

不认菩萨问和尚——认僧（真）

上坟烧报纸——骗鬼

茅厕板上开铺——离屎（死）不远

公狗屙尿——不落脚

江边的麻雀——吓大了胆

母狗落毛——甩肉

鱼塘摸菩萨——捞神（劳神）

擦粉进棺材——死要面子

痴人说梦话——胡言乱语

麻雀斗公鸡——不自量力

初一初三的月亮——不明不白

开水洗澡——熟人

癞蛤蟆想吃天鹅肉——痴心妄想

癞子戴斗笠——活磨

茅坑里的石头——又臭又硬

牛屎堆上插花——臭美

唱戏的腿抽筋——下不了台

脱掉裤子放屁——多此一举

口袋装菱角——个个出尖

巷子里赶猪——直来直去

顶着碓窝子唱戏——人吃了亏戏不好看

阎王爷贴告示——鬼话连篇

司命爷上天——直请直报

芝麻地里种黄豆——杂种

鞭炮点两头——响（想）到一块

别耳盖酒坛——总是不合眼

哑巴同头睡——冇话说

聋子看戏——饱眼福

告化子吃现饭——自讨的

盲人上街——目中无人

《百家姓》去赵——开口是钱

浑身贴膏药——毛病不少

三十晚上盼月亮——空指望

洋叉打兔子——空里跑了

半天云里吹喇叭——响（想）得高

乌龟吃大麦——糟蹋了好饮食

水泥灰刮芦壁——扶不上墙

苍蝇采蜜——装蜂（疯）

打着灯笼捡粪——找屎（死）

被子里抓跳蚤——一巴巴来

河里浮菩萨——来了神

穿蓑衣烤火——惹火（祸）上身

瞎子打架——揪到不放

一个巴掌——拍不响

棉花桃子——开口白

三、民谣（谣歌）

1. 林荫树下
男：路边杨柳排成排（哦），一对鸳鸯飞过来（哟）；
女：公不点头母不叫（啊），哥不招手妹不来（耶）。

2. 河边牵手
男：一江春水满心怀（哦），只想妹妹来嬉猜（哟）；
女：能与哥哥同船渡（啊），妹妹愿意长相守（耶）。

3. 田间采花
男：秋上田头采花忙（哦），妹妹围腰哥挑框（哟）
女：丰收喜悦填满仓（啊），幸福家庭乐洋洋（耶）

（以上为清泥湾地区民歌。刘继扬搜集整理）

4. 歌儿好唱口难开
歌儿好唱口难开，樱桃好吃树难栽，
粑儿好吃磨难推，姐儿好看身难挨。

5. 南风无有北风凉
南风无有北风凉，家花无有野花香，
家花好比檐前瓦，野花好比瓦上霜，
露水夫妻不久长。

6. 吃了晚饭把床铺
吃了晚饭把床铺，斑鸠屋后叫咕咕，
你咕咕咕咕叫什么，你笑奴家无丈夫？

7. 南风悠悠好做鞋

南风悠悠好做鞋，忽然想起情哥来，

日里想起犹自可，夜里想起满床摸，

摸到被絮四只角，摸到枕头是情哥（喊情哥）。

8. 灯笼挂在篱笆上

灯笼挂在篱笆上，狗咬三声奴作慌，

打狗开门接情郎。骂一声狗发瘟，

前门不守守后门，声声咬的有情人。

精肉砍四两，肥肉砍一斤，

海巴狗儿吃了不作声。

9. 太阳当顶正中界

太阳当顶正中界，只望情姐送饭来。

昨天送饭送得早，今天送饭送得迟，

除非屋里有拐事。打你的胡说烂你的腮，

你无的说出有的来。我在东边河里挑担水，

西边河里洗筲箕。娃娃拉到要妈吃，

隔壁幺姑拉到下盘棋，和尚跑来要月米，

学生伢儿回来要纸笔，看牛伢儿回来要饭吃，看我有事是无事。

10. 我向姐姐借三样

我向姐姐借三样，同姐坐，对姐看，

我向姐儿借三样，一借姐儿鸳鸯枕，

二借姐儿红漆踏板象牙床，三借姐儿救命王。

我一不做裁缝哪有鸳鸯枕，

二不做木匠哪有红漆踏板象牙床，

三不开药铺哪有救命王？

姐儿的胳膊是我的鸳鸯枕，

姐儿的浑身上下是我的红漆踏板象牙床。

姐儿的不上不下是我的救命王。

（以上为民国时期清泥湾地区民歌小调。徐友元等口述，徐启华整理）

11. 麻雀儿麻

麻雀儿麻，篱雀儿篱，

二十四人来做媒（土话读"迷"）。

堂屋里做媒爷（ya 阳平）不肯，

厨屋里做媒娘不肯。

大哥肯，二哥嗯，

三哥四哥搬起棍子打媒人。

（或：三哥四哥出来说分明）

12. 麻雀儿骂哪个

麻雀儿，墙眼里坐，叽里果里骂哪个。

骂那个抹牌的，骂那个赌博的。

先卖田，后卖屋，

伢儿女子揪（读 qiu，上声）到哭。

13. 划龙船

划龙船，吆吹吹，划龙船，蓝采和。

划赢了，吃包子，划输了，吃狗屎。

你屋里冒得一颗（读 ku，上声）米，

哪里划得龙船起；

你屋里冒得一颗糠，哪里划得龙船像；

你屋里冒得一点盐，哪里划得龙船上前；

你屋里冒得一滴油，哪里划得龙船上头；

你屋里冒得一颗米，龙船划穿了底，

落到河里淹死你！

14. 大月亮，小月亮

大月亮，小月亮，哥哥爬起来学篾匠。

嫂子起来纳鞋底，姆妈起来蒸糯米。

隔壁伢儿闻到糯米香，跳脱篱笆踩破缸。

伢儿伢儿你不喊，明年给你栽糯秧；

伢儿伢儿你不哭，明年给你栽糯谷。

糯谷开了花，伢儿笑哈哈；

糯谷结了籽，伢儿快胀死。

15. 手相歌

一螺蠢，二螺德，

三螺四螺了不得；

五螺六螺，田沟里看鸭鹅；

七螺八螺，坐车收谷课；

九螺十螺全，骑马点状元。

16. 丫鹊尾巴倒拖

丫鹊尾巴倒拖，听我唱个倒歌。

先生我，后生哥。

哥哥十五我十六，妈妈生我我熬粥。

爹爹结婚我打锣，妈妈结婚我挑货。

我从外婆门口过，外婆还在嘠椅里坐。

我从伯伯门口过，伯伯还在引婆婆。

（以上为民国时期清泥湾地区童谣。刘美璧、李锡川等口述，徐启华整理）

17. 上堤坡，下堤坡

上堤坡，下堤坡，恰恰踩到野鸡窝。

野鸡窝里八个蛋，提起回来看舅娘。

舅娘出麻子，喊我吃茄子。

茄子没开花，喊我吃黄瓜。

黄瓜没长蒂，喊我来看戏。

戏又没搭台，喊我来做鞋。

鞋又没做起，喊我来春米。

米又没春熟，喊我来煮粥。

粥又没煮烂，喊我来打蛋。

蛋又没打破，喊起回来一餐家伙。

18. 推嘠磨，耸嘠磨

推嘠磨，耸（扯）嘠磨，推的粉子细不过，

做的粑子甜不过，吃了心里磨不过，

半夜三更摸茶喝，门栓子碰到后脑壳。

（以上两首为民国时期清泥湾地区童谣。徐金生整理）

附：对耶歌

20世纪60年代前，对耶歌是清泥湾地区放牛娃生活中不可缺少的内容。

这个歌为什么叫耶歌呢？

唱歌时，一人主唱，每唱一句，其余的孩子齐声和一句"耶哟"。唱完最后一句后，大家同时唱"嘿（去声）吙（阳平）嘿（阴平）嘿（上声）吙（阳平）"收尾。耶歌的曲目大部分固定，如有天才孩子唱出了大家能接受的新歌，于是，就成了传唱的经典。耶歌内容庞杂，但以讲狠骂人的居多。

耶歌在什么情况下才对唱呢？

放牛娃一般以村庄为单位形成集团，村庄之间的孩子常常为一点鸡毛蒜皮的小事产生矛盾，于是就对耶歌。过程一般为三部曲，开始文对，唱平常的耶歌，天文、地理、风土、情事都可唱到。但随着情绪的高涨，就开始炫耀斗狠，接着骂人，这就不讲一点文明了，祖宗三代，父母姐妹无一幸免，最后，打架也就毫无悬念地发生了。当然，有的头领发现自己集团今日很难占到便宜，就要求另找时间，再次对决，或者认输开溜。集团内部有时进行切磋，自然就谈不上打架了。

对耶歌的场景一般在长江边的大草场（当地人称荒场）上，牧草青青，江流滔滔，水风悠悠。有时也是牧归的路上，前面一队，后面一队，孩子们都站在牛背上，手里扬着柳条做的牛鞭。

清泥湾唱耶歌最有名的当数汪必发（1923—1982）先生了。

下面记载两首耶歌，以还原当初的生活图景。

（1）炫耀

上大人，丘乙己，（耶哟！）

父母生我五兄弟，（耶哟！）

大哥在朝为宰相，（耶哟！）

二哥提笔写文章，（耶哟！）

三哥上阵当将军，（耶哟！）

四哥骑马玩刀枪，（耶哟！）

只有五哥生得乖，（耶哟！）

在家当个看牛郎。（嘿吙嘿嘿吙！）

（2）挑衅

要讲狠来就讲狠，（耶哟！）

老子的砣子像阳礅，（耶哟！）

打得天来天一腾，（耶哟！）

打得地来地开门，（耶哟！）

打得山来山一崩，（耶哟！）

打得水来水一浑，（耶哟！）

打得他姆妈的叉上不太平。

（嘿吙嘿嘿吙！）

（作者徐启华）

第七节 老物件

一、"抗美援朝"纪念章

纪念章获得者刘振华，1950年10月参加抗美援朝，所属军区为邓华将军指挥的第三十八军某部。1953年10月25日，中国人民赴朝慰问团慰问参战部队，授予他纪念章一枚。此章用纯青铜制作，正面主图案为和平鸽，镌刻"和平万岁"字样。（收藏人刘腾飞，顺星九组人）

▲抗美援朝纪念章

二、一等功臣勋章

勋章获得者刘壁纲，在1949年5月22日，人民解放军第4兵团第13军某部攻占南昌的战斗中，立功获授此勋章。此章用纯铜制作，镌刻"一等功臣"字样。（收藏人刘腾飞，顺星九组人）

▲一等功臣勋章

三、陆军新编第四军司令部证章

证章获得者刘业勤，曾在国民革命军新编第四军某部任职，立功获授此证章。（收藏人刘国平，原住龟洲垸码头，解放前因长江岸线崩坡，搬迁至湖北监利县团结村，刘业勤系其曾祖父）

四、石碾子

石碾子是用来将稻谷脱壳成为大米的设施。20世纪70年代前，清泥湾村还没有打米机，村民们吃的大米，就是靠石碾子碾磨出来的。

石碾子由碾槽、碾轮和碾架三部分组成。碾槽是由多节呈弧形的石槽连接而成的大圆圈；碾轮由坚硬的岩石打制而成，轮中心有一个四方形孔，便于碾架套在轮上；碾架由一根粗壮的直木从碾圈的中心牵出，控制嵌在碾槽围里的碾轮始终绕着碾槽作圆周运动。碾米时，先将稻谷均匀地倒入碾槽，然后驾上牛，人坐在碾架上挥鞭

▲陆军新编第四军司令部证章

▲石碾槽

赶牛，牛行走，轮转动。碾轮在碾槽里不断地对稻谷碾磨，直到壳破米出糠成细粉。一般一槽可碾谷百余斤，时间在二至三小时之间。

20世纪70年代前，清泥湾村尚有石碾子13处，其位置按住户人口数选取，以方便村民碾米。70年代后期，随着打米机的普遍使用，石碾子的作用不复存在，逐渐被废弃。

清泥湾村老石碾槽登录一览表

序号	组别	地　点	服务范围
1	2	徐干（爱民路）	顺星1—2组
2	3	刘立武（爱民路）	顺星3—4组
3	6	赵国兵（爱民路）	顺星5—6组
4	8	赵锦桃屋西	顺星7—8组
5	10	黎治民屋东北	顺星9—10组
6	4	徐远平屋后	顺星4—5组
7	1	徐树汉屋后	服务全村农户
8	2	原清泥中学后	
9	3	徐树义屋后	
10	5	金家直路北永胜东	
11	12	易学军屋附近	
12	10	郑继全门前	
13	9	刘梅春屋后	

▲朱三保先后于1979年3月、1986年9月两次在部队获得的三等功军功章，以及总政治部颁发的"自卫反击保卫边疆"纪念章

▲"文革"时期瓷碗

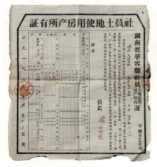

▲1963年的房产证

▲20世纪70年代汗衫

▲顺星六组村民徐森楷收藏的1977年刘家铺灭螺围垦奖励背心

▲飞人牌缝纫机

五、货币

第一套人民币诞生于全国解放前夕的 1948 年 12 月 1 日。由于第一套人民币诞生于全国解放前夕的战争年代，因而，表现出鲜明的战时过渡性特点。票种多，版面杂，面额大。第一套人民币从 1948 年 12 月 1 日开始发行到 1953 年 12 月，5 年间共发行 12 种面额，60 种票券（实为 57 种原版，其中 3 种原版各印两种颜色的票券），其中 1 元券 2 种，5 元券 4 种，10 元券 4 种，20 元券 7 种，50 元券 6 种，100 元券 9 种，200 元券 5 种，500 元券 6 种，1000 元券 6 种，5000 元券 5 种，10000 元券 4 种，50000 元券 2 种。没有主辅币之分。上述 60 种票券包括未被批准采用的票版试样和地方性临时流通票券。

▲第一套人民币最大面额样币

第二套人民币是在中国人民解放战争在全国范围内取得胜利，人民政府着手进行经济恢复和建设，财政经济状况逐步好转，金融物价已趋稳定的情况下，为适应国内外经济形势而于 1955 年 3 月 1 日开始发行的。第二套人民币与第一套人民币的比值为 1：10000，有主辅币之分，计有 1 分、2 分、5 分、1 角、2 角、5 角、1 元、2 元、3 元、5 元、10 元 11 种面额，13 个票种。

▲第二套人民币最大面额样币

第三套人民币从 1962 年 4 月 20 日发行 1960 年版枣红色 1 角券开始，到 1974 年 1 月 5 日发行最后一张 1972 年版 5 角券止，经过 12 年时间，共发行 7 种面额、8 种原版、9 种票券。

第四套人民币从 1987 年 4 月 27 日开始发行，至 1997 年 4 月 1 日止，共发行 9 种面额，14 种票券。其中 1 角券 1 种，2 角券 1 种，5 角券 1 种，1 元券 3 种（1980、1990、1996），2 元券 2 种（1980、1990），5 元券 1 种，10 元券 1 种，50 元券 2 种（1980、1990），100 元券 2 种（1980、1990）。

第五套人民币自 1999 年 10 月 1 日起陆续发行。有 100 元、50 元、20 元、10 元、5 元、1 元、5 角、1 角 8 种面额。第五套人民币（1999 年版）的发行是我国货币制度建设的一件大事，是我国目前社会稳定、经济发展、文化艺术繁荣、科技进步的有力证明，也是为建国五十周年献上的一份厚礼。

▲刘金球收藏的中华民国开国纪念银条

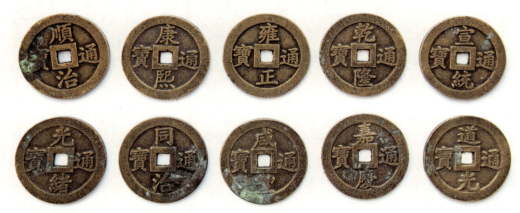

▲刘继扬收藏的清朝十位皇帝官钱币

六、粮票

粮票是 1955—1985 年中国在特定经济时期发放的一种购粮凭证。中国最早实行的票证种类是粮票、食用油票、布票等。粮票作为一种实际的有价证券，在中国使用达 40 多年，随着社会的发展，它已退出了历史舞台。那时候，必须凭粮票才能购买粮食。其实凭票供应不是我国最早采用的，苏联在十月革命后，当时国内不稳定，内战不断，商品缺乏，就采取商品有计划的分配，发放各种商品票证，苏联最早的票证是 1916 年的鞋票。美国也在二战时期商品紧张时，发放了各种商品票证，其种类也不少，其中就含有粮票性质的票证。现在还有一些国家仍然采用凭票供应方式，如朝鲜、越南等国家。

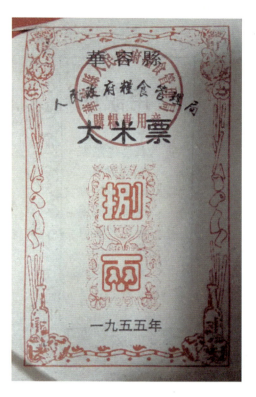

▲粮票

　　与票证时代相配合的，还有严格的户籍管理以及城乡二元分割的制度。农村人不可能像今天一样自由进城打工，因为每月定量供给的粮票、油票只有城市人口才有，没有城里人的身份，就拿不到这些票证，因此农民离开了土地，根本就无法生存。

　　不仅城乡之间，城市与城市之间的迁移，同样由于粮食关系的束缚而相当麻烦。当时的粮票分为全国通用和地方流动两种。只有全国粮票才能在中华大地都有效。出差的人必须持单位介绍信去粮店换一定数量的全国粮票。

　　经济发展的转机发生在十一届三中全会之后，随着改革开放，物资慢慢丰富起来，商品市场开始活跃，曾经严格的票证制度越来越松动，国家逐步缩小了消费品定量配给的范围。到1983年，由国家统一限量供应的只有粮食和食用油两种。

　　1985年，国家又取消了长达30多年的农产品统购派购制度，极大激发了农民的生产积极性，丰富了城市居民的"米袋子""菜篮子"。城市居民的饮食结构也发生了变化，一日三餐，副食增多，主食减少，因此，这时基本家家户户粮票都有所盈余。

　　1993年，粮油实现敞开供应，粮票已无用武之地，被正式宣告停止使用，长达近40年的"票证经济"就此落幕，老百姓再也不用为找不到粮票发愁了。

第八节　宗教信仰

清泥湾村群众主要信仰的宗教为道教与基督教，共有信徒 255 人，其中道教信徒 120 人，基督教信徒 135 人。道教场所有 5 处土地庙、1 处嫡姆庙。基督教信徒主要活动地为基督教堂。

一、土地庙

清泥湾的先民就对土地心怀敬畏和感恩。自清末以来，建有 5 处土地庙，分别是永镇土地庙，安奉范围为长江村大空地起（四、七、八组）至清泥村（一、二、三组）康民路止；福寿土地庙，安奉范围为清泥村（四、五组）汪双兵家起至徐明勋家止；双全土地庙，安奉范围为清泥村（六、七组）谭加军家起至欧友才家止；新兴土地庙，安奉范围为清泥村八组徐立胜家起（九、十、十一、十二组）至顺星一组到八组止；大和土地庙，安奉范围为顺星九至十组。庙里供有香烛、鲜花、小米等祭品，村民们定期到庙里祭拜，祈求土地神保佑家庭平安，农业五谷丰登。20 世纪 60 年代的"破四旧"，五处土地庙全部被拆除。改革开放后，5 处土地庙陆续重建。

每逢农历二月初二土地公的生日和农历八月初二土地婆的生日，所在土地的村民，摆设筵席，为其庆生。

二、嫡姆庙

嫡姆庙的原址在集成乡，1954 年的特大洪水将其冲毁。2006 年由集成人朱重建（今庙住持）牵头，选址在顺星六组重建。

关于嫡姆庙的由来，从 2006 年 9 月 10 日《岳阳晚报》第三版文化类登载朱开见先生的文章《嫡姆街》中可以获知，中间一段原文如下：

"街的尽头是波涛汹涌、水天相接的入江口，过往的船只从这里上溯湘、资、沅、澧，下漂汉口、九江。从前江口住着嫡姆娘娘和她的儿子，儿子是翻江斗浪的好手。一日，一艘商船行至江口，忽遇黑风恶浪，船上十几号男男女女惊慌失措，大声呼救。嫡姆娘娘的儿子听到呼救声，衣服都没有来得及脱，就跳进江里，船上的男男女女都被他救上了岸。嫡姆娘娘等到天黑，也不见儿子回来，便在码头上点一盏灯，希望儿子能看到灯头，找到回家的路。儿子没有回来，灯火不灭。看到灯火，夜航的船只就能安全地抵达港湾。嫡姆娘娘热情好客，拿出好酒给行船的人暖暖身子，并向他们打听日思夜想的儿子。嫡姆娘娘思念成疾，死了，得知消息的过江客纷纷赶来吊唁。大家提议，为好心的娘娘修一座庙，庙就修在江口码头。此后，过江客的第一件事，就是到

▲嫡姆庙

嫡姆庙祭拜，为她点上一盏灯，烧三炷香，叩三个头，祈求嫡姆娘娘护佑他们顺水顺风。嫡姆庙的香火一日日鼎盛……"

文中的江口码头即原集成南阳码头，嫡姆娘娘的儿子因救人筋疲力尽困于水中，被水冲到岸边获救。后从军，屡立战功，被封为将军，卒后配享嫡姆庙。

每逢农历初一和十五，道教信徒沐浴后，带上水果和香烛等，去嫡姆庙进香，鞠躬磕头。农历五月十四嫡姆将军的生日这天，信徒们带上鞭炮、香烛去嫡姆庙为其庆贺生日。

三、基督教堂

清泥湾村基督教信徒活动场所有老垱村基督教堂和长江村基督教堂。信徒们于星期五晚至星期六早晨八点的时间内，在教堂参加礼拜活动。活动内容有两项，一是讲道，听牧师讲《圣经》；二是唱歌，唱哈利路亚赞美诗。遇有信徒或其家里人去世的，则以基督教仪式安葬之。

第九节　民间艺人

　　民间艺人又称"九佬十八匠"。"九佬十八匠"是人们对靠手艺谋生的民间手艺人的总称。在民间有很多手艺人走乡串户，用手艺服务乡民。这些人的手工技术与乡民的日常生活密切相关，从建房做屋所需的砖瓦门窗到家家户户用的锅碗瓢盆及生活的方方面面，都离不开这些手艺人。在传统的社会行业中，民间艺人，门类极广。"九"和"十八"只是约称，而不是确切的实数。清泥湾村自解放以来，"九佬十八匠"层出不穷，他们为村级集体经济发展贡献聪明才智，为村民的日常生活提供极大的方便。而今他们有的或早已作古，或已风烛残年。随着科技的发展，时代的变迁，少有年轻人再从此艺。很多行业日渐式微，有的甚至完全消失。但"九佬十八匠"曾经的辉煌，将永远铭记于人们的心间。

铁匠

　　俗话说："人生有三苦，打铁、撑船、磨豆腐。"铁匠的苦在于练就过硬的观察炼铁火候技术。铁匠最难掌握的是炼铁的火候。既要将铁烧熟，又不能将其烧化，判断的标准就是观察其颜色。观察铁的颜色，全凭铁匠的经验和智慧。

　　20世纪80年代前后，清泥湾村铁匠师傅有龚庭楚、龚仕雄、李培宝、黎咸颜、蔡都保、徐远新等。村民所用的铁器几乎都由他们打制，包括从冬修水利用的挖锄、铁锹，到家庭日常用的菜刀、砍刀等。铁匠师傅中，龚庭楚从艺有两个特点：一是善观火候，他对观察铁的颜色有着丰富的经验和独到的眼力。炉火中烧的铁，他能根据其分量的多少、放置时间的长短、火力的强弱等因素，随眼瞥一下，就能知道烧到什么程度。既不会老火，也不会嫩火，而是火候恰到好处。他打制的锄头用起来上手，且经久耐用；打制的菜刀钢火好，用过两三年依然锋利如初。二是讲究信誉，他约定客户交货的日期，无论多忙，不会改变，到期交货，绝对保证质量。不过随着时代的变迁，大批铁制品如雨后春笋般出现，且价格便宜，自90年代起，传统铁匠行业走向萧条。

木匠

　　清泥湾村的木匠大体分长木匠、方木匠、和木匠。长木匠从事建筑类行业，包括制作檩条、门窗、中柱、三架梁、五架梁等；方木匠制作家具和农具，如桌、椅、板、凳、柜、床、犁、耙、水车、风车等；和木匠是制作棺材的。木匠的行规是学艺三年出师，总砝码是"鲁班虽巧，傍墨儿行"。无论什么木匠，画墨是关键，掌墨时所制作的物品心里就得有它的图形。本村木匠大多是全能木匠，样样都会。木匠的祖师爷是鲁班，禁忌较多。如"斧不乱拿，尺不乱跨"。

村自解放以来木匠师傅有李开阳、兰金保、胡新华、徐立山、陈江华、金文华、朱孝祖、黎述万、喻义训、徐祖光、徐树万、徐勋庆、徐泽炳、汪应珍、汪国平、徐树罗、徐华球、徐远华、陈会宇、丁金田、沈道云、戴永煌、戴方国、徐光明、黎述焕、李国祥、易建军、谢守安、刘振元、刘继明、汪咏林、闵新仁、徐远文、邹承明、谢先进、徐和勋、徐远柏、谢先国、徐树年、刘述良、徐文勋、汪双龙、黎咸章等42人。其中黎述焕、徐和勋堪称"装犁大师"，他们装的犁，不仅扶犁的人轻松、拉犁的牛也不很费劲，而且犁的田深浅合适，翻起的泥块顺溜、好看、易耙。他们能根据水田、旱地、紧板土、疏松土等田类及土质特点，制作出不同型号的犁，尤其擅长选取弯曲度合适的树木，凭借独特的精湛技术，通过合理裁断、调节眼位、切削加工等方法，制作出一张犁辕来（犁辕是犁的最关键部位）。朱孝祖的绝活就是榫卯结构做得牢固，他靠精确测量、精准打眼来制作出天衣无缝的榫卯结构。所打制的家具，不但外观漂亮，而且结构牢固，十年二十年依然如初。

瓦匠

瓦匠是指从事盖瓦、砌砖等建筑行业工作的手艺人，也称建筑工。瓦匠的工作既是一个技术活，又是一个辛苦活，与人们的生活密切相关。衣食住行里的"住"字，得由瓦匠来书写。

瓦匠的工作特性随着时代的变迁而变化。20世纪六七十年代清泥湾村受限于经济条件，村民大都建土砖房。土砖房结构简单，不用粉饰，瓦匠只要身强力壮，会使用吊线锤把墙砌正就行。80年代至90年代，正处于农村改革开放、农民收入快速增长时期，村民建房则多为红砖砌墙的平房或楼房。这时的瓦匠重在粉饰技术，使用的工具又需增添抹灰刀，因墙面要粉饰，水泥地板要打平。从21世纪起，村民建别墅成为时尚，建筑技术含量更高，瓦匠师傅不仅要墙砌得正，墙面粉饰得平，

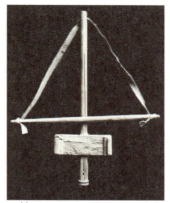

▲钻子

▲刨子

▲尺子

还要能看得懂建筑图纸，按图纸施工，又须拥有机械施工设备，才能保障施工顺利。

村历年来从事瓦匠行业的有徐小新、陈又生、兰仁全、黄正华、李云仙、徐勋建、李伏元、彭成建、黎中红、汪庆保、徐爱清、徐树庆、徐远法、徐泽欢、徐泽杨、谭作香、谭善田、谭善友、谭善良、徐中南、徐远清、刘宏良、朱水保、刘小红、徐国香、徐树军、胡祥顺、汪全胜、黄良波、熊国章、许万兴、邹鲁良、朱正锋、刘继平、徐镇勋、徐凤楼、金支爱、徐干、徐火旺、徐砚勋、谢先干、汪双槐、谢文模、朱溪玉、易新国等。

清泥湾村民居、集体房屋几乎全由他们所建。瓦匠谭作香从业时期为60—80年代。他砌墙速度快、质量好、标准高、能吃苦。从业范围遍布全村乃至全镇。无论砌土砖还是砌红砖，一天总能比别人多砌10%以上。在清泥大队部、学校、顺星大队部等建筑中，砌砖速度堪称示范表演。朱正锋作为现时代的瓦匠，通晓现代建筑技术，懂按图纸施工。清泥湾村及其周边的很多楼房、别墅由他承包而建，质量好、标准高。

窑匠

窑匠是指做砖瓦烧砖瓦的手艺人。

20世纪60年代中期，清泥大队和顺星大队居民住房大都是土砖砌墙，燕子瓦盖顶的土砖房。人们翻旧屋建新房都离不开砖瓦，那时附近也没有轮窑厂。因此，大多数住房隔个两三年都得需要窑匠烧砖烧瓦。三年困难时期后，河南人逃荒到本地，传入箍窑烧窑技术，河南人当师傅，当地有人向他们学习烧窑技术，后成为窑匠。

1964年前后，全大队每一生产队建有一门拱窑，用来烧制砖瓦。在正月里头，有需要砖瓦的东家会和窑匠拟一份详细的做坯烧窑合同。待天气转暖，窑匠开始做坯；天气变冷，泥巴上冻，停止做坯。窑匠根据窑的容量，安排砖坯或瓦坯，装进窑洞，然后点火烧窑。整个烧火全由东家负责，点火、撒火、出窑则是窑匠说了算。窑匠在整个烧窑过程中的绝活是看火候。

至70年代中期，村民翻旧屋建新房的户数增加较快，拱窑烧制砖瓦不能满足村民对砖瓦用量的需求，于是箍窑应运而生。箍窑烧的是煤，看火候的技术要求更高，稍有不慎就会出问题。因此，当年常见些箍窑烂尾。

进入80年代，随着村周边轮窑厂的相继投产，村民需要的砖瓦，都到轮窑厂订购。拱窑、箍窑的作用不复存在，窑匠渐无用武之地。

本村的窑匠有汪全祥、刘井成、赵国能、黎南坤，其中看火候里手有汪全祥、黎南坤。

石匠

旧时石器用途在清泥湾村十分广泛，如建房用的石墩、石门槛、石板、条石，脱粒用的石磙，生活上用的石碾子、石碓窝、磨子、石桌、石凳，祭祀用的墓碑，建闸修桥等都离不开石匠的工作。然而，随着科技的发展和社会的进步，很多石器逐渐被淘汰，代之以先进时尚的物品，从事石匠职业的人逐渐减少。

清泥湾村石匠师傅有戴传美、徐砚勋、徐克金。80年代前，他们的工作主要为錾磨子（用久了的磨子，，磨齿被磨平，须将磨齿錾得深浅匀称，棱角分明，便于推磨）、打制石器、勾平石缝等，在村民建房、集体修闸建桥中显身手。戴传美师傅在1978年顺星排灌闸的修建中，风餐露宿，吃住工地，攻克建闸中的不少难关，确保闸的顺利建成。

漆匠

漆匠是用油漆刷木器的手艺人，木器做油漆的目的，一是防腐，二是使其外表耐磨美观。

漆匠看似简单，其实工艺流程非常复杂繁琐，包括调料、刮底、打磨、上底漆、上腻子补洞，打水磨再上底漆打磨光滑，后再上面漆、抛光等。漆匠刷漆时常会责备木匠没有把木器表面做得平滑，而漆匠漆刷得再好，也会有评头品足之人指出其不足，这类人被本地人称为"谈匠"。因而有句顺口溜叫"木匠怕漆匠，漆匠怕谈匠"。

清泥湾村历年漆匠有吴兆华、李云龙、朱思梦、徐远立、黄正华、徐树礼、谢先进等。其中，谢先进刷漆可谓细致入微，所有流程一个都不会落下，刷的漆不但美观漂亮，而且防腐性能极好，就连"谈匠"也觉得无话可说。

油匠

油匠是指榨油的艺人。机械榨油问世以前，手工榨油沿袭了千年之久。80年代起，随着机械榨油的出现，手工榨油渐渐地退出历史舞台。

清泥湾村在大集体时代，建有清泥大队和顺星大队两个手工榨油厂，油匠有江尚年、李玉田、金永贵、汪全宗、吴新楼、丁春林、朱同兵、吴诗杰、姜昌银、汪双槐、蒋长松、徐民初等。手工榨油的整个过程，其基本工序是将菜籽（或芝麻）炒熟，经石磨粉碎，然后放入石槽碾轧后，入木甑蒸一定时间。出甑后，将原料填入用稻草垫底的圆形铁箍中，制成榨油用的饼。最后将一块块饼整齐地放进主榨的榨槽内，用木枋挤紧，加入楔子后，由三五个油匠荡起撞杆猛击楔子。饼在巨大压力下，从榨洞的槽眼流出油来。油匠的绝活就是炒籽上的工夫，炒籽的标准是香而不焦，它关系到榨出的油能否香而纯，这就得控制好炒籽的火候。一个手工榨油厂，通常需十来号人才能正常运转，有做饼的、打榨的等。清泥大队油厂刚组建时，炒籽火候掌控欠佳，炒的籽不是老火就是嫩火，致使榨出的油标准不高。后来清泥大队榨油厂聘请东山人江尚年做师傅控火候，不但炒的籽出油率高，而且榨出的油香而纯。1980年后，大集体时代终结，大队手工榨油厂关闭，代之以机械榨油，其工序简化，人工减少，无需专门碾籽、踩饼、手工荡锤，但炒籽掌控火候仍为榨油的关键。村从事机械榨油的师

▲榨油

▲鸡笼

傅有兰金保、杨少儒、邹东炎、黄旅风、徐勋建、金支银、黎咸章。

篾匠

篾匠指能用竹子制成各种篾制用品的手艺人。篾匠最重要的基本功是劈篾。把一根完整的竹子劈成各种各样的篾，制作成各种竹器具、工具。用竹子制成的用品很多，如竹床、竹椅、竹席、蒸笼、筢箕、扁担、箩筐、竹筛等，其品种繁多，用途极广。

清泥湾村从事篾匠行业的有刘勋卜、徐天保、徐麦香。他们没有专门拜师学艺，靠兴趣观察老师傅做活，凭心灵手巧从事篾工行业。在七八十年代打制精美的篾器，如高篮子、箩篮子、筢箕、篾席、晒簟等服务村民。

弹匠

弹匠也称弹花匠，指弹制棉被的手艺人。传统的弹匠，用专用弹弓，先将棉花的纤维弹开，使其松软均匀，然后铺成棉被形状，用专用工具压平，布上网纱，使其固定成形。这样，一床棉被就算弹成。

清泥湾村人历年来习惯使用棉被，因棉被有无异味、保暖性好等优点，加之本地又属棉产区，棉花资源丰富，所以，一进入冬天，很多村民都会根据需要，计划弹被子。20世纪70年代以前，本村无弹匠，为村民弹棉被的差不多都是来自安徽、浙江一带的师傅。他们是游动性的，在质量上不会很有保障，且言语难懂，服务态度也不很好，但村民没有别的选择。进入80年代，村民黎中树头脑活络，刻苦学习，练就了一手用弹弓弹棉花的好手艺。黎师傅不但技艺高，质量有保证，而且服务态度好，信誉度高。村民到他家里弹棉被，会热情相待、递茶倒水，不厌其烦地问清所弹棉被尺寸大小、轻重厚薄，会在约定的日期，不挪子午地将被子弹好。由于其良好的口碑，以致邻村不少人来找他弹被子，生意一时红红火火。

后随着机械弹棉的广泛使用，传统的弹弓弹棉花的行业逐渐走向衰弱。

剃头佬

剃头佬现称理发师傅。旧时因没有电动的理发工具，用的是剃刀，故称理发为剃头，称理发师傅为剃头佬。过去的剃头佬，开门店的少，大都带上理发工具上门服务。

清泥湾自解放以来，从事理发行业的有刘继明、徐超群、徐树银、徐树柏、徐泽华、徐泽林、宋尚新、金永安、黎中华、刘振波、黎道香、徐远芳、赵锦全、陈四宝等人。20世纪70年代前，人们习惯称理发师傅为剃头佬。剃头佬中刘振波剃头给人留下深刻印象。他理发有两个特点：一是"快"，给小孩剃头时，动作轻快，因小孩生性好动，耐不住静坐，刘师傅边哄小孩，边快速动刀，只几分钟头顺利剃完。二是"慢"，对成年人剃头就是慢，剃完一次差不多个把小时，主要是为成年人揉肩、捶背、按摩。由于成年人农活重，常把剃头当作一种休息，刘师傅也就顺势而为，和他们慢慢聊天，修脸、刮胡子、掏耳等也就格外地过细。

自70年代以来，人们渐将剃头佬称呼改称理发师傅。

渡船佬

渡船佬也叫船夫或艄公，是能在江河里摆渡船只的人。

清泥湾村地处长江南岸，与位于北岸的监利市隔江相望。70年代前，两岸人员的往来主要靠渡船佬用木帆船摆渡。一般一只木帆船可载客30人左右,配3名渡船佬。船泊岸启动时，渡船佬用竹篙的一头扎在船边的江底，用两手或者胸口、肩头顶住船篙的另一头，用力把船向撑船人的后边蹬，船就启动了。然后渡船佬根据风向，挂起布帆，摇起双桨，在风力和划桨的作用下，船平稳地驶向目的地。

▲摆渡

　　木帆船在长江里行驶，长江水流湍急，风大浪高，照说安全系数不高，特别是在江中突遇狂风暴雨，则更加凶险。但这些对久经风浪、富有经验的渡船佬来说都不算事。他们会根据实际情况，避开凶险的波浪，见风使舵，调整好行船方向，使船化险为夷，平安抵达彼岸。在清泥湾村木帆船摆渡史上，未曾发生过重大安全事故。70年代初期，随着机动船的出现，木帆船摆渡成为历史，渡船佬改行。

　　村从事木帆船的渡船佬有汪合年、胡金尧、汪必发、黎昌槐、黎大军、黎朝准、黎执军、汪光远、徐纯初、邹于清、邹金板、邹承志、邹承元、易培林、金正万、谢守明、徐远希、谢协成、徐树清、刘振尧、黎国祥、姜尚新等。其中邹于清为家族式的渡船佬，有着数十年渡船经验。

杀猪佬

　　杀猪佬又称屠夫，指屠宰生猪的手艺人。杀猪佬大多体格健壮，孔武有力。杀猪佬的工具是一套刀具和一个腰盆。刀具锋利无比，用于点血，开膛破肚；腰盆容积很大，能装二三担开水，用以烫猪退毛。

　　杀猪佬到主家杀猪，走进猪栏，用抢钩控制住猪，在一至二人的协助下，将猪拖出栏，抬上凳，按住身，捆紧脚，手持点血刀，看准时机，对准猪的脖子，奋力一捅，直达心脏，白刀子进，红刀子出，谈笑间猪叫声渐止，命丧板凳。然后是吹气、烫猪、刮毛，开膛破肚，将猪大卸八块，一系列操作，如行云流水，杀猪佬的工作算是完成。

　　杀猪佬的报酬较为丰厚。大集体时代，通常是大肠一副，兼一刀足有四斤重的上好猪肉，少不了一顿丰盛的血酒；市场经济时代，还要另加包封。喝不喝血酒，得看时间充裕否。

　　清泥湾村从事此行业的有黎执桃、金永贵、刘振汉、谢先德、谢华南、孙国科等，个个都是屠宰能手，合格的杀猪佬。

阉鸡佬、阉猪佬、骟牛佬

　　清泥湾村的阉鸡佬、阉猪佬、骟牛佬都为兽医（除少数外来的阉鸡佬外）。人员有金连生、金永爱、邹启湘、邹东谱。21世纪前，村鸡、猪、牛数量多，阉鸡佬、阉猪佬和骟牛佬一年四季忙个不停，除从事阉割工作外，对家禽牲畜的治疗防疫也是他们的重要工作。这些人员中，金连生1958—1987年一直从事兽医工作，通过多次的业务培训和近30年的诊疗实践，具有一定的理论功底和丰富的实践经验。邹启湘毕业于湖北省兽医专科学校兽医系，名副其实的科班生。当地俗话说，"像阉猪佬阉猪一样的慢"，而邹启湘阉猪的动作十分麻利，一刀到位，前后也就五分钟左右。且所阉的猪、骟的牛，几乎没有死亡发生，在治疗猪牛等家畜方面也是药到病除。

解匠

解匠，也叫锯木工。其工作就是将树木根据需要，锯成各种型号的木板或木条，供木匠所用。作为解匠，必须有强壮的体力，特别是臂力，他们要搬运粗而且长的树木，有的重达二三百斤，因而，解匠是体力活，很辛苦。这类解匠，被称为传统解匠。

20世纪70年代末，随着电锯油锯的普及，传统解匠就无用武之地，取而代之的是简捷高效以电锯、油锯为工具锯木的机械解匠。

传统解匠在六七十年代的清泥湾村是很吃香的。那时，村民需要打制家具、建造房屋所用的粗长的树木，木匠师傅是很难将其处理好的。一般东家会在木匠进场前，接请解匠师傅将树木按木匠的要求锯好，并大鱼大肉地款待解匠。解匠属体力活，从事此职业人数少，一到下半年，需求量很大，所以解匠经常是张家请，李家拉，忙得不可开交。

清泥湾村传统的解匠有黎中先、徐君义、邹东铎、汪全元。

纸扎匠

纸扎匠是指用纸扎成各种形式纸品的手艺人。纸扎源于古代丧俗，迄今已有上千年历史。所扎之物，是烧给死者用的。传统类的有灵屋、纸马、纸草鞋、纸童男童女等；现代类的有纸质的电脑、电视机、手机、电冰箱、轿车、别墅等。

清泥湾村人在丧葬与祭祀礼仪活动中，对纸扎之物十分看重。老人去世的丧葬期，少不了立于灵堂大门两侧纸扎的开路神、打锣神，出殡时灵柩上放置的纸扎龙冠，每年的七月半，给逝去的先人烧的灵屋，有的还配纸电脑、纸轿车。

村从事纸扎的艺人有李培善、汪全祥、杨文斌、杨祖保、谢先元等。纸扎匠们凭着心灵手巧，以竹、木为骨架，用竹、木、线、纸为主要材料，糊彩纸以装饰做成纸扎品。其中，杨文斌为世代纸扎匠，纸扎技术炉火纯青，所扎之纸物惟妙惟肖、栩栩如生。

丧鼓歌手

丧鼓歌手是指在丧事礼仪活动中传唱丧歌的民间艺人。丧歌又被称为"夜歌""孝歌""哀歌"等，在老年人的丧事活动即"白喜事"中演唱。演唱的内容主要为哭诉失去亲人的悲痛心情和对亡者的深切怀念，歌颂死者艰苦创业精神以教育后辈，叙唱历史故事和世俗生活知识等。

清泥湾村人历来对丧事礼仪十分讲究。家有老人去世，孝子自然悲痛万分。为报答老人的养育之恩，会将丧事极尽可能办得热闹一些。在亡者入殓前的坐夜期间，少不了一些热闹活动，如说鼓子（一人说唱）、跳丧鼓、哭丧鼓等，其中尤以哭丧鼓最为时兴。哭丧鼓队一般由四人组成，表演时为三人，另一人为替补队员（当有一人劳累需休息时，替补队员补上）。此活动通宵达旦，表演者声情并茂，如泣如诉唱述亡者的一生，吸引无数人围观，为丧事活动增添浓郁的追悼氛围。村从事此行业的歌手有胡建华、汪全胜、李克绳、李根稳、汪吉祥、朱正红、刘小平、刘新阶、李必焕、黄良发等。这些歌手各有所长，为本村及周边地区的丧事活动表演精彩的节目，赢得了人们称赞。其中刘小平是一位出色的丧鼓歌手。他嗓音洪亮，记忆力好，应变能力强。他通宵达旦地唱，嗓音不嘶哑；厚厚的一本唱词，短时间内能记住；尤其能根据亡者的生平、灵堂的实况，即席编排演唱出恰如其分的唱词，令在场观众无不为其喝彩。

豆腐佬

从事专业豆腐加工的师傅称豆腐佬。豆腐加工分为传统加工和现代加工。清泥湾村童谣有云："腊月二十五，推磨打豆腐。"这里的推磨打豆腐，即为传统的豆腐加工。它采用石磨磨浆、纱布过滤、铁锅煮浆、石膏点浆、筛子或其他物品作模具，用重物压紧使豆腐成型。2000年前，村民基本采用此法加工豆腐，豆腐佬也采用此法。这种豆腐加工全凭操作者经验，有时会因火候掌控不当，导致一桌豆腐失塌。正如俗语所言，"熬糖打豆腐，不充老师傅"。

2000年后，机械加工豆腐兴起，又兼以智能技术的运用，从黄豆磨浆到豆腐产出多为智能掌控，即所谓现代豆腐加工法。豆腐佬开始采用现代加工法，为求方便，村民也备黄豆到豆腐佬处加工，传统豆腐加工法渐被淘汰。

▲打豆腐

▲铲剪磨刀佬

清泥湾村的豆腐佬有汪全寿、谢长妮、汪全宗、徐远红等。其中，汪全寿豆腐加工历经二十余年，传统与现代加工方法娴熟。他加工制作的豆腐细腻绵滑、营养丰富。

铲剪磨刀佬

河南人高凤才，三年自困难时期后迁居清泥八组，至20世纪90年代初，一直以铲剪磨刀为业，村民称其为"小老高"。他常肩扛板凳，凳的一头固定两块磨刀石，另一头绑着坐垫，凳脚边挂一个小水罐，身背一个装有铲磨工具的旧帆布袋，走村串户，边走边吆喝："铲剪磨菜刀呀，铲剪磨菜刀呀……"声音抑扬顿挫，穿透力强。有需铲剪磨刀的村民闻声后会作好准备。"小老高"为本地小有名气的铲剪磨刀佬。

茅匠

茅匠指建造或修补茅屋屋顶的手艺人，茅屋主要以茅草作天盖。60年代中期前的清泥湾，茅屋住户约占80%。茅屋通常是"一年新，二年陈，三年烂成尘，四年要翻新"。那个时代茅匠的活计不少，一到下半年，经常是盖完东家赶西家，也很少收工钱。

茅匠盖屋一般是两至三个师傅，四至五个小工。盖屋前主要准备工作有二：一是建屋塌子，将干柴（南荻）把（几根干柴扎成的小捆）纵横交错、疏密有致（间距较小）地用竹篾绑在屋面檩上，建成网状结构，这样的结构本地称"屋塌子"；二是解草，

把晒干成捆的茅草放在门板上解开、摇散，剔除短的、断的，再将根部一致地捆好、顿齐，这个过程本地叫"解草"。盖屋时，第一排茅草盖在屋檐上，根部朝下，从左到右顺雨水流向铺上。且一边铺，一边在距茅草根部尺把多远的地方横压干柴把，然后用竹篾扎在屋橹上，并用茅拍将茅草根部拍齐。第二排压在第一排上，如法操作三排四排直至屋脊。前后上脊后，用茅草做顶，然后把茅草剁成小捆横扎在屋脊上。盖草时一截一截地往上盖，盖一层干柴把压住扎篾，然后往上尺把远再盖一层。茅匠的技艺在于能熟练地将篾扎牢，善用茅拍将茅草根部拍齐，使得草面"一水平"，草根"一刷齐"，看不到半星半点的倒戳毛，这样做的茅顶牢实美观。茅屋漏水，也要茅匠来除漏，非茅匠难以做到。

茅屋较能挡风雨，但最怕火烧，60年代清泥湾几次失火，大多茅屋化为灰烬，特别是相邻的一些茅屋，如同火烧连营。至70年代初，建房大多用燕子瓦、机瓦盖顶，茅草盖顶渐渐走进历史，茅匠职业渐渐消失。

清泥湾村的茅匠有刘纪明、汪吉祥、邹承元、兰仁杰、汪爱尧、李胜兰、汪焕秋、汪署香、李神保、黎咸清、黎金万、姜春保、黎六斤、汪全元等。这些茅匠属于专业茅匠，服务本村及周边地区。

裁缝

清泥湾村裁缝从业可划分为三个时期。一是80年代前的大集体时期，物资匮乏，缺衣少穿，家庭成员多，有的光孩子就有八九个。这个时期，裁缝做上门工，除做新衣服外，拆改的衣服也不少，家里大人的衣服拆改为小孩穿，哥哥的拆改为弟弟穿，姐姐的拆改为妹妹穿。拆改衣服需要裁缝师傅有过人的耐心和灵巧的手艺。二是八九十年代，村民手头宽裕后，买新布做新衣兴起，裁缝大多告别拆改衣服历史。裁缝除做上门工外，也开设店铺，并基本配齐现代的制衣设备。一到下半年，儿亲女嫁的，过年添做新衣的，裁缝师傅忙得不可开交。三是90年代后期，服装市场日益繁荣，各种花色、款式、大小的衣服都能在市场上买到，且价格十分便宜，农村裁缝业务逐渐变少，直至无事可做。

清泥湾村裁缝师傅有黎四喜、严升斗、严桂兰、莫凤珍、张善政、徐姣生、李云英、朱炳焕、兰小宝、汪全祥、徐落勋、谢先干、柴孝甲、李元香、赵定英、谭若兰、付青莲、谢墨珍等。裁缝师傅中，柴孝甲的缝纫绝活是把老款衣服做得非常到位。80年代，老人穿的老款衣服，一些年轻裁缝不愿做也不会做只得请柴师傅。柴师傅总会热情接待他们，嘘寒问暖，认真仔细地量尺寸，用心用情地裁剪，一丝不苟地缝制，做出的衣服让他们穿得非常合身，十分得体。他从业数十年，可以从三个方面来概括。一是技术上求精，凡属他做的衣服，从量身、画线、裁剪、锁边、缝制、钉扣、熨烙上都会尽力做到极致。甚至是挖扣眼，他都会从大小、匀称等诸方面考虑。他锁的扣眼不仅精致而且耐用。二是用料上节约，六七十年代在物资极度匮乏的时期，柴师傅做上门工，总会和东家反复协商，哪件衣服怎么拆改，哪块布料怎样裁剪就用。凡属经他裁剪的布料，几乎没有丁点浪费。三是款式上求新。他善于学习，与时俱进。除老款衣服外，新款衣服也做得出色。张善政，70年代下放到清泥六组的知青，同样是一位非常出色的裁缝。他做的衣服，穿起来舒适得体，看起来美观大方。那时凡有婆亲"开剪"做新婚衣服的，能请得到他被看成是一种荣耀。也常有公社干部、国家职工慕名而来请他制作衣服。

厨子

八九十年代，清泥湾村的厨子并非专业厨子，大多种有责任田，亦农亦厨，烹饪本土特色菜是他们的拿手好戏。他们常用的烹饪方法有炒、炸、煎、卤、焖、蒸、煮、酱。厨子有刘振海、刘继汉、易光彩、丁明、谢先干、姜大旺、刘国贤、徐凤楼、邹鲁良、邹文必、汪双星、余志梅等。其中刘振海烹制的头菜，格外招人喜爱。头菜是本村的一道特色菜品，寓意吉祥，味道鲜美，营养丰富，做法是以酥肉、肉丸、鱼丸、蛋丝垫底，一碗碗一层层摆好，大火猛蒸。菜码在开席时现炒，称三鲜码子。将猪肉、猪肝、芹菜、黑木耳合炒，趁热盖在从蒸笼里拿出来的底子上，再放入汤汁，使其略低于碗口。刘师傅制作头菜，精细挑选每一道食材，精准把控火候，精心调制汤汁。他那用芦碗装有金黄色的蛋丝、碧绿的芹菜、紫黑色木耳和白圆嫩滑的鱼肉丸等做成的头菜，极尽色香味美诱惑之力，人见之难免垂涎三尺。

厨子上门整酒，在不同年代，有着不同的形式。2000年是一个分水岭。之前，厨子仅备少量器具，如酒杯、饭碗、菜碗、蒸格等，东家用一担箩筐即可搬移到家。那时村劳力充裕，助厨勤杂容易找到，摆席用的桌椅，左邻右舍方便借到。之后，村青壮劳力大量外出，居家者多为老幼，助厨勤杂难以找到，桌椅板凳不易借到，厨子从业须提供一条龙服务，包括自带助厨勤杂，备齐帐篷（酒席多时弥补屋内面积不足）、桌椅、橱柜（放菜专用）、炉灶、蒸格等一切器具，需用车拉至东家。这个时期的厨子基本为专业厨子，如易光彩、姜大旺等，他们上门整酒，一百桌以内，设施齐全，应付自如。

糟坊师傅

清泥湾村人称烧酒的为糟坊师傅，他们大多用高粱、稻谷酿制白酒。白酒为村民生活中不可缺少的重要饮品，特别是20世纪70年代以前出生的人，尤其喜爱白酒。在婚丧嫁娶、孩子出生、老人寿诞、新居落成等酒席上，白酒用量非常大，糟坊师傅生意红火。村糟坊师傅有舒四银、汪必田、刘书保、徐砚勋、刘继全、李棉汉、黎咸中、金球等。其中以舒四银和金球两师傅酿酒别具特色。舒四银，从事酿酒行业三十余年。

他善于刻苦钻研酿酒技术，从原料蒸馏、培菌糖化，到温度、酸度的掌控上狠下功夫，悟出其中真谛，酿制的白酒质量上乘，口感纯正，价格亲民。金球，行业后来居上者，他酿制的谷酒，口感纯正，绵柔醇厚。

箍匠

箍匠属于木工类，也称为圆作木匠，但他的技术又不是一般木匠能做的。木器是圆形的，理论上讲，要懂得圆周率和弧度的计算，才能做出合格的圆形木器。

旧时圆形木器在农村用途十分广泛，与人们的生产生活密切相关。如挑水用的水桶、洗浴用的木盆、蒸饭用的木甑、盖锅盆用的木盖、房间用的马桶、担粪用的粪桶等。其中中间呈圆形鼓起的桶，制作的难度较大，需要精确计算、精准用料、精密操作，才能箍得牢，不漏水。然而随着社会与科技的发展，各种塑料制品、铝制品、不锈钢制品等层出不穷，圆形木器逐渐被其取代，箍匠的职业也逐渐减少，直至消失。

清泥湾村从事箍匠职业的有刘振生。刘师傅几乎未读过书，不懂得圆周率与弧度的计算，但他靠尺度量，用心裁料，凭心灵手巧过细拼凑，依然能将圆形木器箍得扎实，滴水不漏，经久耐用，不能不说是一个奇迹。

▲饭甑

第十章 文 存

第一节　史海钩沉

黎作善与中共东山地下支部

中共东山地下支部是解放战争时期华容县最早的两个地下党支部之一。她是在我县白色恐怖最森严的时候诞生的，为解放华容作出了很大的贡献。

在中共岳阳地委城市工作部的直接领导下，岳联师一批爱国知识青年加入了中共岳联师地下党。青年学生陈树荣就是其中一个，当时他担任中共岳联师党总支书记。他看到江北一片晴朗的天空，而家乡的父老乡亲仍处在水深火热之中，他梦寐以求的是在老家迅速发展一批革命力量，促进江南早日解放。1948年春节，家住塔市乡么台村的陈树荣利用休假的机会，找到了当时在老垱堤租屋开药店的知识青年黎作善。他俩一见如故，既谈天文地理，也谈国家形势，在谈到救国救民的道理时，一拍即合。很快他们又找到在平顶村教书的知识青年丁金玉。半个月后，就由黎梅松、方孝廉、黎作凯、汪尧典、汪树辉、丁金玉、黎作善、陈树荣等8人组成塔市乡青年读书会。随着读书会逐渐扩大，许多进步青年受到革命思想的熏陶和一段时间的考验，于1948年冬天经中共岳联师党总支书记陈树荣的介绍，陆续有黎作善、杨秋厚、丁金玉、黎作凯、汪树辉、毛友爱等6位青年加入中国共产党，并成立中共老垱堤地下党支部，后更名为中共东山地下党支部，由黎作善任党支部书记。

读书会成了地下党的一个合法的身份，是地下党的外围组织，读书会的青年成了地下党的得力助手。读书会以黎作善的药店作为活动中心，黎作善经常以到岳阳进药为掩护与岳联师党总支取得联系，并秘密找毛主席的《将革命进行到底》《新民主主义论》《论持久战》等文章裹在《治安导报》《长江日报》中放在药下面带回来组织学习。在塔市乡青年读书会的掩护下，中共东山地下支部向群众传播了不少忧国忧民、救国救民的道理，为解放全华容打下了组织基础和思想基础。

1948年冬是华容县反革命势力最猖獗的时候，塔市乡的上空被重重阴云笼罩着。盘踞在塔市乡沿江的除了有华容县戡建大队的人马外，还有国民党鄂军宋希濂部第九十九团的一个连驻在新沙洲，监利县自卫队驻扎在清泥村。江边的每条渡船必须进行登记，过往的人群都要进行检查，江面被封锁。

冬月的一天，雪后乍晴，太阳显得特别暖和。清早，黎作善跟往常一样，带着日常生活用品到岳阳去进药。接头时得到上级组织指示，解放军有一个团将从塔市乡登陆解放华容，要地下党协同中共襄樊地委城市工作部的同志做好塔市乡渡口的除恶扫障工作。

要赶走盘踞在塔市乡沿江的众多"恶狗"谈何容易。党支部书记黎作善和同志们为想出对策熬了一个通宵，还是一点办法也没有。眼看年关逼近，时间紧呀！黎支书急得直踱步，突然他停下来，望着透过窗子射来的一线曙光，平静地说："这年关对我们任务的完成是否有利呢？丁金玉，塔市乡乡长、华容县戡建大队的大队长金明球不是你的舅舅吗？"他这一说大家都悟到了。"好办法！好办法！"大家齐声说。一个用四两拨千斤的办法找到了。春节前夕，由地下党员丁金玉提了几斤酒，捉了两只鸡，在杂货店打了两个年包去给塔市乡乡长、华容县戡建大队大队长金明球送年货，摸摸金的思想情况，寻求赶"狗"的办法。金同鄂军第九十九团驻塔市乡新沙洲连的连长经常茶馆进酒馆出，关系处理得很融洽。金对外甥的到来非常客气，金常常夸奖外甥书比自己读得多，将来一定会有出息。两辈人在饭前茶后谈起了国家形势，在谈话中，金玉发现舅舅思想有些动摇，现出了左右为难的表情，就马上以关心的口气说："舅舅，您既然看清了形势，何不给自己留条后路呢？"然后丁金玉贴在金的耳边小声说："解放军马上南下了，华容解放是早晚的事。舅舅现在利用自己的身份，赶走盘踞在江边的恶狗，为解放军顺利过江创造条件，不是将功赎罪的极好机会吗？"金茅塞顿开，脸上露出了一丝微笑，似乎看到了一线光明。

春节刚过，金明球把鄂军驻新沙洲连的连长请到家里做客。在三杯酒下肚之后说："老弟你们不愧为正规军，纪律尚好，而那扎在清泥村的监利县自卫队很不像话，在老百姓中敲诈勒索，调戏妇女，无恶不作，老百姓怨声载道。更有甚者，他们还时常冒充兄弟的部下。""有那事，他妈的，老子明天就要他们给我滚！"连长恼羞成怒，手往桌上一拍，"啪"的一声，把桌上的碗震下来摔了个粉碎。不到一个星期，监利县自卫队被赶到石首县调关乡。接着，金又以上级"以乡治乡"和鄂军驻在塔市乡弹丸之地给当地带来太重负担等理由，层层向湘军兵团司令陈明仁反映，利用国民党湘鄂部队的矛盾在3月份把鄂军第九十九团驻塔市乡新沙洲的一个连也赶到石首城关。"恶狗"一条条地被赶走了，中共东山地下党支部在中共襄樊地委城市工作部派来的裴香城、李美成两位同志的帮助下，进一步做好塔市乡乡长、华容县戡建大队大队长金明球弃暗投明的思想巩固工作，掌控了塔市渡口，打通了南北交通线。

塔市乡乡长、华容县戡建大队大队长金明球除了手中有两个连的兵力外，在岳阳范围内还很走得起，把他彻底争取过来，对解放华容作用会很大。

1949年农历四月初十，中共东山地下党支部在小墨山深山中召开特别会议，在中共中央襄樊地委城市工作部派来的裴香城同志的指导下，会议由支部书记黎作善主持，裴香城同志讲全国的解放形势，丁金玉、杨秋厚、黎作凯重点发言。会议为金明球何去何从进一步指明方向。并讨论与金的"约法三章"："不抓壮丁，不摊款，不欺压百姓；要搞好安民，要搞好支前，要以国民党的身份，当好共产党的营长。"当时金明球带着岳阳全民乡和华容东山乡、塔市乡三乡的保安队组成的一个连及岳阳保安队一个连，再由解放军杨振东部队调来一个连一起交给金明球指挥，由金任营长，为

6月24日金明球带塔市驿全体守军100余人起义，作好了一切准备工作。

国民党疯狂叫嚣要血洗东山。为了分散反动势力的力量，郑怀远带领解放军渡江到塔市乡，于1949年5月8日，在塔市驿万常武家召开军事会议，郑怀远团长、唐荣军政委亲自批示，成立塔市乡临时筹备处，由黎作善任主任，负责支前、粮食筹备及宣传和安民工作。那时老百姓都特别穷，要筹粮筹款非常困难，这些都要从自己和亲戚家带头做起。支部书记黎作善就从自己家捐出10块光洋和4担谷，丁金玉家捐了12担谷，当地农民舒双美捐了15担谷。在他们的带动下，很快就给解放军筹齐7天的粮饷。白天，地下党员上百姓家筹粮筹款；晚上，他们又化装后张贴标语、做宣传工作。就在华容即将解放的前几天，地下党还把那些积极支援革命、积极捐粮捐款的优秀工农群众发展为解放社社员，第一批就有李训生、黎大栋、黎麦连、赵显林、赵署初、汪容、钟仰林等10多人，并呈报到地委组织部。这些人解放前是支部革命积极分子，解放后又成了土改工作的骨干力量。

（此文转载于中共岳阳市委党史研究室主办的岳阳市情网2015年3月31日）

撰联故事

故事发生在1971年3月的一个早晨。顺星老三队（东风生产队）集体出早工，男劳力到禾场里夹苦子（一种跨骑于谷草、柴草堆等上面的覆盖物，用以防止所盖之物被雨水淋湿，常以干柴、竹篾、稻草等制作而成），三人一组，每人三分工。

这天早晨，大多数人都准时到达，并开始动手工作了。大约半小时后，一位耳背的中年人才来，睁眼一看，每个班子上面都是三人在做事，自己插不进去。只好这里站一会摸一下，那里望一下，再夹一下苦子……

半小时后，一位邹姓的中年人见状，便开口笑道："东张西望一扶起。"离他不远处姓黎的老人紧跟着："南来北往二分工。"老邹话音刚落，老黎即刻吟对。

对联虽不工整，但也是当年人们出集体工时的真实写照。

（作者：邹东祥）

地名记忆

一、顺心尖（土矶头）

顺心尖又名土矶头，曾为湖南省最北端的地理标志之一，位于顺星九组住户以北约两公里处，与湖北省监利市中心城区隔长江相望，距离约五公里。

顺心尖原本与乌龟洲码头并列于乌龟洲北长江岸线，但其土质与其他地方截然不同，它坚硬无比，如同用黄土、黄沙和石子混合搅拌而成，俗称为"金刚泥"，从土矶头中的"矶"字不难看出。乌龟洲则由上游泥沙淤积而成，土质含沙疏松。

20世纪50年代，长江逆流不断地变迁，江水不停地冲刷乌龟洲北长江岸线，加之往来大轮船产生的波浪，一浪高过一浪，拍打堤岸，使得这里的岸坡崩塌如同水洗沙一般，有时一瞬间冲走十几米二十几米。几千米的岸坡逐年崩塌，大堤连年退挽，乌龟洲码头消失。而顺心尖因土质坚硬，历经几十年的洗礼，却毫发无损，于原地岿然不动。其两侧泥沙被冲走后，顺心尖像一把尖刀似的半岛延伸于江中，故称顺心尖。岸坡崩塌的泥土，有的流到江中形成了沙洲，有的流到顺心尖下游的回流湾，变成了良田。它给龟洲垸也带来了福祉，下游河岸增宽，沙洲面积扩大，适宜种植芦苇。顺星村曾将三百亩芦苇地承包给农户，村集体农户收入增加。在此期间，常有九、十组老人到顺心尖上去祭拜土地神。

六七十年代中期，长江水流到此形成巨大的漩涡，主要原因为顺心尖在此影响了江水流速，致使过往船只危险系数增大，事故频发。长江航道局曾多次到此考察，最终总结出顺心尖的三大坏处，一是阻挡水流，导致下游河道淤积阻塞；二是横于江中形成逆流，直击监利新洲长江岸线及大堤，造成堤岸大面积崩塌，危害荆江干堤，危及湖北人民的生命财产安全；三是导致航线不清，容易酿成水上交通事故。有鉴于此，长江航道局将湖南湖北两省的主管领导召集在一起共商解决办法，最终决定，在近十年内把顺心尖炸毁，以清除河道隐患。1986年，伴随着几声震耳欲聋的巨响，顺心尖消失在茫茫江流中。

有《土矶头民谣》：

土矶头，浪幽幽，金刚黄土硬赳赳。

挡住泥沙变绿洲，景色优美神护佑。

土矶头，灵幽幽，洲里百姓有盼头。

春油秋粟能饱肚，农民心里乐悠悠。

（刘继扬整理）

二、潭子拐与潭子眼

自清泥湾村大码口往东约300米，有一段二线大堤呈明显拐状，称之为潭子拐；于其西南附近垸内有一口大水潭，名之曰潭子眼。潭子拐与潭子眼相邻，其形成与长江洪水相关。

1954年，清泥湾村的清泥片称中岭初级农业合作社，顺星片为顺星初级农业合作社。当时还没有坚固的长江干堤，只有圩堤和二线大堤起防洪作用。这年的5至7月，降雨带似乎在此生根不移，连降8次大暴雨，降雨量达1400毫米，导致长江流域荆江段水位达38.44米，超历史纪录的最高水位。波涛汹涌的江水漫过圩堤，冲溃二线大堤，像脱缰的野马，奔向中岭社垸内（原清泥村十三组）冲击出一个潭口，即所谓的潭子眼。它面积约26亩，至深处达5米。江水退后，中岭、顺兴两个合作社劳力利用秋冬时节，全力以赴抢修大堤溃口，并加修外垸围堤而形成拐。因其所在位置离潭子眼较近，故名潭子拐。潭子眼为长江洪水冲击形成，潭子拐因处其附近而得名。

潭子拐曾被用作村级组织机构名称。1982年，将塔市人民公社组建的战备农场更名为潭子拐大队，1983年10月潭子拐大队被撤销。而随着长江一线干堤的加高、加宽、加固，二线大堤的防洪作用逐渐丧失，"潭子拐"也逐渐淡出人们的视线。

潭子眼自形成之日起，其归属权几易其主。为灌溉农田需要，先划归为顺星社所有；由其所处位置缘故，再交付清泥大队管理；因新增组织机构，又变为潭子拐大队管辖；最后回到清泥湾村怀抱。因其为长江洪水冲击而成，潭子眼有着得天独厚的养鱼优势。以其面宽、水深、土质肥沃、水草丰茂等优势，不用投放鱼苗，却滋养着多种野生鱼类（所谓千年的鱼子），包括鲢、草、鲫、青、花、鲤等鱼种，大的重达好几斤，甚至十几斤。20世纪70年代，潭子眼一度可以自由捕捞，农闲时常有老百姓用撒网、大罾、鸡罩等工具在潭里捕鱼，有的一天能捕十几斤、几十斤。在那个缺吃少食的年代，真如同雪中送炭。改革开放后，潭子眼实行承包制，养鱼产量高、效益好。而今，养殖人利用其独特的自然资源优势，融合现代科技养殖元素，正逐渐将其打造成为科技养殖示范基地。

（徐树汉口述，徐金生整理）

三、黑鱼套

从清泥湾村一至九组利民渠段南约600米处，向南延伸80余米的区域内，有一片地势低洼的水田，被称为黑鱼套。因村地形差异，各组黑鱼套所处位置并非整齐划一，离渠起点有远有近，延伸距离有长有短，各组面积有大有小，总面积约260亩。

黑鱼套本是一片荒地。20世纪50年代初，这里荆棘遍地，杂草丛生，野兽出没，百鸟栖集，像一片原始森林。50年代末，随着人口的增长，原有水稻田无法满足社员口粮。时任大队领导带领社员披荆斩棘、苦干巧干，将这片荒地开垦为水田。水稻的种植使得低洼的田间积水不断，淤泥深齐大腿。但由于土壤肥沃（曾为鸟兽天堂），水草易生，黑鱼套同时也成了滋养黑鱼、乌龟、甲鱼的天然场所。那时农民在黑鱼套田间劳作，常有黑鱼碰手撞脚，乌龟甲鱼时隐时现。收工回家，带上几条捕捉的黑鱼，烹调成为餐桌上的佳肴，好不美哉！乌龟甲鱼却无人问津。当时人们认为黑鱼营养丰富，刺少肉多，味道鲜美，能成为上品佳肴，且黑鱼又名财鱼，寓"发财"之意，备受人们推崇；乌龟甲鱼属低劣品种，不能入大雅之席。故重黑鱼而轻甲鱼，遂将此区域命名为"黑鱼套"。

六七十年代中期的黑鱼套，成为清泥大队的主产粮田之一。那时水利配套设施不完善，抗旱排涝能力弱，黑鱼套粮食生产困难重重，几乎望天收，亩产常在300斤上下。1977年大队将利民渠南旱改水田1200亩，粮食年年丰产，除满足口粮外，尚有余粮卖给国家，黑鱼套不再为主产粮田。1983年实行联产承包责任制，分田到户，黑鱼套以低等级水田承包给农户。而随着化肥农药的广泛使用，套里的黑鱼渐渐没了踪影，乌龟甲鱼也在高价的诱惑下，被人们疯狂捕捉，几乎灭绝。黑鱼套成了一个空有其名的区域名称。

进入市场经济时代后，黑鱼套数易耕作方式：种水稻、种莲藕、养龙虾等。而今虾稻模式成为黑鱼套生产方式的主流。虾稻模式是一种生态种养模式，能充分利用光、热、水及生物资源，具有很好的社会经济和生态效益。具体地说就是在稻田里养虾、种稻，实现一地两用、一水两收的目标。目前，黑鱼套有80%的面积实现虾稻模式，经济效益可观，在龙虾行情好的情况下，一亩田的产值近3000元。相信在不久的将来，黑鱼套有望成为农田综合开发利用的示范基地。

（丁金堂口述，徐金生整理）

四、龟洲垸码头

乌龟洲即顺星洲，因其地形神似乌龟之侧形，故名。它与湖北省监利县（今监利市）城隔江相望，属塔市驿青油湾（今清泥湾）境内的一个小洲子，形成于清嘉庆年间，至道光年间，洲上就有农民耕种。此后面积逐年扩大，相继有徐、赵、汪、邹、刘等几大姓氏迁入此地，人口迅猛增加，人们为了出行方便，赶集需要，于是在其北江岸建立了简易的码头，时称乌龟洲码头。今位于沿顺星五组赵锦文宅旁直路往北延伸至长江南岸，距其一公里的江流之中。

码头建立之初，摆渡长江两岸为仅能容纳十几人的木划桨小船。1927年，当地大户汪守铭组织佃户、长短工及洲上百姓围挽大堤形成龟洲垸后，垸内庄稼年年丰产，经济日趋活跃，码头日益繁忙，人们遂将乌龟洲码头改称为龟洲垸码头。摆渡船只升级为可装载三十余人的风帆大船，与监利县一矶头船只对开。随着码头的提质，上溯宜昌、重庆，下漂汉口、九江的船只常在此停靠。码头西侧的江边，常停泊着排古佬的木排、装满瓜果蔬菜的大木船、贩卖陶瓷家具用品的铁质船等，赶集者可以直接上船购买。码头东侧初为小商小贩肩挑手提摆设的小摊位，随后慢慢地发展成为沿长江岸线建成的繁华街道所形成行业多、门类广、货物齐的大市场。街道长约一千米，宽约三百米，杨柳成行，树木参天。南北两岭住户、商铺一百有余。商铺有铁铺、银铺、铲刀磨剪铺、木业铺、弹花铺、缝纫铺、槽坊、粮油行、杂货店、竹器行、菜市场、典当铺、理发店、榨油坊、酒馆、小吃店、说书馆、茶馆、戏台等不胜枚举。街上常有地方绅士到此溜达，过往商客寻觅商机，垸内百姓购买所需。放排汉、纤夫们到酒馆饮酒划拳。逢年过节热闹非凡，特别是候船室旁的酒馆、戏台、菜市场等地人流如织、络绎不绝。商号的叫卖声、戏迷的吆喝声、排古佬的放歌声、纤夫们的号子声此起彼伏，经久不绝。码头的自发建成，极大地方便了人们的物质文化交流。

龟洲垸的码头建筑以木柱、芦壁、草盖为主，形成一条茅草街。但有两处建筑与众不同。一是码头西南六十米处当地大户汪守铭的四合庄园，由麻石奠基，青砖砌墙，上等木料作檩、椽，燕子瓦盖顶。占地面积约1300平方米，堂屋内设专用的账房、仓库、厨房、主卧室、茶室。还有耕牛间、农具间、佃户长短工居住间（其中有么台杨志的

261

父亲租种汪守铭的田在此住过几年）、厕所等。特别是庄院大门前，用青石雕成的一对大石狮，傲然耸立，与大门两侧的对联"门接东南西北气，户纳春夏秋冬福"，遥相呼应，好不威风。二是船码头瞭望塔台，纯木质结构，用麻石奠基，服务于江面过往船只的通航状况搜集、水文监测、风向观测、安全监督以及综合管理等。公与民合建，俗风独特，堪称标志。

龟洲垸码头从兴起到消失，为时百有余年。因其土质为沙壤土，历经百年雨水侵蚀、江流冲刷、巨浪拍击，江岸逐年自北向南崩塌，码头连年向南推移。20世纪50年代末，崩坡约一公里，码头淹于滚滚江流中，街道也不复存在。至60年代初，尚有十余住户，70年代末全部搬迁。

码头无影无踪，街道繁华落幕，人流渐行渐远，它成了人们时常追忆的梦。

（本文由刘振尧93岁时口述，邹东祥、刘继扬整理）

▲昔日龟洲垸码头（该图由长江村黎君保先生于20世纪80年代早期调访当地前辈，按其口述绘制。刘继扬记）

第二节　奇人异事

一、猴拳高手汪家齐

民国猴拳高手汪家齐（1892—1955），谱名合治，清泥人。本地一直流传着他手撕凶猴的故事。

乡邻都知道汪家齐曾学过武术，但他平时很低调，从不争强斗狠，也没有人见他露过一手。

民国年间，清泥湾来了一位北方乞丐，皮肤粗黑，身材粗壮，满脸凶相，牵着一只爪尖牙利的硕大公猴沿门乞讨。谁家如果不拿出点什么，他就赖在门口不动身，还放猴子跑到人家里翻东翻西，张牙舞爪做着怪相，吓唬小孩女人。大家没有办法，多少都给点什么。乡民们虽不富裕，一天下来，这强讨强要的乞丐也会大袋小袋装得胀鼓鼓的，人们深以为害。

这天，他讨到汪家齐门口，汪故意不搭理乞丐。乞丐故伎重演，放出猴子进屋为害。汪家齐警告道："如果不把猴子收回去，我就把它剐了做下酒菜。"

乞丐大怒，二话不说，举起拳头，奔向汪家齐。两人就在门前一来一往打斗起来。乞丐用的猴拳，汪家齐用的一套本地常见的长拳。开始，乞丐气势汹汹，拳势刁钻，把汪家齐逼得连连后退。过了几招后，汪家齐拳势一变，也使出了猴拳。和乞丐的比起来，力道更猛，招式更巧，几个回合之后，乞丐渐渐招架不住，被汪家齐一脚踢翻在地，半天爬不起来。

大家以为乞丐会认输，谁知他撮嘴一呼，在旁边观战的猴子"嗖"的一声腾跳起来，扑向汪家齐的头顶。汪面对猴子的袭击，突然双脚往上一踢，一双布鞋飞起，出现在猴子头上。猴子两只爪子抓向两只布鞋。就在这一瞬间，汪家齐一手抓住一只猴腿，用力一扯，猴子成了两块，一双鞋"呱嗒"一声落在汪的脚边，上面没有沾上一点血迹。汪扔了猴子尸体，慢慢把鞋穿上。

乞丐抱着死猴子灰溜溜地走了。

（徐树汉等口述，徐启华整理）

二、接生医生

徐新时，曾任国军军医，后归乡务农。其妻为接生婆，而徐接生医术更精。其媳难产，妻束手，请徐。徐拘于翁媳身份，不允。妻跪请。徐用手巾扎住双目，进产房，少时，即闻儿啼之声。

（流传于清泥湾，徐启华整理）

三、八哥叫人

民国刘振先，家有良田百亩，喜欢打猎捕鸟。刘养了一只黑八哥，能学人言，问人安好。每到中午，便到田里喊长工回来吃饭。

（刘振先之子刘护生口述，徐启华整理）

四、兽医

金连生，自小体弱，遂拜邻村徐墨林先生学兽医。徐年高艺精，名蜚洲区五村，且喜咬文嚼字。金聪明肯学，几年下来，尽得徐之真传。村中一牛生病，不饮不食，请徐诊治。徐观察舌齿粪便，并细细问诊牛主，遂下结论曰：此牛无救！金下药三剂，牛恢复如初。大家方知金已胜过徐多矣。

（流传于清泥湾，徐启华整理）

五、曾瞎子

曾某，瞽一目，人称曾瞎子，湘南人，流落本地，其时年约不惑。

曾以短工为生，居无定所，或借住于东家，或于工地搭一小棚暂住。凡板砖、车瓦、烧窑、挖土皆其所能。所板砖坯，有棱有角；所车燕子瓦，厚薄弧度均一，有如模铸；所烧砖瓦，火候恰好。至于工钱，管饭即可，予以五毛八毛，亦笑纳。

其人五短身材，却轻捷如猿，出拳生风，三息间原地空翻十余，气定神闲；鲤鱼打挺，着地即起。村人多欲送子拜师，他择一二收之，曰：武者，以德为先，切不可恃强凌弱，好勇斗狠。亦喜书法，村人有婚丧之事，即携自撰自书之联往。其联切景切事，笔墨甚为端正。

曾年近古稀病逝于顺星。时任支书徐干牵头，购棺葬之于乌龟洲。

（徐树汉口述，黎执龙整理）

六、小牛告轭

2000年前，水牛是清泥湾和顺星农民耕田拉车（70年代后已无牛车、拖子）的主力，故从小就要"告轭"，学习耕地，听懂有关指令语。轭（本地音"革"），又称轭头，一种农具，呈"X"形，一般用木质结实的桑木，经木工精心凿磨，形成光滑的流线型表面。耕地拉车时，在牛脖子上套上轭头，其上面拴紧的粗绳子连接农具，牛使劲用肩推轭头，再由绳索把力传到农具上去，即开始工作。

小牛长到岁把，就要在鼻子上穿上牛桊，到了两岁左右，个子差不多有成牛大了，即开始告轭。

告轭的活儿由两人操作：一人操犁，一人牵牛。牵牛不是用绳子，而是在近牛桊的地方绑上一根木棍，便于按、拉牛鼻子。

操作时，两人各有分工。操犁的负责速度、深浅及教导简单的指令语。牵牛的根据操犁者的指挥掌控小牛行进的快慢与轨迹。

指令语很简单，大概有以下四个：

哇（音 wá），站住；转弯；沟里，耕地时走犁沟里；垡子，耕地时踩着刚耕出的垡子走。

小牛告轭很难把控，操犁的、牵牛的都很累，尤其是牵牛的。因为小牛不习惯负轭劳作，总把头昂得高高的，不好着力，就需要用力把牛鼻子下按。一天下来，牵牛者两个胳膊累得酸痛。

小牛告轭后，就结束了自由自在的生活，正式开始了勤劳辛苦的一生。

（徐启华整理）

七、徐成万交蚕豆

徐成万，顺星八组人，臂力惊人，擅散打、摔跤、抵杠。1979 年夏，徐任第八生产队队长，带队员将已晒干之蚕豆，船载肩负，送至塔市粮站交公粮。遇二收购员，令徐还晒蚕豆两日。徐知二收购员皆为复员军人，遂道："我们比手托水盆，若你俩任何一人，能超我托水时间一半，蚕豆就晒三天，若不能，则请收蚕豆入库。"双方达成约定，取 3 只同式样洋瓷脸盆，盛满水。徐先，以右掌托一盆，平臂前伸，十余分钟后，面不改色气不喘，放下水盆。轮到二收购员手托水盆，两分钟不到，二人已脸红脖子粗，"砰""砰"两声，两水盆相继落地。按约定，八队之蚕豆顺利入库。

（邹东祥搜集整理）

第三节　文学作品

母亲的粉拌鸡

汪全明

时光匆匆，人生倏忽。

转瞬几十年过去，我也从懵懂少年到油腻中年，再到如今的苍苍老头。

虽然岁月不饶人，年过半百却仍对母亲的思念日甚，尤其是每年母亲节，我都会回忆母亲的一切，静静地思念她。

多年前，母亲去世后，空落落的心里便没了依附。离别愈远，对母亲的思念愈深；年岁越老，对母亲的依恋愈浓。

无论何时，只要一想到母亲，便会想起母亲做的粉拌鸡。那葱郁四溢的芳香，那舌尖生津的味道，都是由特别的母爱所做成。多少年了，在生活中、事业里，更是在无数个夜梦中，成了我灵魂中的一道母爱的符。

小时候，每到腊月，我就会扳着手指头，计算着离大年三十还剩多少日子。盼大年快点到来，其实只为吃母亲做的"粉拌鸡"。

少时家贫，我的书呀本的，靠的是鸡屁股抠出的蛋。因而平常母亲从不杀鸡，哪怕我老舅来我家，也不会杀鸡。而"粉拌鸡"，上村下屯的，独一份，我母亲独创，也只在过年过节或来了贵客时才做。

从我第一次吃"粉拌鸡"，我就爱上了它，而且是一辈子。

后来慢慢长大，小学、初中、高中……，只要一过年，母亲必做这盘菜。

其实这"粉拌鸡"的做法并不复杂。先是将除毛洗净的鸡，砍切成一坨坨小块，不放油和调料，在锅里生炒个九成熟后，盛到盘子里。再在盘子里放入碎生姜、酱油、生粉、盐、桂皮等调料调好。

一切准备就绪，然后在锅里放入适量清水，倒入调配好的鸡肉，盖上锅盖，大火煮开。锅里鸡肉煮开后，水便变成了鸡肉汤汁。鸡肉黄澄，汤汁浓稠，厨房里香味飘逸。

我在旁边看得口水直流，见我那馋样，母亲微微一笑，用筷子夹起一块鸡肉，放在嘴边吹了吹，送到我嘴边。迎着母亲慈爱的眼神，我小嘴一张，鸡肉入口，满嘴生香，味蕾便似久旱的青苗，立时无比舒展。

这时，母亲端起碗里准备好的米粉末，慢慢均匀撒入锅中，一边撒，另一手拿着筷子，在锅里不紧不慢地来回搅和。那碗里的米粉末，是母亲先天晚上在石磨上用黏米磨出来的。

母亲在锅里调和之前，已经将灶火退成了小火。这个时候，只能慢火煨鸡肉，如果再用大火，不但黏米粉熟不了，"粉拌鸡"还会有一种难嗅的焦煳味。

因此，要想这盘菜色香味俱全，制作过程中的火候掌握必须恰到时分。搅拌熟了后，盛入碗里的鸡和黏米粉，十分自然地黏合在一起，不稠不稀，色彩淡黄，氤氲香气，缭绕不散。

团圆的饭桌上，我第一个拿匙，将一匙"粉拌鸡"放入口中。顷刻，无与伦比的美味，香酥了我整个肺腑。鸡肉嫩酥滑腻，黏米粉柔软爽口。

整个团年饭，平时难见的鱼肉我也不屑一顾，唯有"粉拌鸡"胜过山珍海味。

母亲看我的吃相，疼爱地将"粉拌鸡"挪到我跟前，父亲则自始至终没吃一匙"粉拌鸡"，全让给了我。

后来，我渐渐长大，到外地上学，直到远方工作。而只要我回去，年岁已高的母亲，便会给我做一碗"粉拌鸡"。

十几年前，年近八十的母亲临终时，还在念叨着我。而我，以后再也吃不上她老人家做的"粉拌鸡"了。

随着母亲的去世，那独有的"粉拌鸡"味道，也被母亲带走了，唯留下我对母爱的深深回味。

即使我偶尔在一些餐桌上，看到"粉拌鸡"，品尝之后，那味道却是差之千里。乃至于再在别的地方，见到所谓的"粉拌鸡"，我连品尝的欲望都没有了。

如今，每到年关，我依然会想起有母亲的年味。而有母亲"粉拌鸡"的年味，只能在记忆中搜索，藏在舌尖下回味。

老舍说："人，即使活到七八十岁，有母亲在，多少还可以有点孩子气。失去了慈母就像花插在瓶子里，虽然还有色有香，但失去了根。有母亲，是幸福的。"

是啊，无论你多大、多老，在母亲面前，你依然是个孩子。

在外漂流经年，如今我也到了知天命的年纪，应该回归故里了。

等回到故乡时，我会用家乡的长江水，家乡的黏米粉，学着母亲的样子，做地道的"粉拌鸡"。

母亲啊，我找到了化解思念您的方法，那就是只要我一想您，我就去做一碗"粉拌鸡"，感受您曾经爱的味道。

相信，您在天国也会看着我的，是吗？

我会在故乡的静谧里，慢慢地熬制着"粉拌鸡"，想您、念您…

祝天国的您，永远安康！

祝天下母亲，永远健康！

（作者系原清泥三组人，现在缅甸工作）

▲朱伟章　摄

此心安处是吾乡

黎执龙

一

故乡是一个背影，你永远丢弃不了，却再也踏不进去。

故乡是内心深处最柔软的痛，你感受得到，却触摸不了。

故乡于我，清晰而又模糊，熟悉而又陌生。清晰的是儿时的记忆与惆怅，模糊的是场景的切换与变幻。熟悉的是不改的乡音和乡情，陌生的是现实的凋零与绽放。

故乡，是我曾经挣扎过、困惑过、痛苦过最终逃离了的泥泞和陷阱。

离开故乡。一晃。三十余年。有人问我，你的家乡在哪里？省外的人问，我就昂声回答：伟人故里，湖南。市外的人问，我就抑扬顿挫地念：洞庭天下水，岳阳天下楼，岳阳。县外的人问，我就说：花容月貌，是华容。到了县内的人问，我则有点支支吾吾，模棱两可。

实在不能怪我。我老家所属乡镇的名字，老是变来变去。先是塔市驿公社。后因垦荒造田划出为江洲乡。再后合乡并镇又归入塔市驿镇。现在，则为保护国家稀缺资源小墨山核电厂址，出于控制厂址附近集镇人口增长的需要，将原塔市驿镇、洪山头镇合并到了东山镇。现在东山镇成了本县集雨面积最大、农业人口最多的乡镇。

二

故乡的山山水水，从来都是游子寻根的标志。东山之名的由来，是因这里山多，且都在县境之东，所以把这里统称为东山。东山境内自然是众峰耸立，峰峦叠翠。桃

▲郭永峰　摄

花山、望夫山、蛋子山、小墨山、云雾山、狮子山、玄石山、天井山……每一座山的风景都好看得不得了，每一座山的故事都神奇得令人向往，每一座山的名字都闻名遐迩。东山还是老革命根据地，共和国的著名将领方之中、朱绍清，就是从这里走出去踏上革命征程的。董必武、朱婴在此创东山中学，为革命培养了大批优秀人才。

　　说到山的闻名，当下最有名的莫过于小墨山。小墨山借核电的名头更加远近有名了。这养在深闺人难见的山，这羞羞答答躲在湘北最僻远处的山，她北望着滚滚东流长江水，从天上来，入大海去，望了一年又一年。

▲王琦平　摄

江流入海不回头,一眼已是亿万年。年复一年,她在守望着什么?其实,早在四十年前,小墨山就已入选核电站厂址,是我国内陆规划最早的核电站厂址。十三年前,小墨山核电站以其"选址早、地质好、水源近、人口少、投资省、区位优"等诸多优势成为湖南的核电第一厂址,随之开始建设前期的筹备工作。几经波折,后又受日本福岛核事故影响,小墨山核电项目暂时搁浅,被列入了国家核电中长期发展规划。厂址现在处于保护状态,这一保护,就是冻结性保护。因此,沟渠不能新挖,道路不能新修,房屋不能新建,厂区范围内村民居住状况和出行条件不断恶化,一些民房甚至成了危房。为了国家利益,为了地方经济发展,我可爱的乡亲们,选择了服从和承受,选择了奉献与牺牲,选择了期盼或搬离。

三

小墨山的东北,长江南岸湘北最北的洲土上,有个名叫清泥湾的村落。这是一个我儿时记忆里偏远、贫穷、荒芜、落后,生长芦苇和茅草,布满浊水、泥泞和血吸虫的村落。这里没有名胜没有古迹,没有拿得出手的特产,也没有出过能让我引以为傲的名人。我有点羞惭,一度不愿意对外人提起我老家所在村落的名字。"狗不嫌家贫",我有点可耻。

但我回避不了。20世纪60年代,不怀好意的上天让我降生在清泥湾村,降生在一个平凡得不能再底层的家庭。墙壁是芦苇夹了再糊上稀泥风干的墙壁,屋顶是茅草捆结铺就的屋顶。大风一刮,屋顶的茅草就跳起巫师的舞蹈漫天飞散而去。飘风雨一刷,芦苇墙不久就穿眼打露,像一个被欺凌的孤儿在风雨中瑟瑟发抖。父亲唉声叹气

展开蓑衣护着我们兄弟姐妹。母亲呜呜地哭，睁着眼睛抱着我们只盼天亮，只等雨住。天一放晴，父亲照常到生产队出工，母亲抹干眼泪拿起镰刀下到堤外的水套里，趟进齐膝盖的冰凉的淤泥里割茅草。折磨了母亲大半辈子至今仍在折磨母亲的风湿病、血吸虫肝病，大概就是那个时候落下的吧。我敬爱的可怜的母亲！

后来我家换了土砖燕子瓦屋。土砖的制作有两种。一种是用木框做的模子装入拌了稻草的半干不稀的泥巴，倒出砖坯晒干就成。这种土砖似乎不太平整，也不太结实。再一种是在收割后晒干了的稻田上，用石磙将土地反复碾压平实，以人力或者牛力用拉着绳子绑着的特制长刀，纵横划开土块，然后用铲刀铲断土块的底部，将土块翻立起来晾晒。

掌刀铲是技术活，铲划的线与面不能歪斜，自然只能是父亲干。借不到牛，我们兄弟姐妹一想到有土砖新房住，不管力气的大与小，都干得嘿子嗨子热火朝天。绳子勒进肩头肉的痛，至今回想起来都让我后怕。耕田、耙地、割谷、插秧、车水、防汛、冬修，这些苦我都吃过。让我后怕的还有插秧，秧田里蚊子、蠓子到处飞到处叮，样子丑陋又凶恶的蚂蝗在水中肆无忌惮地游来游去。但我们一家人最害怕的，还是房子遇见凄风苦雨，茅草纷飞，芦壁瑟瑟，修了又破，破了又修。

四

再痛苦的地方也伴生欢乐。在土砖墙上的孔洞里，拿细棍子、竹签子掏出蜜蜂来，用青霉素、链霉素的空瓶捂入俘虏，小伙伴们就胜利地开心得傻傻地笑。

　　最好笑的是捉鲫鱼。鲫鱼比我还傻。找个浅水湾，来来回回把水趟浑，伸手到水下脚踩过的泥窝里一摸，十有八九就有一条鱼傻傻地猫在那里动也不动任你摸。双手捧捉起来一看，一条黑壳鲫鱼甩着乌光闪闪的尾巴，把太阳都挠得笑开了万朵金花。煮出乳白色的汤来，丢几片本地辣得不要不要的青椒进去，那一个鲜香甜爽呐，不好形容。

　　好吃的多着呢。黄鳝、泥鳅、黑鱼、鲤鱼、鳊鱼、草鱼、鲇鱼、白鲢、麻鲢应有尽有。还有小米虾、大青虾。即使是指甲盖大小的麻鲷愣，用醡粉子一烀，包你吃了三碗饭还想添。

　　藕尖、刺菱梗、盐包笋、芦苇笋、藜蒿、野藠头等。只要你勤快，任你采任你摘。那是春天的气息，那是露水的味道，那是自然的清芬，那是皇天后土的恩赐。

　　尤其是湖藕，瓦罐在火炉旁边煨一会儿，就糜烂糜烂的了。用筷子夹起来咬半截，满口的粉嫩，满口的鲜甜，满口的滑润。这半截进了肚子，另半截的藕丝还拉得老长连着你的嘴巴呢。哪像现在的藕，高压锅半天也炖不烂，味道更是索然。

　　无论走多远，无论我是在天南还是在海北作客，一吃到莲藕，我就想起家乡的湖藕，我就觉得家乡湖藕的丝线仿佛还连着我，扯呀扯也扯不断。

五

　　其实我也没能走多远。工作的地方在县城，亲戚大多还是在老家，我免不了时常回乡下。却再也喝不到那乳白色的鲜香甜爽的黑壳鲫鱼汤了，再也吃不到那带着春天气息的野菜和丝线扯也扯不断的湖藕了。真不是我的味觉变迟钝变挑剔了，是环境的挤压与害虐，将很多的美好撵走、摧残、戕害甚至是谋杀。

围垦荒洲，我曾经摸过黑壳鲫鱼、抽过藕尖、采摘过野菜的白洋套没了。农药和化肥的使用，让土壤不再肥沃，让水质愈益秽浊，让果蔬不再香甜，让鱼虾泛起白肚，让我亲爱的乡亲染上奇奇怪怪的疾病。

吃的水是人工挖的露天井。洲土的泥沙含量高，容易崩塌，井就不能挖深。瓢舀井水到桶里，挑回去倒入水缸中，一澄，缸底就是厚厚的一层泥沙。遇到大雨内渍，周边的鸡、鸭、牛粪就随着渍水涌入井中。后来机器打的压把井，水质也不好。这里的地下水本来就含铁含钙量高，加上农田水的渗透，煮出的饭都带暗红色，还有一股沤味。

仅仅只是肝病。我的父亲及他的三个堂弟，还有我的两位表叔，都是因患上肝病而撒手人寰。我苦难的血亲们。

六

老屋是炊烟升起的地方。炊烟是乡愁飘荡的符号。

我老屋的房子后来翻修成了红砖机瓦房。出去工作后，我分内的房产都让给了弟弟。一些旧砖旧瓦有什么好要的呢。但我的弟弟很节俭，用旧房子拆下来的土砖在三间正房的两边，分别搭了一间厨房和一间杂屋。父亲过世，母亲得了阿尔茨海默病，送到了洪山头辛苦我大妹妹照料，弟弟一家人又南下打工去了，我就更少回老屋。

近些年偶尔回清泥湾，每次回去都给了我不一样的观感。没有了晴天一身灰、雨天一脚泥，通村通组的硬化公路结成了网，有些还接到了户。基本农田经过土地平整连成了片。引入长江水，修起了自来水厂。家家农户基本上都挖建了无害化化粪池。路灯点亮夜空，花木芬芳扑鼻。硬化灭螺的沟渠一条衔着一条，灌排机埠不远不近地

一个挨着一个。村级文化中心还设有图书阅览室、电子阅览室、棋牌室、KTV 室、灯光球场、舞蹈广场、跑步机等设施。想起儿时掏蜜蜂的乐子，百般滋味，上我心头……这才是"水清泥沃"，实至名归的清泥湾！

七

今年初，村里干部打电话给我，说我老家正房两边的厨房和杂屋破烂得快要倒了，影响美观和安全，也不符合农村人居环境整治的要求，需要拆除。我又打电话给远在广州的弟弟，弟弟也爽快地同意。

前几天，突然想回老家看看。路过东山镇江洲墟场，一个利用小墨山核电征迁安置与美丽乡村建设相结合打造的农村集中规范建房示范点——江洲新村，宛如凌波仙子超尘脱俗呈现在我眼前。一栋又一栋的花园式别墅掩映在樟树、桂树丛中。如茵绿

草碧向远方，锦簇花团吐露芳华。高大的亭台，宽敞的广场。亭台里有人看书，有人拉琴。广场上，一群身着统一服饰的男女，在跳着欢快的舞蹈。

江洲新村物业管理办公室主任徐志兵告诉我："这个集中规范建房示范点规划 187户住宅，现已全部建成，128 户已正式入住。按照统一标准建设，政府免费提供基地、绿化和公共设施及物业管理。周边还配套了幼儿园、小学和初中等设施。毫不夸张地说，像这么大规模、这样优惠的入住条件和具有优越的管理环境的安置小区，在整个湖南省都算是一流的。"我为这些喜迁别墅的拆迁户感到欣慰，甚至还有些羡慕，有点嫉妒。

近乡情怯。踏上清泥湾村平坦笔直的水泥公路，夹道的香樟和红叶石楠，在和风中摇曳着向我秀出她们自信的鲜嫩与芬芳。路边硬化的沟渠里清流潺潺，沿路的干净整洁、秀美靓丽，令我刮目。原先一些低矮杂乱的房屋不见了踪影，一座座农家小院清幽、雅致，房前屋后花木扶疏。

我老屋的土砖消失了。连同消失的还有那土砖上的蜜蜂洞。我想，一些痛苦记忆的斑点与皱褶，必将被美丽的现实景象淡化，被美好未来的梦想熨平。

神州处处入画卷，此心安处是吾乡！

（作者系湖南省作协会员、华容县作协副主席，此文于 2019 年 07 月 22 日
载入湖南日报客户端·新湖南）

诗词

徐桂兰诗二首
闻清泥湾村获匿名捐资助学有寄

五月荷花香气清，赞歌一首鸟和鸣。
爱心常在云舒卷，百万捐金不记名。

秋思

秋风拂面意萧萧，细雨迷茫楚树遥。
一只沙鸥起南浦，思乡人在洛阳桥。

黄启洪诗二首
作文写意

丘壑山川任纵横，风流岂属造化功。
胸臆峥嵘喷块垒，一砂一砺也缘情。

赠妻

梦里几番睡不成，醒来犹自满啼痕。
慰我拳拳心一颗，愧无琼瑶遗爱卿。

清泥湾赞
赵元珍

清泥名字有来由，涨水那年官府愁。
雨压孤舟灰白日，风吹高浪漏清油。
灾区意外沾香泽，夜月光中变吉丘。
从此地生人所向，至今肥沃一芳洲。

（赵元珍，女，中华诗词学会会员）

漫步龟洲
邹东祥

村道无尘自在行，迎风黄菊笑盈盈。
洋楼精舍如林立，绿树清渠听鸟嘤。
连野稻棉诗画似，满坡鸡鸭草虫争，
痴生七十人多感，桑梓悠然享太平。

清泥湾

胡祥生

村渠流水贯田园，
静立柳林听鸟喧。
户户飘香中饭熟，
诗情入画著炊烟。

（胡祥生，清泥一组人，诗词爱好者）

念奴娇·青油湾忆

刘继扬

棹声渐远，只余下，二百多年传说。舟覆溢脂，桑梓腻，从此名留志册。植粟田原，饲牛栏栅，营索千行勃。先民挥汗，铸成人世天阙。

遥想轮泊当年，贾商通海航，鸿程飞越。叟老怅言，旧津渡，早已草掩沙没。梦里幽兰，依然盈盈放，笑迎江月。水乡风韵，觉来心旷神悦。

第四节 理论实践

村级干部清廉"八戒"

东山镇清泥湾村党总支书记 徐云汉

农村最基层的村级干部，在清廉履职上应当坚守如下"八戒"。

一戒：不因官小而不廉。也许有些村干部认为，自己既不是国家公职人员，也不是企事业单位干部，根本算不上是什么官，相比被打的"老虎苍蝇"，不清廉的村干部只能比作"蚂蚁"。却没有认识到，村干部是村级各项工作的具体组织者和推动者，直接面对群众，直接为村民服务，直接牵涉群众的切身权益。村干部是否廉洁，直接关系党在农村的执政基础，关系干群关系和基层干部的形象，关系基层民主的发展，关系农村的和谐稳定。"蚂蚁多了咬死大象"，没有村干部的清廉履职，就不可能实现乡村振兴。

二戒：不因贪少而不廉。也许有些人觉得，一个村就那么大，尽搞就只那么点油水，村干部再贪能贪多少？收一包烟喝两餐酒收几个小红包算什么呢？正因为村级体量不大，即使贪一点点就特别显眼，特别容易被群众雪亮的眼睛发现。"集腋成裘，聚沙成塔"，一点一点的小贪积累起来，就会有惊人的数额，就会形成"千里之堤毁于蚁穴"的灾难。

三戒：不因人亲而不廉。村干部大多是土生土长的本村人，与大多的村民不是亲戚关系就是朋友关系，是产生不清不廉行为的"温床"。例如：在村级组织选举中拉票贿选、破坏选举；利用职权伪造资料为亲朋好友骗取国家补贴补助资金；以亲朋好友的"礼尚往来"为借口大操大办人情宴；等等。这些行为，损害的或是基层民主，或是国家利益，或是移风易俗新风尚。

四戒：不因"室暗"而不廉。所谓"君子不欺暗室"，不要存在侥幸心理，以为村级"天高皇帝远"，自己的不清廉举动隐秘，只有天知地知你知我知，殊不知"世上没有不透风的墙"，"为官莫伸手，伸手必被捉"。

五戒：不因"功高"而不廉。自恃给别人办理落户、低保手续时，忙前忙后跑上跑下"劳苦功高"，借机吃拿卡要，收受、索取群众财物。"当官不为民做主，不如回家卖红薯"，给群众办事是本职工作，索拿卡要最终被群众唾弃，受法规惩处。

六戒：不因利厚而不廉。大额集体资金使用、工程建设项目立项及承包、集体资源承包、租赁等经营活动，如果搞暗箱操作，就可能从中谋取丰厚的私利。随着村级事务越来越公开、透明，各级监督越来越规范严格，"要想人不知，除非己莫为"，在利益丰厚的事务上弄虚作假、逃避监督，更是不可能的。切不可利欲熏心、利令智昏。

七戒：不因惩微而不廉。由于受村级客观条件的限制，也由于干部学习教育活动抓得紧抓得实，村干部的自身素质和思想觉悟普遍得到了提高，很难产生大贪大腐现象，发现的一些轻微的不清廉行为，受到的一般都是"诫勉谈话""警告""退赔"等轻微惩处。"一个鸡蛋吃不饱，一个名声背到老"，名声不好，在低头不见抬头见的乡亲们面前，怎么好意思？何况"小来偷针大来偷金"，不防微杜渐，小贪就会成为大贪，大贪就会受到大惩。

八戒：不因酬低而不廉。村干部工资少，报酬低，忙于村级事务，很难抽出时间搞生产、搞副业。因此，大部分村级干部的家境不宽裕，也让少数村干部产生了"你不高薪养廉我就捞点油水"的想法。这个想法很危险，有想法就可能有做法，有做法就可能导致你丢官去职，甚至身败名裂、倾家荡产。

（此文获 2022 年县纪监委与县文联举办的清廉文学作品征文二等奖）

坚持"八不""三公开" 促进"三务"大发展

——进一步推进清廉村（社区）创建工作部署会发言稿

东山镇清泥湾村党总支书记　徐云汉

各位领导，同志们：

大家上午好！

我是东山镇清泥湾村党总支书记兼村委会主任徐云汉。我们清泥湾村位于华容县东山镇最北端，北靠长江，与湖北省监利市隔江相望。有 23 个村民小组，890 个农户，人口 3742 人，耕地面积 12096 亩。有村干部 7 人，组干部 8 人，村务监督委员 3 人，议事会 7 人；村党总支下辖两个党支部，有共产党员 91 人。

近年来，根据省、市、县关于加快清廉建设相关文件精神要求，我村立足实际，将清廉责任扛在肩上，将清廉工作落在实处，牢牢坚守村组干部清廉"八不"准则、坚持"村级三务公开"制度，不断夯实农村清廉根基，擦亮清廉底色，在清廉村建设方面，进行了一些略有成效的探索与实践，有力推动了我村党务、村务、财务管理的向前发展。现将主要工作情况汇报如下：

一、以党建为引领，狠抓村组干部清廉"八不"

清廉建设是履行全面从严治党的重要内容，而"清廉村（社区）创建"则是为了打通清廉建设向基层延伸的"最后一公里"。我们充分认识到，村组干部是村级各项工作的具体组织者和推动者，村组干部直接面对群众，直接为村民服务，直接牵涉群众的切身权益。村组干部是否廉洁，关系党在农村的执政基础，关系干群关系和基层干部的形象，关系基层民主的发展，关系农村的和谐稳定。"蚂蚁多了咬死大象"，没有村组干部的清廉履职，就不可能建设和美乡村，就不可能实现乡村振兴。因此，村党总支把对党员干部特别是对村组干部的清廉监管，作为党务工作的重中之重，每次组织召开村组干部会议，都要重申清廉工作，从思想上提高村组干部的思想认识。还通过广播会、培训会、观看以案说法影像资料等形式，加强村组干部反腐倡廉意识。每半年召开一次村组干部述职述廉民主评议会，邀请村民代表进行公开评议打分。村部设置了廉政举报箱，村党总支出台了《村组干部清廉"八不"准则》，大体内容是：一是不要以为村组干部官小而不廉；二是不要以为"只是贪点小便宜"而不廉；三是不要觉得"都是亲友熟人"而不廉；四是不要以为"天高皇帝远"而不廉；五是不要自恃"劳苦功高"而不廉；六是不要在丰厚诱惑面前利欲熏心而不廉；七是不要因为处罚轻微而不廉；八是不要因为村组干部工资少报酬低而不廉。《"八不"准则》，基本涵盖了村级廉政工作的各个方面，成为我村村组干部清廉办事的行为指南。警钟长鸣，防微杜渐，近年来，我村没有因为村组干部不清廉受到县、乡纪监部门通报处分的案例发生。

二、以制度为抓手，坚持党务村务财务公开

依法律法规行政、靠规章制度管理，是清廉村居创建的必要途径。近年来，我村以制度建设为抓手推动清廉创建，除了出台《村组干部清廉"八不"准则》外，还先后制定了《帮困助学章程》《老年人工作章程》《村组干部述职述廉民主评议制度》《村班子议事会制定》《村务监督制度》等28项规章制度，尤其是不断完善了《党务公开制度》《村务公开制度》《财务公开制度》，并坚持做到了严格落实党务村务财务"三公开"。

规章制度的严格落实，必须有执行力强大的队伍来保障。我村通过民主选举方式，不仅组建了村班子议事会、村务监督委员会，还组建了村民自治组织4个，即：红白喜事理事会、帮困助学理事会、公益事业理事会、老年人协会。在制度的规范和民主的监督下，村组干部本着"三要有"：要有常怀为民服务的赤子心、要有担使命做表率的责任心、要有阔步向前的进取心，立足民本，牢记打铁还需自身硬，以党风、政风促进村风、民风的转变。村组干部牢牢记取民生无小事的理念，重大决策认真执行四议两公开制度不违规、惠民惠农政策落实不走样、涉农收费（保洁费、共同生产费）重民意。财务结算采取月结、季清、集体结账制，全体支村委、村监会有关人员参加。所涉工程项目按上级要求执行，对三资管理建立了档案，村里田地、池塘发包都是公开发包，每年召开村民代表大会四次以上。

三、以清廉为保障，促进村级"三务"大发展

通过近几年开展清廉建设、村民自治，增强了党支部凝聚力，提高了村组干部的执行力，激发了广大群众特别是寓外乡友对家乡建设的积极性，使我村"三务"工作成效显著，党风、政风、民风实现了根本的转变。我村党务工作连续多年被县委组织部或镇党委评为先进党支部；村级财务由亏损转为节余；村务建设管理面貌焕然一新。移风易俗蔚然成风，红白喜事新办、简办、不大办，村建立了公墓基地不乱葬。帮困、助学、敬老活动步入了正轨，三年共收到认捐基金款 64.5 万元，直捐 67000 元，奖励高考学生 40 人，合计 59500 元；扶助大病重点户 14 人，合计 23500 元。爱心企业家计划用五年时间捐赠在本地就读的中、小学生生活费，已捐赠 3 个学期合计 75.65 万元，解决了留守儿童学生入学资金难的困境。敬老工作迈出了新步伐，筹资 37.5 万元修建了老年人活动中心，现有五室一场。村组建了为老年人服务的志愿队。村老年人协会近 3 年先后开展为全村 70 岁以上老人送慰问物资、为优秀老人捐赠医保、举办"庆丰收、敬老人、促和美"文艺联欢等大型活动 5 场次，活动经费均由乡友捐赠。

路漫漫其修远兮。今后，我们将认真总结经验，积极弥补短板，进一步完善规章制度，进一步抓紧、抓牢清廉建设，进一步做实、做细清廉工作，使我村清廉村居创建更上一层楼，助力乡村振兴再上新台阶。

我的汇报完毕。谢谢大家！

第五节　媒体推介

一个新农村基层党建工作的样本

——来自华容县东山镇清泥村的调查

徐晨光　杨常青

当前，农村社会管理面临许多新的挑战，出现了思想舆论引导难、各方利益协调难、矛盾纠纷化解难、计划生育管理难、基层基础建设难等新情况新问题。如何在纷繁复杂的挑战中科学发挥农村党支部和党员的先锋模范带头作用，富有成效地带领群众致富奔小康？华容县东山镇清泥村党支部紧紧把握新时期党建主旋律，认真唱好新时代党建主题歌，切实谱好新农村党建主题曲，既做到了"眼望星空"，又做到了"脚接地气"；既坚持了超前谋局，又做到了务实奋进。

清泥村曾经是东山镇有名的贫困大村，2004年前村级负债60多万元，农田水利基础设施一穷二白，村场道路坑洼不平，群众多年来一直在日出而作、日落而息的贫困线上"坚守"。为了尽快摘掉贫穷落后的帽子，该村党支部以党建为梯，抢登发展"火车头"，迈上了科学发展新坦途。其主要做法有：

1. 入党"三问"抓教育，奏响基层党建主旋律。党员干部是清泥村逆境突围的主心骨，是群众心中的"岗哨红旗"，该村党支部深刻认识到抓好党员教育的重要性、紧迫性，主要抓了三个方面。一是教育党员弄清入党为什么。该村多次利用远程教育点组织党员重温党史、学习政策，特别是在建党90周年之际，村党支部请有50年党龄、在村工作32年的老党员徐海洲讲党课，增强了党员干部"立党为公、执政为民"的工作理念。二是教育党员弄清入党以后干什么。结合近几年的农村巨变，清泥村开展了解放思想建清泥、科学发展富清泥、创先争优强清泥的献计献策活动，让党员真正明白所肩负的职责使命，所承担的义务责任。全村党员共献计35条，有27条得到了村支委的采纳，特别是老党员黄四保针对该村农村环境日益变差的现状，建议支委开展"清洁家园"行动。三是教育党员弄清今后给党留什么。清泥村多次组织党员观看红色经典大片、学习先锋模范事迹。今年组织学习了时代楷模杨善洲的典型事迹，要求党员干部学习他"捧着一颗心来，不带半根草去"的共产党人情怀，为清泥村的美好明天建言、建功、建业。

2. 支部"三要"定核心，争当科学发展领头雁。"火车跑得快，全靠车头带。"清泥村以科学发展观为统领，既坚持自我加压，又做到强筋壮骨，更注重提速发展。一是支部要撑起一片天。2005 年前，清泥村因历史遗留的农村债务、土地承包、干部作用等问题，曾出现了各类信访问题多、土地矛盾纠纷多、群众热议难点多的"三多"被动局面。特别是取消农业税后，农田变成了群众抢手的"金馍馍"，弃田抛荒的外出务工人员争相回村要田要地。该村一改以前"打和牌"的做法，由党员公选出以 7 名老党员为代表的二轮土地延包工作组，根据村民决议将责任田分配与偿还欠款挂钩原则，一次性将 7000 亩责任田顺利延包，并收回村场欠款 70000 元，既化解了分田矛盾，又消除了村级负债。二是支部要带好一班人。在新时期的党建工作中，该村注重"鼓劲扬帆"，通过多次召开民主生活会，组织农村党员到革命圣地和先进县市学习经验，进一步开启思维、开阔视野、开阔胸襟，要求党员干部既要"种好自己的一亩三分地"，更要开发"未来一片天"。三是支部要盘活一方地。近年来，该村累计投入资金 500 万元，完成了一批农田水利、村庄规划、远程教育点、农村安全饮用水、农村公路等项目建设，实现了后发赶超，农村党建与经济发展齐舞共生的美好前景。

3. 党员"三给"聚民心，勇做率先垂范的排头兵。农村党员是我党直面群众、联系群众、沟通群众、影响群众的党的最基层组织细胞，清泥村党支部突出"三给"添活力、聚民力、引民行。一是给党员权利。在清泥村自来水厂建设、村级组织活动室建设、通村公路建设、农村环境整洁示范村建设上，每个党员既"有职有权"，又勇挑重担。二是给党员压力。去年，村重大项目建设前期存在较大资金缺口，由村民公选的老党员易锦富按照一事一议筹资筹劳政策规定，亲自上门做农户工作，不远千里跑广州到上海找乡友捐资，共筹集资金 27 万元，没有一个农户欠费，没有一个农户上访。三是给党员温暖。村党支部和村委会在每年七一、重阳节定期组织一系列送温暖活动，并对 70 岁以上的老党员每年每人慰问 100 元。同时，开通清泥湾 QQ 群，每月向外出务工党员发送党建和慰问类信息 4 条，实现了"支部一盘棋，联系一线索"的党建格局。

通过对清泥村党建工作的调查，我们发现，作为有一定代表性的农村党支部，该村党建工作当前仍然存在着诸如党员结构不优、党员入党动机单一、支部活动开展难等一些问题。基于此，我们认为，抓好农村基层党建工作，必须在三个方面持续发力。

——做好防止思想脱党与实现思想入党的辩证对接。首先要严格把好发展党员的入口关，在发展党员上防止和纠正偏重数量、轻视质量的倾向，认真了解入党申请人的真实思想情况，加强思想审查，决不能让只想捞好处的人混入党组织。其次是抓好思想教育这个中心环节，注重开展党内积极的思想斗争，大兴批评和自我批评之风，增强思想教育的原则性、战斗性。再次是健全对不合格党员的淘汰制，按照党章规定，对那些与党的价值观格格不入而又屡教不改的人，以适当方式清理出党的组织。

——创新流动党员管理模式。一是采取"单独建、联合建、挂靠建"等形式，在流入地建立流动党支部和党小组，加强对流动党员的管理；二是进一步健全县、镇、村三级联动工作机制，由流出地党组织、流入地党组织和流动党支部三方共同参与流

动党员管理；三是通过开展流动党员返乡座谈会、创建流动党员 QQ 群、发放流动党员信封、开通流动党员手机短信平台，确保流动党员与党组织联系不断；四是开展"学会一项生产技术、带出一批劳务人员、为家乡办一件好事"活动，鼓励流动党员为家乡发展增辉添彩。

——加强农村党支部建设，增强基层党组织的创造力、凝聚力和战斗力。首先是在选优配强上下功夫，通过开展派驻县委工作队和选聘大学生"村官"，进一步增强班子战斗力；其次是在强化培训上下功夫，加强对农村党员的培训教育，把农村支部书记列为农村干部培训规划的重点；再次是在管理考核上下功夫，激发党员谋事干事激情。

（摘自 2011 年 11 月 10 日《湖南日报》14 版）

华容县清泥湾村："1234"工作模式有效提升乡村善治

华容县东山镇清泥湾村坚持党建引领全局工作，探索创新"1234"工作模式，深入推进乡村治理"136"工程，凝聚乡村振兴合力，有效提升乡村治理效能。

建好一个平台。按照"支部搭台、群众唱戏"的方式，以"关爱在家村民"为主线、以开展贴心服务为抓手，打造清泥湾村乡村振兴促进会平台，搭建"治理有效"框架，组建村帮困奖学理事会、公益事业理事会、老年人协会三个自治组织协同促进会工作开展，并制定《章程》，广泛募集资金。自该村乡村振兴促进会成立后，乡友乡贤建设家乡热情高涨，目前认捐总金额达 144.5 万元。

用好两个资金。充分打好"乡情牌""乡愁牌"，利用助学敬老专项资金和人居环境整治专项资金，激励干群参与到助学敬老和人居环境整治工作中来，形成了由"共捐"到"共治"的良好局面。发动乡友关怀困难群体，清泥湾村助学敬老专项资金共奖励大学生 40 名，共计 59500 元，受赠中、小学生生活费 75.651 万元，救助病困群体 26 人，共计 42500 元。同时该村获赠人居环境整治专项资金 20 万元，路灯 48 盏，推动全村人居环境整治明显提质。

抓好三个协会。重点打造村民协会示范点，发挥帮困奖学协会、老年人协会和公益事业协会自治作用，解决了一批发展实际中的民生问题。比如围绕老年人群体，将清泥湾村村民活动中心打造为互助性养老基地，推动老年人结伴互助，定期举办道德大讲堂，开展"庆丰收、促和美、敬老人"联欢表演等活动，让老人们晚年生活更加丰富多彩、更加充实，真正实现了老有所为、老有所乐。

完善好四个制度。持续完善村规民约、村民协会章程、基金管理和积分制管理四个制度，强化群众服务能力，实现乡村治理更加规范、更有成效。经过前期努力，清

泥湾村《村规民约》执行力更强，保洁费、共同生产费、医保缴费按时足额100%率先完成。村民自发以"群英断是非"形式，由乡贤能人、志愿者、网格员等，对村民矛盾进行共评、共商、共议，实现矛盾协调自我化解，目前该村村民的信访量为零。

（2024-01-23　华容县乡村振兴局）

崇文重教奖励学子　和美乡村新风拂面

8月22日，东山镇清泥湾村举行2023年应届毕业生奖励发放暨中小学学生生活费资助发放宣传会，表彰奖励考上大学的优秀学子，安排中小学生生活费发放工作。

活动现场热闹非凡，清泥湾支村两委班子成员、村帮困奖学理事会成员、乡贤代表等为优秀学子们发放奖状以及奖金，祝贺他们实现理想，考上心仪的大学，鼓励他们在人生的新征程上奋发图强，谱写新篇章，不负韶华、不负党恩、不忘乡情，成长为祖国的栋梁。

此次活动共为4位考取研究生的学子和14位准大学生发放29500元奖励，这是清泥湾村第三次开展捐资助学奖学活动。该村高度重视教育工作，致力营造崇文重教的良好氛围，自2021年成立帮困奖学理事会，向乡贤乡友们募集资金，帮助该村生活贫困的学生完成学业，鼓励品学兼优的学生努力成才，目前共有捐赠基金54.5万元。

今年还是该村中小学生生活费资助活动举办的第二年，该活动资金由爱心企业家捐赠，截至目前已捐赠51.2万元，为该村196名学生提供了生活费。

（本文来源于华容手机报）

华容县东山镇：聚集乡友力量　赋能基层治理

通讯员　罗刚

悠悠长江水，浓浓桑梓情。6月6日上午，华容县东山镇清泥湾村捐资助学生活费发放仪式在长江完全小学举行，清泥湾籍寓外乡友匿名捐资21.6832万元，用于江洲中学和长江完全小学两所学校清泥湾村在籍学子的生活费补助，近400名在校师生及家长共同见证了这份爱心的浓情传递。

据了解，东山镇清泥湾村为响应"乡村振兴"号召，致力于在乡村振兴五大核心的"治理有效"上下功夫，坚持"支部搭台，群众唱戏"的方式，组建了三个理事会，围绕"帮困、助学、敬老"三大农村现实困境开展活动。经过不懈努力和不断探索，现已取得一定的成效。今年，该村将按照乡村治理再提升，产业发展新突破，集体收入稳增长的目标扎实工作，在原有的"帮困、助学、敬老"的基础上，新增"奖优、护航"两个篇章，与基层治理底线工作结合，让善治模式更完善，更有温度。

据悉，这位匿名捐资的乡友了解到桑梓基层工作方向后，主动找到村党总支书记，决定全额负担在本地就读的中小学生的生活费，时间暂定五年。截至本学年，共计捐赠学生生活费97.3342万元。他不求任何回报，只为让农村学生轻装上阵，努力学习。

灯亮一盏，光洒成片。发放仪式上，清泥湾村党总支书记徐云汉代表清泥湾支、村两委和村乡村振兴工作站感谢了关心支持该村公益事业的乡友乡贤和社会爱心人士，通报了捐赠情况及后段乡村振兴工作设想。他表示，清泥湾村将一如既往地履行好帮扶救助职责，制定更多的激励措施，把慈善助学这项造福社会的工作抓实抓细。积极宣传广大爱心人士捐资助学的慈善义举，发动更多的乡友乡贤参与公益事业，帮助更多的贫困学子完成学业，让更多的孩子放飞希望，实现人生理想。

"捐资助学德传千秋，情系教育爱留家乡。"东山中学党总支书记周峰对关心支持东山教育发展的爱心人士表示衷心的感谢。他说，江洲中学和长江完全小学是华容县最边远的农村中学和村级小学。近年来，在社会各界的大力支持下，两所学校各项工作有序推进，成绩可圈可点。连续四个学期清泥湾村乡友对中小学生生活费的资助，真金白银的付出，让在校师生及家长感动不已。"我们将化感动为力量，用优异的成绩，报答社会的关怀之情。"

"生活费的捐赠，或许在你们的眼中只是微不足道的一份心意，但对我们来说，却是雪中送炭。"现就读于江洲中学九年级的徐同学，品学兼优，是父母眼里的乖孩子、老师眼中的好帮手，乡友的爱心捐助让她有了去面对困难的力量，更加坚定了战胜困难的决心，同时心中也种下了长大反哺家乡、回报社会的种子。

情系桑梓，共谋发展。东山镇作为华容县首个成立乡村振兴促进会的乡镇，近年

▲田园如画

来，该镇深入开展"迎老乡、回故乡、建家乡"有关工作，以"乡镇主导、村（社区）主体、村民主角、乡友给力、促进会助力"的工作角色定位，精准谋划产业发展项目，不断激活乡友资源、用好乡友力量，把乡友"软财富"转化为"硬实力"，提升乡村治理效能，推动乡村全面振兴。据东山镇乡村振兴促进会副会长徐明介绍，今年以来，各分会组织了 7 次东山镇乡村振兴项目发布会，有针对性地把产业所需与乡友所愿衔接起来，有方向、有重点、有目标地引导乡友"对号入座""填空补链"。截至今年五月底，乡友共认领认捐项目 122 个，总金额 7746.2 万元，资金到账 1743.8 万元，占比 22.51%，76 个项目已开工、39 个项目已完成。

"广大寓外乡友，是家乡的宝贵财富。我们一定会把家乡建设得更美好，让大家的亲人生活得更幸福，让大家在外打拼没有后顾之忧，让东山永远成为我们心中最美的家园。"东山镇党委书记谢绍峰呼吁广大寓外乡友以乡情为纽带，以项目为载体，把"先进经验"学回来，把"先进技术"带回来，把"高端人才"招回来，把"优质项目"引回来，聚四海之气、借八方之力，为基层治理赋新能，共同携手书写富美东山新篇章。他承诺，家乡的党委、政府和家乡人民将真心实意当好大家的"服务员""守护者"，让大家在家乡投资兴业放心、安心、舒心。

（湖南日报·新湖南客户端 2024 年 6 月 7 日）

附录一　财务管理制度

由乡镇农村财务管理中心在就近金融机构统一开设"村账专户","村账专户"下按村设子账户,村级所有收入和支出全部纳入专户核算。村（社区）来自上级和有关单位的拨款、财政补助收入、捐款,以及村（社区）区域内的所有经营收入、发包及上交收入、其他收入,资金必须在 7 个工作日内缴入"村账专户"。

一、收入管理制度

1. 村集体经济组织应以组织村级收入为中心,所有收入应纳入村级专户进行会计核算,具体包括:财政转移支付资金,一事一议筹集的资金,经营收入,发包及上交收入,土地征收补偿费,扶贫救济款,单位和个人对村委会的拨款、补贴、资助、捐赠、贷款,利息收入等。严禁坐收坐支,不得私设"小金库"。

2. 村集体经济组织的各项收入,必须使用财政部门统一监制的收款收据。收入结算必须由报账员办理。

3. 收款收据由村报账员负责领用,并建立票据登记簿进行管理。使用完的存根要及时上交乡镇农村财务管理中心审核并存档保管。禁止其他人员经手收款收据。

4. 村集体经济组织要做好集体资产的发包和出租工作,按照有关规定,签订书面承包合同或协议,并上报乡镇农村财务管理中心与农业综合服务中心（经管）备案。要切实抓好承包合同和租赁协议的兑现,按时足额收取各项收入。

5. 对涉及村集体经济组织集体资产的重大承包或租赁项目,必须由支村两委会集体讨论提出,经村民代表大会讨论通过,并履行相关的法律程序,报乡镇农村财务管理中心与农业综合服务中心（经管）登记备案。

6. 村集体经济组织接受国家和上级单位的专项拨款,应全额入账,专款专用,不得挪作他用。

二、支出管理制度

1. 村级支出实行报账制管理，乡镇农村财务管理中心分类核定村级备用金数额，备用金数额不得超过村级一个月办公经费预算数。原则上人口在 3000 人以下的村备用金数额最高不得超过 6000 元，人口在 3000 人以上（含 3000 人）的村备用金数额最高不得超过 10000 元。

2. 村级应本着"量力而行、量入为出"的原则，每年年初制订全年收支计划，并经村民代表大会讨论通过，严格控制负债开支，确保村级工作正常运转。

3. 支出单据原则上是税务发票或乡镇农村财务管理中心统一印制的报账单、证明单、领条等，不得以不规范的凭证入账，严禁无据付款。

4. 村级当月支出要当月审核，根据统一结算单据日期或发票开具日期，要及时结账，超过 3 个月没有结账的支出单据，乡镇农村财务管理中心原则上不再受理。

5. 严格村级各项开支标准，对村级相关非生产性费用开支，实行分项限额报销和定额补贴，具体标准经村民代表大会通过。

6. 村必须建立健全财务支出审批制度，村级的各项财务支出票据，均须先由村报账员收集整理，后经村务监督委员会审核，再由村财务审批人审批，报账员方可报账。财务开支审批要严格按照以下程序实施：

①财务事项发生时，经手人必须取得有效的原始凭证，注明用途、事由，有经手，证明签字（盖章）。

②报账单据按月或按季交村务监督委员会集体审核。审核同意后，由村务监督委员会成员签字并加盖村务监督委员会财务审核章。

三、民主管理与监督制度

1. 村集体经济组织要加强村民民主理财制度建设，务必成立村务监督委员会，村务监督委员会由村民代表大会选举产生，一般 3～5 人，每届任期与村委会同期，由乡镇纪委审核，报乡镇农村财务管理中心、农业综合服务中心（经管）备案。村主职干部及其直系亲属不得担任委员会成员。

2. 村务监督委员会的主要职责是：

①参与制定本村的财务管理制度，拟定本村经费收支预算草案；

②定期对本村的所有财务收支情况进行集体会签会审，有权否决不合理开支；

四、财务公开制度

1. 村集体经济组织应将其全部财务活动情况，如实地向全体村民公布，自觉接受村民监督。村级财务公开的重点是各项收入和支出情况，各项资产、负债、收益分配、代收代缴款、化解债务情况以及群众要求公开的其他财务事项。

2. 村级财务公示表由乡镇农村财务管理中心依照各村的收支情况，按统一格式填制，加盖乡镇农村财务管理中心和村民委员会公章后，在固定的财务公开栏内进行张贴公示。

3. 财务公开栏要设置在群众集中聚居地带、主要交通路口等便于群众阅览的地方。

4. 乡镇农村财务管理中心每年至少组织一次村务监督委员会对村级财务的集中审核活动。

附录二　村规民约

第一条　为规范村民生产生活行为，提高村民自我教育、自我管理、自我约束能力，实现依法治村、民主治村，创建全市文明村、和美乡村建设示范村，根据国家有关法律法规，结合本村实际，制定本村规民约。

第二条　本村规民约适用于清泥湾村全体村民，在本村辖区内居住的外来人员及从业人员参照执行。

第三条　服从支村"两委"的领导，拥护支持村级决策，不捕风捉影散布谣言，维护和珍惜本村荣誉。

第四条　加强思想道德建设和社会诚信建设，增强法治意识、社会责任意识，倡导科学精神，弘扬中华传统美德，用中国梦和社会主义核心价值观凝聚共识、汇聚力量。

第五条　解放思想，与时俱进，勤劳致富，注重品行；学会分享给予，提倡互爱互助；增进理解包容，懂得感恩回报。

第六条　深入开展诚信教育、孝道教育、勤俭教育，积极参与"讲良心、行孝心、献爱心"主题教育活动，广泛动员全体村民开展社会救济和社会互助、志愿服务活动。积极支持村里道路、农电、水利、绿化、环境治理、公共服务等建设，不当阻力，不设障碍。

第七条　维护村容整洁，不乱堆乱放，不乱搭乱建，不乱贴乱画，不乱扔乱倒，畜禽养殖不敞放，自觉保持房前屋后干净整洁，积极维护公共区域的环境卫生。

第八条　全面开展禁放鞭炮行动，除大年三十、正月初一可以少量燃放鞭炮外，其余时段一律不允许放鞭放炮。红白喜事禁止使用不可降解的一次性餐具，严禁在村组道路上搭彩虹门。

第九条　不焚烧秸秆、垃圾，不捕杀鸟类、青蛙等有益动物，不用电瓶在沟港打鱼，不投毒捕杀鱼类，保持水源清洁，爱林护绿，自觉保护自然生态。鼓励引导村民在自家庭院精心打造"小花园""小菜园""小果园"，做到四季有花，四季有果，四季有绿，四季飘香。

第十条　村民对承包田、自留地、宅基地等土地资源只有使用权，村内任何组织和个人使用土地，都应经村民委员会同意，按规定办理用地手续，经批准后方可使用。

第十一条　切实保护耕地，严禁耕地抛荒，抛荒两年，耕地收回村集体。不得在基本农田内挖鱼塘、栽树或者搞非农建设。土地流转或置换，必须报村民小组和村委会同意并签订合同，严禁私自买卖房屋或宅基地。

第十二条　村集体进行项目开发和公益事业建设，需征用村民承包田（地）的，按村委会研究确定的统一标准进行补偿，村民应积极配合支持，任何人不得以任何借口和不正当行为阻碍、刁难。

第十三条　坚持"一户一宅"，原则上不新批宅基地的原则，改造危旧房，拆除空心房，规划新建房，鼓励引导村民到集中建房点购房建房。新建、扩建、改建的建筑物（包括新建房屋、杂屋、打围墙、养殖场、种植园等）必须遵循本村规划，并按规定程序申报审批，先批后建。严禁在村道5米内，基本农田内和沟渠上建房，新建房屋必须同步建设垃圾和污水处理设施。鼓励按图建设，统一式样，保证美观，鼓励新建房屋周边绿化美化。凡未经批准擅自建房或不按批准的地点、面积建房或妨碍村容村貌及道路通行的，将无条件对其施行拆除，经济损失由当事人承担。

第十四条　促进转型升级，促进产业结构调整。大力开展绿色生产，鼓励生态循环农业发展。

第十五条　自觉学法、知法、守法，坚决维护法律的权威和尊严，严厉打击造谣传谣、小偷小摸、无理取闹、故意设难、寻衅滋事、扰乱治安的人和事。及时处理矛盾纠纷，做到小事不出组、大事不出村。

第十六条　严格户口管理，杜绝违规上户、人情入户。除正常婚迁和新生儿落户外，迁入户口必须经村民代表会90%以上的代表无记名投票表决通过。

第十七条　禁止侮辱和谩骂他人，不得用下流语言或举动引起纠纷，不得有调戏妇女或其他有伤风化的行为；无论有理无理，都禁止出手伤人。

第十八条　严格用电用水管理，不得破坏电力供水设施，杜绝偷电偷水现象发生，不得随意接电用电私自冒险作业，造成伤亡事故责任自负；严禁一切野外用火，火灾造成损失的，当事人应负全责。

第十九条　驾驶小车、农用车、摩托车必须获得驾驶执照并购买相关保险，严禁无证驾驶、酒后驾驶、超速驾驶。

第二十条　弘扬敬老、养老、助老社会风尚，子女应尽赡养父母的义务，不得歧视、虐待、遗弃、伤害老人。

第二十一条　坚持男女平等基本国策，保障妇女和未成年人权益，禁止任何形式的家庭暴力；禁止溺、弃、残害女婴；禁止拐卖妇女儿童。

第二十二条　崇尚科学，反对迷信，不参与"黄赌毒"行为，不参加封建迷信活动和非法邪教组织；禁止赌博，杜绝"买码"，不聚众赌博或为赌博提供场所。

第二十三条　自觉爱护公物，不得损坏水利、交通、供电、通信、健身器材、路灯、标牌、生产基地等公共设施。无意损坏，照价赔偿；故意损坏，加倍处罚。

第二十四条　村级重大事项实行支村"两委"初议、党员村组干部会审议、村民大会决议的民主决策程序。低保户、困难户实行动态管理，采取小组申报、监督委员会考察、支村"两委"审议、村民大会决议的程序确定申报对象，坚决不保懒惰者，不助品行差之人。

第二十五条　每年开展一次评优评先活动，对卫生整洁、诚实守信、热心公益、乐于助人、创新创业、勤劳致富、孝顺老人、见义勇为等先进典型进行表彰奖励，颁发荣誉证书和奖金。

第二十六条　鼓励扶持广场舞队、军鼓队、龙队、电声乐队等群众文娱组织健康发展，积极开展活动。

第二十七条　持续开展"治婚丧陋习、刹人情歪风"行动，成立红白喜事理事会，严格实行婚事新办、丧事简办、其他人情宴禁办的规定，严禁大操大办，严禁收送高额礼金，严禁婚车扰民堵道。每桌酒席包括烟酒在内不超过 300 元，单方举办婚宴不得超过 20 桌，男女双方合办不得超过 30 桌，接亲车辆不超过 4 辆。严禁以乔迁新居、商铺开业、参军、升学、做寿（70 岁以下）、小孩出生、周岁、做土地生日等名义举办人情宴。

第二十八条　倡导丧事简办，严禁铺张浪费，严禁借机敛财，严禁乱埋乱葬。丧事操办时间不得超过 3 天，不做道场，送葬车辆不得超过 4 辆，充气拱门不得超过 1 个；本村老人去世后一律归葬公墓基地，不得修活人墓、家族墓和豪华墓，土葬单人墓占地不超过 4 平方米，双人墓不超过 6 平方米，墓碑出土高程不超过 1.2 米。

第二十九条　成立由村委会主任、监督委员会主任、治调主任、村民议事会成员组成的村规民约监督执行委员会，负责宣传、推进并监督本村规民约的执行。每年召开二次户主大会，通报村规民约执行情况，表彰奖励优秀者，处罚违反者。

第三十条　本村规民约未尽事宜再另行制定规定，与国家法律、法规、政策相抵触的，参照国家法律法规执行。本村规民约经广泛征求村民意见并召开村民代表大会通过，自 2021 年 8 月 20 日起施行。

清泥湾村村民委员会

2021 年 8 月 20 日

附录三　正科级以上职务人员名录

（以姓氏笔画为序）

一、厅级

徐平、谢先龙、黎咸兴

二、正处级

邹海峰、邹鲁文、金支秋、金利民、徐勋涛、徐辉、黎明、黎鹏飞

三、副处级

刘继文、徐孝德、徐忠燕（女）、徐树鸿、黎电红

四、正科级

江锡海、汪全科、汪全银、汪树辉、汪翱、金勇、金继炎、赵芳（女）、徐中军、徐兰丁（女）、徐忠乐、徐剑雪（女）、彭子能、谭先华（女）

附录四　寓外公职人员名录

清泥湾村民风淳朴，文风鼎盛。自 20 世纪五六十年代始，一批批优秀人才，走出村庄，奔赴工作岗位，为国效力；特别是国家恢复高考以来，有相当一批优秀学子，成为高校中的一员。而今，他们或已成为教师、医生、科技工作者、国企精英、金融界领军人物，或担任不同职级的国家公务员等，在不同的岗位为国家贡献自己的聪明才智。他们是国家建设的生力军，民族复兴的希望，也是清泥湾村人民的骄傲。

清泥湾村寓外公职人员一览表
（清泥）

序号	姓名	性别	政治面貌	学历	组别	工作单位或所在地
1	胡丹	女		本科	1	海南省海口市税务局
2	胡龙建	男		本科	1	四川宜宾812工厂
3	徐孝德	男		硕士	1	四川仪器仪表集团
4	徐兰丁	女	党员	硕士	1	长沙电信公司
5	徐鹏飞	男	党员	本科	1	珠海市海洋三一重工
6	兰依	女		本科	1	岳阳市云梦中学
7	兰品政	男		专科	1	湖北国创道路工程有限公司
8	余春生	男	党员		1	岳阳洛王学校
9	胡祥生	男			1	华容县运输公司
10	汪月洋	男		硕士	2	北京市
11	汪月亚	女		本科	2	北京市
12	李梦燕	女		本科	2	益阳市沅江市中心医院
13	李行	男		本科	2	长沙市
14	徐勋涛	男		本科	2	武汉市
15	徐红霞	女		本科	2	华容县职业中专
16	徐敬明	男		本科	2	南京乾坤公司
17	程平	男		本科	4	杭州市阿里巴巴公司
18	金文辉	男		本科	3	华容县章华镇卫生院
19	彭芬	女		本科	3	长沙市教育局
20	金巧	女		本科	3	岳阳市三医院
21	金勇	男		本科	3	岳阳县税务局
22	汪翔	男		硕士	3	湖南工业大学
23	汪璞	男		博士	3	湘潭大学
24	彭子能	男		本科	3	华容县国土局
25	汪小兵	男		本科	4	石首医药公司
26	金永松	男		本科	4	湖北沙市教育局
27	金永克	男		专科	4	湖北监利市磷肥厂
28	徐桂兰	女		本科	4	湖北监利市磷肥厂
29	肖汉奇	男		本科	4	岳阳市司法局
30	金力	男		本科	5	长沙市联通公司
31	喻更生	男		博士	5	湘潭大学
32	金永善	男		专科	5	湖北沙市电力局
33	陈芬	女		硕士	5	湖南科技大学
34	孙传宝	男		专科	5	岳阳市教育局
35	谭年山	男			5	长沙铁路局
36	谭先华	女			5	华容县科技局
37	谭劲松	男			5	华容县粮食局
38	谭政	男		本科	6	珠海市
39	谭家尧	男		专科	6	华容县教体局
40	刘书良	男			6	石首市
41	徐德松	男			6	株洲市
42	徐树兵	男			6	株洲市
43	徐勋乐	男		本科	6	岳阳惠华城投集团

（续表）

序号	姓名	性别	政治面貌	学历	组别	工作单位或所在地
44	徐梦然	男		专科	6	岳阳火车站
45	吴慧芳	女		专科	7	华容实验小学
46	吴元芳	女		专科	7	华容三封中学
47	欧阳莹	女		本科	7	江苏南京医院
48	汪美意	女		专科	7	湖北监利妇幼保健医院
49	黎执念	男		本科	8	深圳市
50	刘容	男		本科	8	湖北化工职业技术学院
51	杨芳	女		专科	8	岳阳2348工厂
52	吴红霞	女		本科	8	华容县教体局
53	江锡海	男	党员		8	华容县科技局
54	谭善耕	男	党员	专科	8	华容县教体局
55	丁曼	女		本科	9	中南大学湘雅二医院
56	朱芳	女		本科	9	长沙雅礼实验中学
57	朱敏	男		本科	9	长沙龙发集团
58	刘继军	男			9	华容县科技局
59	丁华堂	男			9	华容县城管局
60	徐卫华	男		专科	9	华容县禹山镇
61	朱霞芳	女		本科	9	华容县农商银行
62	汪全科	男		专科	10	长沙市水利局设计院
63	郑奇生	男			10	常德市
64	邓威	男	党员	博士	10	北京市康龙华诚有限公司
65	徐建良	男	党员	本科	10	华容县建设局
66	徐剑雪	女	党员	本科	10	华容县人大
67	徐建芳	女		本科	10	华容县三封教育联校
68	汪凡	男		本科	10	国网岳阳电力局
69	汪双柱	男	党员	本科	10	湖南省水利厅
70	汪双良	男		本科	10	湖南省水利厅
71	黎迪昂	男		本科	10	湖北荆州粮库
72	徐远兵	男	党员		10	华容县文化馆
73	徐远敬	男		本科	10	长沙棉花总公司
74	汪丽英	女			10	华容县卫健局
75	徐迎宾	男	党员	本科	11	华容县工业园
76	徐昌富	男		博士	11	湘潭大学
77	黎排成	男		本科	11	深圳华为总公司
78	黎执龙	男	党员	专科	11	华容县商务局
79	汪博	男		本科	11	湖北中铁十一局
80	汪雷	男		本科	11	中国铁路长沙分公司
81	王华兰	男	党员		11	华容县水利局
82	汪瑞良	男		本科	12	中国铁路长沙分公司
83	徐树宏	男	党员		12	珠海市农业银行
84	朱三保	男	党员	专科	9	泰格林纸
85	汪爱萍	女			9	泰格林纸

（续表）

（顺星）

序号	姓名	性别	政治面貌	学历	组别	工作单位或所在地
86	刘述梅	女		硕士	1	华南理工大学
87	刘有为	男		本科	1	
88	金 逵	男	党员	本科	1	南山光荣院
89	金利民	男	党员	本科	1	首钢集团
90	邹鲁文	男	党员	本科	2	平安银行
91	邹鲁武	男	党员	专科	2	东湖渔场
92	邹双莉	女		本科	2	湖南理工学院
93	刘继红	男		专科	2	华容三中
94	徐树政	男		专科	2	华容县中医医院
95	徐树光	男		专科	2	华容县中医医院
96	黄谷子	男		本科	2	钱粮湖农场
97	徐忠燕	女	党员	硕士	2	中国农业银行总行
98	黄仕豪	男		本科	2	海南板桥中学
99	汪永红	男	党员	高中	2	华容县交通局
100	刘佳薇	女		硕士	3	中联重科
101	李 战	男	党员	本科	3	华容农商银行
102	邹鲁昌	男	党员	本科	3	三一重工军工部
103	李慕蓉	女		硕士	3	广东江门市一中
104	金碧华	男			3	华容县粮食局
105	金 宏	男		本科	3	华容县委党校
106	金 玲	女		专科	3	华容县一中
107	李卓妞	女		本科	7	华容农商银行
108	黎 明	男	党员	本科	3	岳阳市爱卫办
109	黎 毅	女		本科	3	华南师范大学
110	黎娣君	女		本科	3	江西财经大学
111	杨少平	男		硕士	4	湖南省广播电台
112	汪建国	男	党员	本科	4	湖北钟祥环保局
113	徐远进	男	党员	专科	4	华容县税务局
114	汪建凡	男		本科	4	醴陵瓷厂
115	徐忠益	男	党员	本科	4	临湘国税局
116	徐 芳	女		本科	4	岳阳国税局
117	邹应红	女		专科	4	岳阳化工总厂
118	徐忠军	男		本科	4	岳阳建设银行
119	徐忠逹	男		本科	4	长沙路桥公司
120	徐杏枝	女		本科	4	深圳市
121	邹鲁桃	男	党员	本科	4	广东惠州液化天然气有限公司
122	欧 阳	女			4	治河渡卫生院
123	赵祖凡	男		本科	5	长沙外贸局
124	赵锦元	男		专科	5	监利水利局
125	徐忠艳	女		专科	5	华容县实验小学
126	徐淑娟	女		本科	5	华容县城关中心小学

（续表）

序号	姓名	性别	政治面貌	学历	组别	工作单位或所在地
127	金应国	男		本科	5	岳阳市十四中
128	徐远迪	男		专科	5	华容职业中专
129	邹苗	女		本科	4	深圳中国银行
130	谢先龙	男	党员	本科	6	广东冠豪高新技术股份有限公司
131	邹芝莲	女		专科	6	东山中学
132	杨志军	男		本科	6	岳阳市第三中学
133	徐忠乐	男	党员	本科	6	华容县核电指挥部
134	谢挺	男		本科	6	岳阳市塔市驿港物流有限公司
135	徐丹	女		硕士	7	武汉藏龙艺林学校
136	谢田	男	党员	专科	7	岳阳市省港集团
137	徐平	男	党员	博士	7	长江科学院
138	徐金鑫	男		硕士	7	长沙市水利局
139	徐辉	男	党员	专科	7	南京军区
140	徐明	男		本科	7	武汉市
141	徐霞	女		本科	7	深圳龙岗中学
142	徐芳	女		硕士	7	上海核工业
143	徐艺璇	女	党员	硕士	7	岳阳市妇幼保健院
144	汪益梅	女		中专	7	华容县实验小学
145	谢先红	男		本科	7	华容一中
146	谢意	女	党员	硕士	7	中央统战部团结出版社
147	刘继龙	男		本科	8	无锡市
148	赵芳	女	党员	本科	8	华容县委组织部
149	徐丹妮	女		本科	8	华容建设银行
150	朱国友	男	党员	本科	8	广西出版总社
151	姜昌荣	男		本科	9	华容一中
152	姜昌友	男		本科	9	华容一中
153	金字塔	男	党员	专科	9	华容石伏粮库
154	刘继文	男		本科	9	西北信息工业产业部
155	刘锦池	男	党员	专科	9	塔市农机站
156	刘继扬	男	党员	专科	9	华容农商银行
157	徐启兰	女		本科	9	新疆军区
158	刘腾飞	男		本科	9	湖南广电集团
159	刘海亮	男		专科	9	长沙方正证券
160	姜琳	男		本科	9	岳阳市电力局
161	许炼钢	女		本科	9	华容农业银行
162	黎电红	男			10	重庆市公安局
163	黎鹏飞	男		本科	10	岳阳市司法局
164	黎文汉	男		本科	10	西安医院
165	黎荣	男		本科	10	重庆市
166	黎雨轩	男		本科	10	湖南省公安厅

▲2018年，人力资源和社会保障部、中国轻工业联合会、中华全国手工业合作总社联合举办表彰全国轻工业行业先进集体劳动模范和先进工作者大会。谢先龙被评为全国轻工业先进个人和劳动模范，参加表彰大会

附录五　捐款人员名录

　　清泥湾村人杰地灵，民风淳朴，薪火两旺。清泥湾人民富有团结协作的拼搏精神与和衷共济的奉献精神。近二十年来，支村两委一方面充分运用党的富民惠民政策，抢抓机遇，积极争项争资，一方面发动乡贤望士，义务投工捐资，带领全体村民大搞交通、水利、电力、文体、卫生、环保等基础设施建设和民生福利工程建设。每逢重大项目建设或重点工作开展存在资金缺口，一旦村级发出筹资倡议，广大乡友纷纷鼎力相助，慷慨解囊，踊跃捐资，福泽乡梓。这里将他们的芳名载入村志，旨在弘扬美德，昭示后人，共建美好清泥湾，再铸新辉煌。

清泥片区

2006 年度通村公路第一期工程捐赠（按入账先后排序，下同），合计 38000 元，13 人。

　　龚仕雄 10000 元　丁三红 10000 元　徐勋涛 4000 元　季中志 3000 元
　　丁金田 2000 元　金文艺 2000 元　徐昌富 2000 元　黎排诚 1000 元
　　金继炎 1000 元　汪美意 1000 元　吴　烁 1000 元　徐　麟 500 元
　　黎执龙 500 元

2009 年度农村安全饮水工程、通村公路第二期捐赠，合计 34300 元，9 人。
　　李佳义 20000 元　季中志 10000 元　谭善耕 1000 元　胡先武 800 元
　　周民杰 800 元　董盛祥 800 元　徐远彬 500 元　卜爱国 200 元　金文辉 200 元

2011 年度金永善赠篮球架价值 10000 元

顺星片区

2008 年度通村公路第一期捐赠，合计 19.77 万元，共 122 人。
　　刘继扬 13000 元　邹鲁文 12000 元　汪建文 11000 元
　　10000 元：金利民　唐生虎　赵祖海　徐远逊
　　6000 元：黄紫电
　　5000 元：汪文科　徐　平　徐忠爱　黎时勇　邹鲁桃　赵祖凡　汪建凡
　　4000 元：黎鹏飞
　　3000 元：李仁圣
　　2000 元：朱国友　邹　颖　谢先龙　柴绪龙　谢颜红　刘盛明　徐远坤

徐忠乐　徐远信

1850 元：徐金海

1500 元：曾佑明　邹鲁砚　徐　干　汪丽华　黎小文　徐勋维　邹鲁昌　郝先知

1200 元：杨少平

1000 元：黎帮勇　黄珍祥　徐　进　徐　芬　赵　勇　徐忠贤　徐远孝　徐伟松
　　　　汪民生　杨国斌　何　军　汪乐群　姜昌伟　杨志军　徐远容　金昌文

500 元：赵祖建　姜昌球　张以华　徐远友　刘继尧　曾四明　徐步勋　汪建容
　　　　邹乐红　郝　顺　谢勤科　汪美德　邹东楷　邹鲁武　徐郁勋　李培保
　　　　徐大红　金应国　邹鲁军　徐树海　徐远柏　张以清　金昌元　郝　贤
　　　　邹东祥　徐树立　徐树政　徐远胜　黎咸建　汪建军　汪美康　姜大学

400 元：刘继勤　陈卫星　金支焕　邹东富

300 元：刘继来　徐忠利　易正辉　徐忠良　徐远新　李仁华　刘盛文　黎咸波
　　　　徐远追

200 元：邹鲁碧　邹鲁文　李绵球　徐远逢　金昌义　朱正洪　朱国林　金昌楷
　　　　徐和勋　黎亚全　柴友元　姜尚全　谢先德　金昌建　谢先进　金永全
　　　　谢道本　朱国华　汪双立

100 元：黎金秀　孙先贵　刘菊兰　徐年枝　宗青松　徐树兵

2010 年度通村公路第二期捐赠，合计 65000 元，共 268 人

徐　军 4000 元　徐远容 1200 元　徐远胜　1000 元　谢春华 700 元

徐迈进 600 元　徐远兵 500 元　李培保 500 元　徐树兵 400 元　徐远柏　400 元

300 元：刘国贤　邹鲁兵　朱国林　金双明　邹东炎　金永球　金永平　金四梅
　　　　刘继武　黄珍球　邹文必　金昌松　汪　勇　郝子清　黄旅凤　刘立武
　　　　徐勋维　汪咏后　汪双兵　谢先奇　汪咏先　李新华　朱森香　汪建明
　　　　吴绪年　赵祖发　杨为国　邹鲁新　谢继南　徐焕香　赵连生　谢先进
　　　　谢模样　谢先怀　金支清　谢先德　刘月成　徐　干　徐勤勋　李仁球
　　　　徐远庆　谢先维　谢元宝　高佳树　刘振咸　赵祖良　金双桃

250 元：邹鲁田　金协江

200 元：金昌明　刘　迪　金文同　金贵生　金爱国　金永波　汪永敬　金　星
　　　　金永长　徐火旺　刘振华　金　桥　汪乐群　邹鲁新　刘江汉　汪双凤
　　　　刘继明　汪双华　李仁初　徐金海　汪君华　刘继平　汪树文　徐树海
　　　　刘继球　汪孝生　李仁秋　邹鲁昌　汪建容　李　仁　徐金波　徐志华
　　　　徐远新　汪双田　汪双桃　邹鲁砚　邹鲁良　邹鲁斌　汪乐群　黎咸兵

汪双年	邹乐红	邹东平	曾爱民	邹　辉	邹鲁全	邹红军	徐忠发
邹东亚	徐焕平	邹鲁文	徐远平	徐远孝	汪美才	邹鲁凡	徐创新
赵锦堂	赵锦文	邹鲁章	徐远松	赵　波	李国和	赵连杰	徐侯强
赵连楷	刘盛文	黎德富	赵　勇	徐远清	易正林	徐侯以	易正辉
金应贤	徐运生	陈保二	徐忠桃	徐远逢	金应超	谢文模	金应鹏
赵家波	吴连军	郝四九	谢四兰	徐习勋	谢烈模	谢落园	徐森楷
谢乐新	徐远逵	谢模军	徐孟勋	谢先元	杨明球	徐远信	谢小祥
谢华南	谢模海	赵国兵	朱重建	谢先平	徐勋法	柴先放	谢先国
刘述良	徐远方	谢先亏	金昌洪	李仁贤	刘继万	刘继清	李明红
汪爱华	徐前进	肖晚景	汪建成	赵祖军	刘　平	徐远友	赵锦爱
徐卫红	李仁愁	赵祖炎	赵友球	赵祖凯	金昌建	刘继祥	柴友立
郝文法	金昌观	赵锦泉	金永全	金　球	金昌会	姜尚全	刘继来
徐成志	姜　飞	赵锦瑞	刘继平	刘继树	姜昌冰	刘振明	张仕忠
柴友斌	刘振尧	张仕平	姜大学	姜大献	陈金山	张仕文	谢先华
赵家红	姜昌明	汪美华	姜昌祥	汪小元	陈四保	黎跃进	姜大中
陈金华	黎述胜	高培秀	黎继桃	黎咸颜	姜大旺	张以清	黎咸顺
黎先锋	黎咸元	黎国元	黎咸盛	李绵汉	黎继忠	黎继龙	黎咸杰
黎咸建	黎咸立	黎咸训	黎咸汉	黎咸平	黎咸章	程会平	黎亚军
黎咸必	黎咸良	黎咸中	黎继香	何国民	黎咸方	黎继明	徐凤楼
程会志	何德明	谢先坤	谢远模	赵小成	金益明	刘小贤	谢锦兵
金昌谱	金支焕						

100 元：黎三郎　金木生　刘继炎　金昌砚　赵国甫　戴东良

60 元：周秀英　50 元：徐勋吉

清泥湾村

2020 年度防治新冠疫情捐赠，合计 85400 元，共 137 人

黄紫电 30000 元（物资）　吴泽锐 5000 元

2000 元：汪文科　吴　烁　汪民生　汪建文　徐远坤　黎建国　蒋建军
　　　　祥和水稻合作社　丁建红

1900 元：丁三红　1500 元：黎排成

1000 元：刘继扬　邹鲁文　黄国新　徐勋立　邹　毅　汪必进　汪亚东　易　晖

600 元：黎一举

500 元：刘金球　邹鲁红　徐迈进　黎亚雄　刘四海　李　进　邹鲁昌　黎咸胜
　　　　邹鲁新　刘立武　姜　勇

200元：黎锡清　金　桥　邹鲁万　金昌松　杨志红　徐侯强　谢模军　朱思云
　　　　徐金鑫　金昌观　徐　干　谢远模　黎继道　汪咏后　孙木清　徐树汉
　　　　邹鲁新　徐向东　朱　洲　李云球　黎云山　徐良勋　徐远法　徐勋维
　　　　李明华　彭新春　白新海　易新国　汪双兵　朱重建　欧利龙　徐中南
　　　　汪双银　丁明松　黄贵云　刘红良　徐云汉　黎新国　金昌明　金永丰
　　　　金爱国　谢先德　李双红　金永爱　徐纯夫

100元：陈卫新　赵国兵　徐金海　徐中祥　陈格格　邹东祥　邓业文　刘继明
　　　　徐远兵　易良杰　邹鲁兵　徐志新　刘启才　赵小成　汪丽华　金昌义
　　　　舒中保　徐树新　黎咸胡　刘友义　金支训　李仁华　徐勋华　汪　猛
　　　　谢　威　徐明初　徐步勋　黎述万　刘东坡　黎亚军　金永平　黎中汉
　　　　刘振咸　朱川汉　徐石华　黎三兰　金　星　黄方洲　李云国　马元德
　　　　徐泽欢　赵爱国　徐远富　易锦富　徐爱国　徐　秀　刘启林　季权华
　　　　徐美成　吴世杰　朱川保　黎述年　丁墨光　张海清　徐勋成　邓业良
　　　　邓丛健　刘启建　李支美

2020 年防汛抗灾捐赠，合计 12.5 万元，共 413 人

10000元：李佳义

2000元：汪建文　徐　彬　徐建武　黄紫电　谢先龙　吴　烁　吴　仪（物资）

1000元：蒋建军　易　晖　汪文科　黎一举　胡少炎　刘秋菊　李克明　徐远建
　　　　徐勋祥　刘继尧（物资）

800元：秦　森　邹鲁新　黎立平

600元：兰品正　黎建国

500元：邹　毅　李长新　李云涛　李　祥　秦　进　徐和平　刘孝军　金　逵
　　　　徐远坤　黎　曙　李　楷　罗　磊　汪红霞　汪　星　季忠志　徐　舟
　　　　徐勋涛　陈新龙　郑继春　徐勋杰

400元：黎咸丰　徐建国　邹鲁义

300元：刘立武　徐勋立　邹鲁昌　汪乐群　徐泽欢　汪美才　邹鲁军　汪双银
　　　　汪建桃　徐前进　邹乐红　谢先进　赵　亮　徐勋维　余四学　黎咸中
　　　　徐远平　刘　鹏　谭家平　朱正坤　徐远法　金胜权　徐煜成　徐良勋
　　　　徐云汉　余长青　徐丽君　徐中祥

200元：金支训　金永烈　刘继年　徐志清　汪小春　李新华　刘继球　汪美年
　　　　徐保林　金昌会　刘继祥　邹鲁兵　金文彤　金昌明　刘志育　金永长
　　　　汪树文　金永建　汪建明　刘江汉　徐　秀　徐　干　汪照光　黄珍球

徐远胜	刘继明	邹红军	汪建中	金双明	汪建军	金昌普	朱爱建
金永平	刘继承	汪永劲	刘罗春	金永球	汪双田	吴绪颜	徐志华
金支清	汪双华	汪双桃	金　桥	汪双凤	余文芳	汪建容	金永新
金爱国	汪咏先	金昌松	李仁秋	汪双斌	徐金海	徐火旺	金昌洋
汪　猛	曾爱明	金西林	邹鲁砚	邹鲁发	汪孝生	徐远逢	徐运生
汪丽华	杨志红	刘盛文	李仁华	徐中桃	金应鹏	谢　壮	谢先坤
徐凤楼	谢模海	徐远兵	金昌元	郝先兵	金昌义	陈金华	杨凌宇
赵六一	徐远柏	谢先维	金四梅	谢远模	姜尚全	徐森楷	邹东祥
邹东年	徐易群	何国民	郝先知	刘继祥	李仁海	刘述良	陈四宝
赵祖辉	金　球	赵连楷	赵祖斌	赵祖建	谢勤科	朱重建	徐小鹏
赵国兵	徐远信	谢先德	金昌红	刘继清	吴连三	邹鲁新	刘振咸
郝　雄	赵连生	金昌会	李仁球	赵加波	徐远松	赵祖良	赵小成
谢乐心	张仕文	徐勋法	徐猛勋	金协江	刘　磊	李仁愁	汪益霞
柴友元	姜　飞	谢　亮	姜大学	姜　军	戴东良	黎咸训	黎咸立
刘静红	黎　磊	黎继中	姜昌明	黎继明	张以华	黎亚全	汪美华
黎咸汉	黎咸建	李　进	黎三兰	谢道本	姜大旺	陈金山	黎亚雄
黎国友	黎咸胡	黎继道	刘胜梅	徐勋华	李明球	舒中保	胡祥顺
黎咸培	李福春	谭守瑞	黎亚军	兰金卫	徐树汉	程会平	汪全寿
汪必田	汪美松	黄良波	李万秋	李开阳	兰金明	李长顺	汪双春
汪全波	李明勋	徐树新	汪志华	李云仙	李福元	黎国万	金昌中
金永爱	朱金城	彭成建	汪　俊	李云烈	黎中洪	李云和	徐勋全
汪双鹏	金永红	金　林	罗建新	汪正华	徐远红	黎咸树	李云国
黎　虎	蔡加兵	熊国章	黎敬华	欧新海	金永国	李为民	徐远锦
徐树龙	孙传达	金　鑫	朱秋平	徐明勋	黎中权	罗金生	徐金生
黎云球	余勇军	徐治国	李德兵	徐树龙	汪金保	王亿六	贾华山
王　勇	金昌海	黎　娟	黎际旭	汪一中	孙权刚	吴　祥	黎云山
喻立辉	汪宇昕	徐　伟	徐树春	汪双红	杨双喜	金　文	陈新华
万　祥	王建安	易良杰	徐勋龙	高家菊	孙木清	徐树灯	金永胜
徐树勇	金文华	汪双兵	吴世杰	李支美	黎云英	徐爱国	马元德
姜志勇	丁墨宝	金永丰	宋尚新	徐勋作	徐云峰	易新国	刘红良
谭　文	余利龙	汪佳怡	刘　锋	徐远清	汪美清	徐远付	陈德保
丁道忠	李腊香	徐　义	丁　锐	黎述万	胡先菊	黎子清	黎续鼎
黎执红	徐中文	张海清	汪美元	黎咸平	徐必清	赵爱国	丁金堂
谭　其	徐　红	徐远军	刘继红	朱水宝	郑继保	丁金田	汪　文

张海金	邓建明	徐石华	欧阳星	徐接斌	丁道知	徐远立	欧　建
丁明松	刘　伟	徐中南	李　健	徐远逵	徐卫东	黎新国	汪四龙
徐勋和	李必军	车永红	徐　麟	罗珍炎	黎执权	徐远志	汪美胜
李明华	徐文梅	汪志伏	汪建斌	胡亚贤	黎执飞	季权华	李纯军
刘继全	汪美军	张祥林	刘德艮	刘　政	黄方洲	刘东坡	金　洪
易锦富	朱春保	易理鹏	刘启林				

2021 年度帮困奖学捐赠

一、直捐

邹武志 10000 元　徐勋建 5000 元　汪民生 3000 元　黎执龙 2000 元
杨学军 1000 元　邹海峰 1000 元　黎　箭 1000 元
（汪建国）汪建桃　500 元

二、认捐

六年：

季忠志 20000 元　徐勋维 5000 元　金永爱 5000 元

八年：

汪建文 40000 元　吴　烁 30000 元　谭劲松 30000 元　汪文科 30000 元
易　晖 20000 元　金昌海 20000 元　徐云汉 10000 元　蒋建军 10000 元

老年人协会

吴　烁　捐赠 10000 元，春节前慰问全村 70 岁以上老人。

2022 年度帮困奖学捐赠

一、直捐

邹武志 5000 元　徐乐平 1000 元

二、认捐

黎一举 20000 元　李　强 10000 元

爱心企业家捐赠中、小学生生活费

（2022 年下学期）24.31 万元

老年人协会

吴　烁　捐赠 10000 元，奖励全村优秀老人。

2023 年度帮困奖学

一、直捐

易　晖 5000 元　李　战 2000 元　李谦辉 1000 元　汪双银 1000 元

王　操 1000 元　邹　力 1000 元　邹东祥 500 元　徐树新 500 元

徐远法 500 元　徐　干 500 元　易锦富 500 元　罗会忠 500 元　徐树汉 500 元

刘继扬 400 元　丁金堂 300 元　马元德 200 元　易新国 200 元　徐石华 200 元

李云梦 200 元　孙木清 200 元　黎亚军 200 元　刘立武 200 元　黄方洲 200 元

朱水保 200 元　赵国兵 200 元　谢　露 200 元

二、认捐

六年：

徐　秀 5000 元　李明华 5000 元　李必军 5000 元

八年：

汪亚东 50000 元　李　彬 50000 元　肖必果 30000 元　李　军 30000 元

李佳义 30000 元　赵　亮 30000 元　黎执龙 10000 元

十年：

邹武志 50000 元

爱心企业家捐赠中、小学生生活费

（2023 年上学期）26.90 万元

（2023 年下学期）24.44 万元

老年人协会

乡友吴烁、黄紫电、汪亚东、李彬四人捐资 50000 元，重阳节为全村 70 岁以上老人送慰问品一份，85 岁以上老人每人发慰问金 380 元。

邹武志捐赠连村路灯 48 盏，价值 18 万元。

2024 年元月帮困、助学、敬老捐赠

一、婚嫁女捐赠

喻颖：认捐 50000 元　年限 6 年（深圳）

汪全红、刘腾云夫妇：认捐 50000 元　年限 8 年（深圳）

李坤、李婷夫妇：认捐 30000 元　年限 6 年（珠海）

张波、汪冬夫妇：认捐 30000 元　年限 6 年（珠海）

二、乡　友

徐晨光：认捐 10 万元　年限 6 年（长沙）

徐树鸿：认捐 10 万元　年限 6 年（珠海）

谢先龙：认捐 60000 元　　年限 6 年（广州）

黎一夫：认捐 50000 元　　年限 8 年（岳阳）

刘腾飞：认捐 50000 元　　年限 8 年（深圳）

徐　斌：认捐 40000 元　　年限 6 年（岳阳）

金　勇：认捐 30000 元　　年限 8 年（岳阳）

谢　挺：认捐 20000 元　　年限 8 年（岳阳）

吴泽锐：认捐 20000 元　　年限 8 年（华容）

三、提升认捐额度

汪亚东 原 50000 元提升至 12 万元　新增 70000 元　年限 8 年（深圳）

吴　烁 原 30000 元提升至 10 万元　新增 70000 元　年限 8 年（深圳）

汪建文 原 40000 元提升至 10 万元　新增 60000 元　年限 6 年（东莞）

李　彬 原 50000 元提升至 10 万元　新增 50000 元　年限 8 年（深圳）

肖必果 原 30000 元提升至 50000 元　　新增 20000 元　年限 8 年（深圳）

2006—2023 年捐赠钱物统计

清泥片：

2006 年通村公路一期合计捐款共 38700 元，共 13 人

2009 年饮水公路二期合计捐款共 34300 元，共 9 人

顺星片：

2008 年通村公路一期合计捐款共 19.77 万元，共 122 人

2010 年通村公路二期合计捐款共 65000 元，共 268 人

清泥湾村：

2020 年新冠疫情合计捐款共 85400 元，共 137 人

2020 年防汛抗灾合计捐款共 12.5 万元，共 413 人

2021—2023 年帮困奖金合计直捐共 66900 元，共 37 人，合计认捐 144.5 万元

2021—2024 年上学期匿名捐赠中小学学生生活费 97.33 万元，学生共 766 人次

2021—2023 年敬老助老合计捐赠共 70000 元,共 4 人（2021—2022 年吴烁 20000 元,2023 年吴烁、黄紫电、汪亚东、李彬共 50000 元）

2020 年新冠疫情捐赠物资：黄紫电 30000 元、吴仪 2000 元，合计 32000 元，共 2 人

2021 年捐赠健身器材等：金永善 10000 元、刘继尧 1000 元，合计 11000 元，共 2 人

2023 年邹武志捐赠连村公路路灯 48 盏，价值 18 万元。

2011 年 7 月 1 日清泥村立功德碑碑文

清和得福	泥土生金	清泥吾村	人杰地灵	科学发展	诚谢党恩
惠民政策	滋润百姓	支村两委	带领村民	抢抓机遇	开拓创新
修路挖渠	土地平整	建沼改水	结构调整	绿化净化	碧树掩映
文体中心	引领文明	淳朴乡风	和谐治村	发奋图强	全面振兴
乡贤游子	鼎力帮村	慷慨解囊	令人钦敬	故此立榜	录其芳名
弘扬善德	秉锐奋进				

▲功德碑

附录六　办点干部

自 20 世纪 60 年代至今,县直部门、公社(乡、镇)陆续有干部被派往清泥湾村驻点,他们在村级发展中扮演着至关重要的角色。他们是农村政策的执行者,是农村建设的推动者,是农村稳定的捍卫者,是农村文化的传承者,是农村环境的守护者,是农民利益的维护者。他们为清泥湾村的建设和发展起到了强有力的推动作用。

清泥片历年来办点工作队名录

年度	县（部门）工作组	公社（乡、镇）干部
1957—1959		范先棣（总支书记）、余可海
1964	社教（四清）队长李晴波（含顺星）	
1965	清泥大队工作组（毛组长）	
1967—1969		刘明阶（党委书记）
1971	彭中年（县广播站长）、刘植和、孙正华	
1972—1973	付秉生（县人保组）、陈志高、易大华	
1974	李青山、张和平	
1975—1976		文有培、罗贤友、刘应柏、季学华、兰神保、黄真姣、吴其飞
1977		汪双华、孙良田、文友托、李尚美
1978	刘禹志（县公安局）、易文松、罗志高	
1979		季鹤先（党委书记）、王振、敖应全、蔡可明
1980	倪青山（县经管科科长）	季鹤先、敖应全
1981—1982		李明新（党委委员）、胡云
1984—1985		段德贵（党委书记）、石文访
1986—1988		陈炜（党委书记）、刘佳政、严若红、刘润红
1989—1991	蒋才玉（县水利局副局长）、谢朝宇（县林业局）、严钦训	
1991	县救灾工作组刘凯南（县粮食局局长）、张重咏、李波	
1992	汤迪凡（县水利局副局长）、高峰、朱正国	
1993	王永新（县公安局）、谯有为（县公安局）	罗剑波（党委副书记）
1994		罗剑波（党委副书记）
1995		张银桥（党委书记）、孙其美
1996—1998		唐荆江（党委书记）、赵祥云
1998—2003		蔡勋华（党委书记）、陈可良（纪委书记）、白贞祥
1999	华容县委副书记鲁先华、黎青山	
2004		韩诗佳（党委副书记）
2005—2006		黄建明（党委书记）
2007—2014		徐远训（党委委员）
2015—2016	县人大副主任李新海	
2015—2016	藏金新（老干部局）、丁光辉（县司法局）、丁安民	李国祥（党委委员）
2017	司法局陈勇、徐勋志、高杨、老干部局汤志安	李国祥（党委委员）
2018	司法局陈勇、徐勋志、高杨、老干部局汤志安	曹斌
2019	司法局陈勇、徐勋志、高杨	曹斌
2017—2019	县人大副主任陈绍汉	
2020	司法局黎锡清、徐勋志、高杨	杨浩
2021	统计局魏建国、乐青松	杨浩
2022	王操、李谦辉、喻志勇、熊正杰	罗会忠
2023	王操、李谦辉、包一凡	罗会忠

顺星片历年来办点工作队名录

年度（年）	县（部门）工作组	公社（乡、镇）干部
1963		汪全国
1964	杨林辉	
1965	李晴波、吴政云	
1966—1967	姚成哲	
1968—1969	邓培元	
1970		徐呈祥、万守善、刘孟常
1971	袁松林	
1972	鲁万全、许丁生、蒋梅生	
1973	李青山、罗中荣、黄可佳	
1974	王协成	
1975		季学华
1976		汪双华、黎长保、易雄杰、刘贤树
1977—1979		吴石磷
1980—1982		敖应泉
1983		胡桂峰、石文访、张善保
1984—1985		汪双华、黎中平
1986—1987		
1988—1989		卢先铸
1990—1993	汤迪凡、陈亮、揭晓	
1994		张明灿、谢守忠
1995		王尧根、彭中华
1996—1998		易大前、刘中洲
1999		胡文国
2000—2002		花林
2003		汪松平
2004—2005		朱元球、何志
2006—2008		白贞祥
2009—2012		邹游
2013		熊拥军
2014		李怡文
2015—2016		江波

附录七 荣 誉

一、集体荣誉

清泥：

1961 年 湖南省人民政府授予"养猪先进单位"。

1988 年 岳阳市民政局授予"先进敬老院"。

1988 年 华容县民政局授予"先进敬老院"。

1988 年 华容县委、县政府授予"双文明村"。

1992 年 中共华容县委授予"先进党支部"。

1993 年 湖南省教育厅授予清泥学校"省标一级学校"。

1995 年 华容县综治委授予"治安模范村"。

1996 年 华容县综治委授予"治安模范村"。

2007 年 华容县人民政府授予"农村公路建设先进单位"。

2013 年 岳阳市爱国卫生运动会授予"文明卫生村"。

2014 年 岳阳市精神文明建设指导委员会授予"文明村镇"。

2006 年 3 月，清泥村被中共东山镇委员会、东山镇人民政府评为 2005 年度双文明建设先进单位。

2007 年 3 月，清泥村被中共东山镇委员会、东山镇人民政府评为 2006 年度公路建设先进单位。

2007 年 5 月，清泥村被华容县人民政府评为 2006 年度公路建设先进单位。

2008 年 2 月，清泥村被中共东山镇委员会、东山镇人民政府评为 2007 年度财务管理先进单位。

2011 年 2 月，清泥村被中共东山镇委员会、东山镇人民政府评为 2010 年度社会治安综合治理先进单位。

2011 年 2 月，清泥村被中共东山镇委员会、东山镇人民政府评为 2010 年度农业生产先进单位。

2011 年 2 月，清泥村被中共东山镇委员会、东山镇人民政府评为 2010 年度招商引资先进单位。

2011 年 2 月，清泥村被中共东山镇委员会、东山镇人民政府评为 2010 年度基础建设先进单位。

2012 年 2 月，清泥村被中共东山镇委员会、东山镇人民政府评为 2011 年度招商引资先进单位。

2012 年 2 月，清泥村被中共东山镇委员会、东山镇人民政府评为 2011 年度目标管理先进单位。

2012 年 2 月，清泥村被中共东山镇委员会、东山镇人民政府评为 2011 年度计划生育先进单位。

2012 年 2 月，清泥村被中共东山镇委员会、东山镇人民政府评为 2011 年度党管武装工作先进单位。

2013 年 2 月，清泥村被中共东山镇委员会、东山镇人民政府评为 2011 年度农村环境卫生整治先进单位。

2013 年 2 月，清泥村被华容县三年绿化行动指挥部评为华容县三年绿化行动 2012 年度绿色村场。

2013 年 2 月，清泥村被中共华容县委、华容县人民政府评为 2012 年度县级文明村场。

2013 年 2 月，清泥村被中共东山镇委员会、东山镇人民政府评为 2012 年度目标管理先进单位。

2013 年 2 月，清泥村被中共东山镇委员会、东山镇人民政府评为 2012 年度公路建设先进单位。

2013 年 2 月，清泥村被中共东山镇委员会、东山镇人民政府评为 2012 年度水利建设先进单位。

2013 年 2 月，清泥村被中共东山镇委员会、东山镇人民政府评为 2012 年度社会治安综合治理先进单位。

2014 年 2 月，清泥村被中共东山镇委员会、东山镇人民政府评为 2013 年度安全生产先进单位。

2014 年 2 月，清泥村被中共东山镇委员会、东山镇人民政府评为 2013 年度水利建设先进单位。

2014 年 2 月，清泥村被中共东山镇委员会、东山镇人民政府评为 2013 年度农村环境卫生整治先进单位。

2014 年 2 月，清泥村被中共东山镇委员会、东山镇人民政府评为 2013 年度村场造林先进单位。

顺星：

1971 年　华容县人民政府授予"耕牛发展先进单位"。

1971 年　岳阳地区专署授予"耕牛发展先进单位"。

1978 年　华容县教育局授予顺星学校"中考优胜单位"。

1987 年　华容县人民政府授予"银花赛优胜单位"。

1995 年　华容县人民政府授予"先进单位"。

2004 年　中共华容县委授予"先进党支部"。

（因资料遗失，2004 年后顺星村的荣誉没有登录）

清泥湾村：

2022 年 2 月，在 2021 年度综合绩效考评中，被中共东山镇委员会、东山镇人民政府评为安全生产优胜单位。

2022 年 2 月，在 2021 年度综合绩效考评中，被中共东山镇委员会、东山镇人民政府评为党建工作优胜单位。

2022 年 2 月，在 2021 年度综合绩效考评中，被中共东山镇委员会、东山镇人民政府评为综治工作优胜单位。

2022 年 2 月，在 2021 年度综合绩效考评中，被中共东山镇委员会、东山镇人民政府评为环保专项整治优胜单位。

2023 年 2 月，在 2022 年度综合绩效考评中，被中共东山镇委员会、东山镇人民政府评为"河（湖）长制"工作优胜单位。

2023 年 2 月，在 2022 年度综合绩效考评中，被中共东山镇委员会、东山镇人民政府评为"抗旱工作优胜单位"。

2023 年 2 月，在 2022 年度综合绩效考评中，被中共东山镇委员会、东山镇人民政府评为环保专项整治优胜单位。

2023 年 2 月，在 2022 年度综合绩效考评中，被中共东山镇委员会、东山镇人民政府评为乡村振兴优胜单位。

2023 年 2 月，被中共东山镇委员会、东山镇人民政府评为一类村（社区）。

2023 年 3 月，被华容县精神文明建设指挥委员会授予二〇二二届文明村。

2024 年 3 月，在东山镇人民政府 2023 年综合绩效考评中，评为"河（湖）长"工作优胜单位、自然资源保护及"田长制"工作优胜单位、生态环境保护优胜单位、乡村振兴和巩固拓展脱贫攻坚成果优胜单位。

二、个人荣誉

李遵福　1955 年　湖南省人民政府授予"南洞庭湖工程特等劳模"。

　　　　1969 年　中共华容县委授予"优秀党支部书记"。

杨为友　1975 年　华容县革命委员会授予"劳动模范"。

　　　　1976 年　中共华容县委授予"模范党支部书记"。

　　　　1979 年　中共华容县委授予"优秀党支部书记"。

朱么二　1975 年　华容县革命委员会授予"劳动模范"。

黎大全　1988 年　湖南省民政厅授予"优秀五保老人"。

李泉新　1994 年　华容县教育委员会授予"学校工作管理行家"。

徐郁勋　1955 年　湖南省人民政府授予"南洞庭湖工程特等劳模"。

　　　　1976 年　中共华容县委授予"先进党支部书记"。

　　　　1978 年　中共华容县委授予"优秀党支部书记"。

徐树汉　1985 年　中共华容县委授予"优秀共产党员"。

　　　　1986 年　中共华容县委授予"优秀共产党员"。

　　　　1991 年　中共华容县委、县人大常委会授予"代表活动积极分子"。

　　　　1992 年　中共华容县委、县人大常委会授予"代表活动积极分子"。

　　　　1994 年　中共华容县委授予"优秀共产党员"。

　　　　1995 年　中共华容县委授予"优秀共产党员"。

　　　　1996 年　中共华容县委授予"农村模范党支部书记"。

　　　　2001 年　中共华容县委授予"有突出贡献的农村村场党支部书记"。

徐云汉　2006 年　中共华容县委授予"优秀村场党支部书记"。

　　　　2010 年　华容县人大常委会授予"优秀人大代表"。

　　　　2012 年　华容县人大常委会授予"优秀人大代表"。

　　　　2012 年　中共华容县委授予"优秀共产党员"。

　　　　2014 年　华容县人大常委会授予"优秀人大代表"。

　　　　2019 年　中共岳阳市委员会授予"优秀共产党员"。

　　　　2019 年　中共华容县委员会授予"优秀村（社区）党组织书记"。

　　　　2021 年　中共华容县委授予"优秀党务工作者"。

徐远法　2022 年　华容县司法局授予"华容县十佳人民调解员"。

徐侯强　1987 年　华容县人民政府授予"十大新闻人物"。

　　　　1989 年　湖南省人民政府授予"先进工作者"（养蜂特技）。

徐　干　2008 年　中共华容县委授予"优秀党支部书记"。

谢先维　2003 年　中共华容县委授予"先进党支部书记"。

后 记

　　《清泥湾村志》即将出版，这是清泥湾村文化建设的重要成果。

　　村志就是一个村庄的历史记载，虽然远远不能和国史相比，但它却是国史（包括省、府、州、县史志）的有益补充。前者为历史的宏大叙事，它却如同时代的细胞组织，通过一些具体而微的事件、数据、图表等映射其本质特征，以供研究，启迪后来。村志还承载了这方水土居民的血脉感情、文化传承，对于本地的兴盛发展，有着不可估量的物质意义和精神作用。

　　正因为认识到了它的重要性，早在 2021 年，村党总支书记徐云汉就在酝酿村志的纂修了。2023 年 3 月，经过征求意见，统一思想，组建编纂委员会及编辑班子，全面铺开村志编纂工作。原计划定于 2024 年 6 月清样送审，但因团洲汛情，影响了进度，竣稿时间推迟到了 9 月。

　　在这段时间里，从筹划到分工，从编纂原则到内容细节，支村两委一直起着主导作用。编辑小组及智囊团有原村领导班子成员，有退休公职人员，除主编黎执龙与副主编徐金生外，其他都是年过花甲的老人，但大家都把编写村志当作贡献余热的人生大事全力以赴。查档案、访耆老，起早贪黑，城市乡村交错采访，天涯海角电话联系。75 岁的前任村支书徐树汉，尽管年事已高，但事事都走在前头，极大地鼓舞了大家。因为年代久远，很多资料数据难以收集，他们使尽浑身解数，克服困难，通过夜以继日的努力，终于编成了一部具有地方特色的乡村史志文献。

　　《清泥湾村志》编纂人员责任范围为：黎执龙，主持编纂业务，负责策划体例、整理资料、编辑成书，撰写概述、凡例、经济建设与新农村建设章节及民俗部分内容。刘继扬协助主编，负责全面协调、初稿收集、后勤服务等工作。徐启华，协助主编编审稿件并编写文化教育卫生、溯源、后记等内容。徐金生，协助主编编审稿件并采编人物、民俗及文存等内容。徐树汉，采编建置境域、组织建设、群众团体、文化教育卫生及清泥片区大事记等内容。丁金堂，采编经济建设、姓氏家庭、学历统计等内容。邹东祥，采编群众团体、文化教育卫生、民俗民风民居等内容。徐勋维，

▲《清泥湾村志》编纂工作推进会

负责后勤保障工作，采编制度建设、新农村建设等内容及提供部分经济数据。徐秀，采编妇女工作相关资料。虽有明确分工，但在实际工作中都充分发扬了互帮互助、团结协作的精神。

为编纂工作做了贡献的有：吴世杰、汪丽华、李明华、李泉新、李长太、李必君、金永爱、金永球、易锦富、邹力、罗珍炎、柴友斌、徐干、徐远法、徐树海、徐步勋、徐桂兰、徐凯等。

《清泥湾村志》的编写与出版，凝聚了各个方面力量。

自始至终得到了东山镇党委、政府的关心支持，县党史办的指导帮助。

顾问徐晨光、黎明、谢绍峰一直予以深切的关注与指导；徐晨光、谢绍峰二位领导拨冗为村志赐序。

县党史办主任卢琼、副主任李良红、党史股股长易文、方志股股长刘志强，前党史办主任郭清彬五位专家，对书稿进行了全面细致的审读，提出了许多切中肯綮的意见，使本书得到了质的提高。资深高中语文高级教师蔡一叶、高开红为终审校对付出了艰辛的劳动。

还得到了县档案馆、县军人事务管理局、农业农村工作局、县林业局、县教体局、县统计局、县司法局、东山镇经管站等部门单位的倾情支持。

让人感动是，一批耄耋老人克服听力不好、记忆欠佳的情况，乐意接受咨询采访，提供了珍贵的资料。他们是：赵贤（93岁）、刘振尧（93岁）、邹三保（90岁）、徐远烈（88岁）、蓝田玉（87岁）、金桂生（女，87）、孙先贵（女，87岁）、金支洲（清泥，86岁）、徐华球（86岁）、刘美碧（85岁）、金支生（85岁）、金支洲（顺星，85岁）、孙全芝（女，85岁）、丁三元（85岁）、徐勋作（84岁）、邹东山（84岁）、徐步勋（82岁）、黎大松（82岁）、朱川保（81岁）、包镜台（81岁）、徐树尧（81岁）、阳希泉（80岁）。

▲编委会和编辑部成员

在编写过程中，我们参考了很多专家学者的著作，特开列如下：

1.《华容县志》（狄兰标主编，乾隆二十五年版；孙炳煜主编，光绪八年版；刘传贵主编，中国文史出版社1992年版；汪涛主编，中央文献出版社2011年版）

2.《中国教育通史（第三卷）》（毛礼锐、沈灌群主编，山东教育出版社1987年版）

3.《华容教育志》（周炎华、黎元善主编，中国文史出版社1991年版）

4.《华容县水利志》（杨金炎主编，中国文史出版社1990年版）

5.《华容江防概要》（包镜台编撰，2000年版）

6.《华容年鉴》（1991—2023年，中国文史出版社等）

7.《华容县人口与计划生育志》（陈其武主编，香港天马出版有限公司2006年版）

8.《华容县畜牧志》（吴师敬主编，中国文史出版社1990年版）

9.《华容话撮说》（蔡一叶著，团结出版社2020年版）

在此，向以上单位和个人致以诚挚的敬意与谢忱！

由于资料缺乏，加上我们经验不足，水平有限，时间紧迫，本书难免存在诸多不足乃至错误，希望读者诸君不吝指正。

《清泥湾村志》编纂委员会

2024年9月22日

图书在版编目（CIP）数据

清泥湾村志 / 黎执龙主编 . -- 长沙：湖南师范大学
出版社，2024.11.--ISBN 978-7-5648-5712-7

Ⅰ . K296.45

中国国家版本馆 CIP 数据核字第 2024Z1U670 号

清泥湾村志
QINGNIWANCUNZHI

清泥湾村村民委员会　组编
黎执龙　主编

出 版 人｜吴真文
责任编辑｜孙雪姣
责任校对｜彭　慧
设计制作｜书亦有道

出版发行｜湖南师范大学出版社
　　　　　地址：长沙市岳麓区　邮编：410081
　　　　　电话：0731-88853867　88872751
　　　　　传真：0731-88872636
　　　　　网址：https://press.hunnu.edu.cn/
经　　销｜湖南省新华书店
印　　刷｜湖南省美如画彩色印刷有限公司

开　　本｜185 mm×260 mm　　1/16
印　　张｜21
字　　数｜450 千字
版　　次｜2024 年 11 月第 1 版
印　　次｜2024 年 11 月第 1 次印刷
书　　号｜ISBN 978-7-5648-5712-7

定　　价｜228.00 元